동북아 공동의
미래를 생각한다

동북아 공동의 미래를 생각한다

초판 1쇄 발행 2013년 9월 30일

저　　자 ｜ 이수훈
발행인 ｜ 윤관백
발행처 ｜ 도서출판 선인

편　　집 ｜ 윤지원
표　　지 ｜ 윤지원
영　　업 ｜ 이주하

등　　록 ｜ 제5-77호(1998.11.4)
주　　소 ｜ 서울시 마포구 마포동 324-1 곳마루 B/D 1층
전　　화 ｜ 02)718-6252/6257　팩　스 ｜ 02)718-6253
E-mail ｜ sunin72@chol.com

정　　가 14,000원
ISBN 978-89-5933-654-8 93300

동북아 공동의
미래를 생각한다

이수훈 저

선인

책머리에

졸저 『세계체제, 동북아, 한반도』를 출간한 지 어언 10년에 가까운 세월이 흘러버렸다. 그 책이 저자로서도 적잖이 불만족스러워 속히 후속편으로 보완해야 한다는 생각이 간절하였는데 너무 긴 시간이 지나버렸다. '세계체제분석'을 이론적 자원으로 삼아 동북아 지정학 분석을 해내고 그 분석을 근거로 한반도 정세를 짚어내야 한다는 학술적 문제의식을 견지해왔는데 그에 부응할 태세가 턱없이 부족하였다.

이번 책은 그런 문제의식에 따라 지난 5년간(2008~2013) 집필한 논문들을 추려 모은 선집이다. 이 시기는 이명박 정부 임기와 겹친다. 한반도의 평화적 통일과 동북아의 공동번영에 정책적 관심을 가진 사람으로서 지난 5년간은 암흑기에 다름없었다. 민주정부 10년간에 축적된 남북 화해협력 모드가 불신과 대결 모드로 바뀌었다. 꼬일대로 꼬여버린 남북관계는 동북아 지역질서에 고스란히 투사되어 동북아 지역질서도 마치 냉전기를 방불케 하는 지경으로 변하였다. 말할 것도 없이 이명박 정부의 미국 중시, 일본 중시 외교노선도 한 몫을 단단히 하였다. 이 책 제2부는 그 정부의 대북 및 대미정책 기조가 오류에 사로잡혀 있다는 점을 분석해 보이고자 한 결과물이다. 동시에 그 주제는 한 정권의 문제에 그치는 것이 아니라 한국사회의 이념 지형을 구성하는 가장 핵심적 요소들이라는 차원에서도 시사하는 바가 큰 주제라는 점을 지적하고 싶었다.

글로벌한 차원에서는 2008년 미국발 금융위기가 있었다. 나는 오래전부터 미국 헤게모니의 퇴조를 지적해왔다. 그리고 중국의 부상에 대한 새로운 인식과 정책적 고민이 필요하다는 주장도 펼쳐왔다. 2008년 금융위기를 계기로 많은 분석가들이 비로소 이 인식을 공유하는 듯한 분위기가 등장하였다. 이 책의 제1부는 미국 헤게모니 퇴조와 더불어 동북아에서 새롭게 형성되는 지정학을 분석한 논문들로 꾸려져 있다. 이 문제의식은 책 전체를 관통하고 있는 테마이기도 한데, 서장에서 미중관계에 대한 더욱더 과감한 주장과 전망을 제시하였다. 우리의 세계체제가 이행기에 접어들었다는 전제를 상기함과 더불어 미중관계가 이전과 질적으로 다른 새로운 시간대, 즉 "중첩적 시간" 속으로 진입했다는 주장을 제기하였다. 그리고 한반도가 정중앙에 자리잡은 동북아 지역이 미국과 중국이 이행의 정치를 펼치는 주된 '장'이라는 점에서 수많은 이슈들이 우리에게 도전적으로 다가오리라는 전망을 제기하였다.

제3부는 대외정책 혹은 전략적 성격의 논문들로 구성되어 있다. 한국의 대외전략 구상에 관련된 글들이 주류를 이루지만, 내 궁극적 지향점은 동북아 전체의 질서를 어떻게 하면 공동체적 질서로 발전시킬 것인가에 있다. 이 주제에 대한 내 생각은 동북아에도 이미 통합이 일어나고 있으며, 결국 공동체를 이룩해낼 것이란 전망이다. 서장에 이 생각을 간단하게 밝혀두었으니 동학들의 검토가 있기를 바라마지 않는다.

2013년 여름의 끝자락에 풍전등화 격이었던 개성공단 정상화 합의가 타결되었다는 소식이 들려온다. 북측이 이산가족 상봉과 금강산관광 재개 회담을 제안하고 우리 정부가 역제안을 했다는 뉴스도 있다. 눈을 조금만 크게 뜨고 고개를 높이 들면 남북 간의 티격태격이 얼마나 어리석은 일인가를 금방 깨닫게 된다. 대한민국의 경제가 성장하고 복지를 높이고 정치가 진일보하고 그래서 선진국이 되기 위해서는 남북관계를 획기적으로 발전시켜야 한다. 그래야 우리 민족에게 진정 21세기가 열린다.

턱없이 부족하나마 한 권의 책을 출간하면서 감사해야 할 분들이 너무나 많다. 남북관계 발전에 전문성과 경륜을 두루 갖추신 경남대 박재규 총장님께 감사드리고, 경남대 극동문제연구소와 북한대학원대학교 여러 동료 교수님들께도 감사를 표하고자 한다. 삼청동 경남대 서울캠퍼스에는 북한문제와 남북관계에 대한 정보와 식견이 넘치고 토론이 밤낮으로 풍성한 분위기와 문화가 있다. 그 문화 덕택으로 공론에 참여하고 정책영역에 가담하는 행운도 있었다. 책 출간 실무를 맡아 애를 쓴 임혜정 연구원에게 고마움을 전하고자 하며, 폭염에 출판 작업으로 노고가 컸을 출판사 관계자들과 윤관백 사장님께 심심한 사의를 표하고자 한다.

2013년 8월 삼청동 연구실에서
이수훈

차/례

서 장 • 09

제1부 • 이행기 세계체제와 한반도 27
　1장. 신자유주의적 세계화와 미국 28
　2장. 오바마 행정부 출범과 동북아 41
　3장. 현 국면 동북아 지정학과 한반도의 대응 52

제2부 • 대미·대북정책기조와 한반도 평화 67
　1장. 한미동맹복원론에 대한 비판적 고찰 68
　2장. '제2판' 급변사태론에 대한 비판적 검토 91
　3장. 천안함 이후 한반도와 동북아 정세 116

제3부 • 동북아 공동의 미래와 한국의 선택 129
　1장. 헤게모니 퇴조와 동북아 지역정치 130
　2장. 동북아 공동의 미래를 위해 147
　3장. 참여정부 '동북아시대 구상'에 대한 재조망 157
　4장. 글로벌 중견국가와 동북아전략구상 172

참고문헌 206
색 인 215

1. 다시 동북아로

이 책 출간이 거의 막바지에 이르렀을 때 출판사 측으로부터 박근혜 정부 출범 이후에 일어난 여러 상황과 정세 변화를 반영한 추가 글을 하나 포함시키는 것이 좋겠다는 의견이 나왔다. 이 책 3부 제1장, "헤게모니 퇴조와 동북아 지역 정치"가 박근혜 당선자 인수위 시절(2013년 2월)에 작성된 것이고, 또한 당시에 이미 미국과 중국에도 새 지도부가 구성된 탓에 그 글에 최근 생각이 담겨 있기 때문에 새롭게 보탤 아이디어가 없다는 것이 솔직한 심정이었다.

그런데 마침 여름방학을 맞아 약간의 시간적 여유도 있고, 또 곰곰히 따져 보니 6월 초에 미국 캘리포니아에서 있었던 미중정상회담같은 외교 이벤트는 동북아 지정학에 적잖은 함축을 갖는다는 판단이 가세하여 추가 글을 하나 쓰기로 마음먹게 되었다. 더불어 우리와 직결되어서는 한미정상회담과 한중정상회담을 두루 연관지어 되짚어볼 필요성도 있겠다는 생각이 들었다. 특히 6월 28일 베이징에서 열렸던 박근혜 대통령과 시진핑 주석 간의 한중정상회담은 한반도 문제나 보다 큰 동북아 질서와 관련해 되새겨볼 소지를 남겼다.

이 글에서는 평소 무척 강조해온 남북관계 발전과 동북아 협력의 중요성을 재확인하는 동시에 2013년 상반기 동북아 지정학의 진화를 통합한 결과를 토대로 내 나름의 몇 가지 생각을 제시하고자 한다. 말할 것도 없이 이 생각들은 새로운 내용을 담고 있지 않으며 책 본문에 이미 표명되어 있다. 일종의 재정리라고 할 수 있을 것이며, 그에 기반한 미래 전망이기도 하다. 첫째 중국으로 다가서는 미국, 그에 따른 미중 간 연합론, 둘째 북한에 이어 한국마저 껴안는 중국 구심력 확대론, 셋째 동북아에 '사실상의 통합'이 이미 진전되고 있으며 그 토대를 근거로 공동체 건설이 불가피할 것이란 전망 등이다.

2013년 변화된 동북아 정세를 논함에 있어 우선적으로 동북아 지정학을 구성하는 최대 현안인 북핵문제에 대해 언급하지 않을 수 없다. 주지하다시피 북한은 2월에 제3차 핵실험을 감행하였다. 제3차 핵실험은 이전과 달리 유별난 파장과 반향을 불러왔다. 상당한 산고가 있었음에도 불구하고 강력한 유엔 안보리 대북제재결의안(#2094)이 채택되었다. 이 결의안은 지난해 12월 감행한 장거리 로켓 시험발사에 대한 또 하나의 대북제재결의안(#2087)과 결부되어 있을 뿐만 아니라 추가적으로 훨씬 넓고도 강력한 대북봉쇄 의도를 담고 있기도 하다.

한 가지 눈여겨보아야할 대목은 제3차 핵실험을 계기로 등장했다고 하는 중국변화론이다. 즉 대북제재결의안(#2094) 채택 이후 미국과 한국에서 본격 제기된 중국의 대북정책 변화론 혹은 북중관계 변화론이다. 한국에서 중국 '대북정책변화론'은 급속하게 전파되었다. 중국 전문가들이 앞장서고 보수적 언론과 새누리당 정치인들이 가세하여 광범위한 지지를 얻게 되었다. 박근혜 정부 외교안보팀마저 이 인식을 공유하고 있다는 정황들이 엿보였다. 6월 말의 한중정상회담 이후 이 인식은 외교안보팀에게 더 더욱 확고해진 것 같다. 학계 내부에서는 "전략적 변화"와 "전술적 변화"를 두고 논쟁이 있어왔다.[1] 이 글에서는 북중관계 근본 변화론을 회의적으로 바라보는 셈인데 이 점에 대해서는 학계의 북중관계 전문가들이 심도있는 분석을 제시하기를 기대할 따름이다.

---

1) 학계의 세밀한 분석으로 김흥규, 「북중관계 변화와 함의」, (2013); 신상진, 「중국의 대북정책: 전술적 변화」, 『한반도 포커스』, 제23호(2013) 참조.

2013년 상반기에 개최된 한미정상회담, 미중정상회담, 그리고 한중정상회담에서 북핵문제와 관련하여 한결같이 북핵 불용, 한반도 비핵화, 6자회담 재개라는 합의가 나왔다. 물론 이 합의 내용에 새로울 것이 아무 것도 없다. 이 합의를 두고 마치 대단한 내용이 나온 것처럼 호들갑을 떠는 것은 온당치 못한 태도다. 다만 6자회담 핵심국 지도자들이 새 정부의 출범 이후 다시 한번 북핵문제 해결 원칙, 목표, 방식을 재확인 및 재천명했다는 점에서 의미를 찾을 수는 있겠다. 한국은 그렇다 치더라도 미국과 중국의 정상이 만난 회담에서 양국 간 산적한 현안들에도 불구하고 이같은 공식 합의가 발표되었다는 사실 자체가 유별난 구석이 없지 않다. 제3차 핵실험이 갖는 파장의 넓이와 강도를 새삼 짐작할 수 있는 대목이다.

그런데 이 글에서 달리 주목하고 강조하고 싶은 바는 과거 북핵문제를 북미 간 적대 관계의 산물이며 따라서 북미 간 적대 관계 해소가 북핵문제 해결의 조건이라는 주장이나 인식을 조정해야겠다는 문제제기이다. 중국이 과거처럼 중재자 역할을 넘어 미국에 버금가는 이해관계를 갖게 되었고 해결에 있어서도 상응하는 역할을 담당할 것이라는 문제제기이다. 이제는 미국이 결단을 내려 북핵문제를 해결하고자 하여도 최소한 중국과의 긴밀한 공조 없이는 불가능하게 되어버렸다. 북한 당국도 이 문제를 예전과 달리 접근해야할 처지가 되었다. 무엇보다도 이제까지 오직 미국을 향해 시위하고 도발적 행동을 취해온 북한으로서 이전과 같은 태세를 견지하기가 어렵게 되었다. 적어도 미국과 더불어 중국마저 냉정한 전략적 이해관계를 따지면서 접근해야 할 필요성이 북한에게 주어졌다. 사태가 이렇게까지 진행된 데는 이제까지 북핵문제 해결에 대해 적극성을 갖지 않고 중국 역할론을 펼쳐왔던 한국과 미국 정부에게 일정한 책임이 있다는 지적과 더불어, 향후 한국과 미국의 분발을 촉구할 필요가 더하다. 그렇지 않으면 정말 북한을 송두리째 중국에게 맡겨버리는 결과가 초래될 수도 있다.

2008년 12월 베이징에서 마지막으로 열린 6자회담이 긴 공백기로 접어들고 이명박 정부가 '비핵화' 과제를 사실상 내팽개친 (그리고 오바마 정부가 편승한) 결과 6자회담의 존재 자체가 바람앞에 등불격이 되었다. 이런 상황에서 한·미·중 3국의 새 지도자들이 6자회담 재개를 한결같이 강조했다는 점은 매우 고무적이다. 이명박 정부가 무척 강조했던 한·미·일 협력체제는 부득불 중국과 북한으로부터 반작용을 야기시킬 수밖에 없었다. 급속히 진화하고 있는 동북아 지정학에 비추어볼 때 박근혜 정부가 냉전 시기에나 어울릴 한·미·일 협력체제를 넘어 중국의 존재감을 새삼 강조하고 한 미 중 전략적 협력틀을 구축하고자 하는 구상은 그 최종적 성과 여부를 떠나 동북아 협력파인 나로서는 일단 쌍수로 환영할 일이다.

개인적인 찬반이나 호불호를 떠나 변화된 동북아 지정학에 조응하여 한반도 문제를 풀어가기 위해서는 중국의 진심어린 협조와 한·미·중 정책 공조가 불가피하다. 박근혜 정부의 '동북아평화협력 구상'은 대단히 적절한 정책 구상이라 할 수 있겠는데, 그렇다고 하여 일본이나 러시아를 노골적으로 경시하는 듯한 메시지를 던지는 것도 경계해야 마땅하다. 일본을 '왕따'시켜서는 일본이 얼마든지 '훼방꾼' 노릇을 할 수 있을 뿐더러, 북핵문제의 평화적 해결이나 북일 간 국교정상화 같은 과제를 생각할 때 일본과의 협력도 필수적이라 봐야 한다. 미구에 6자회담이 재개될 때 일본과 러시아의 협조가 없이 진전된 6자회담을 기대하기도 어렵거니와 다자회담의 장점을 살릴 수도 없다. 주변국들과의 원만한 관계가 "한반도 비핵화"의 필수요건이라고 했을 때 다면적인 사려를 보여야 한다. 그리고 '동북아평화협력 구상'은 6자회담 외교의 집중력을 분산시키지 않는 방향에서 추진되는 것이 마땅하다. 이미 만들어진 틀을 경시하면서 굳이 새로운 틀을 만들고자 하는 실책을 범하지 말아야 한다.

2. 중첩적 시공간 속의 미중관계

이 글에서 밝히고자 하는 생각 가운데 제일 우선 순위에 놓고 싶은 주제가 미중관계다. 미중관계는 그 자체로서 심각할 뿐만 아니라 동북아 지정학의 해석에서도 근간을 이루며, 한반도 정세와도 직결되어 있는 그런 주제다. 따라서 동북아 공동의 미래를 전망하는 데도 최우선적으로 다루어야 할 요소다. 당연히 한반도와 관련된 여러 과제들을 구상하는 데 있어서도 반드시 검토해야 할 주제다.

기존의 미중관계 논의 계보에는 '중국붕괴'(collapse), '중국위협'(threats), '봉쇄'(containment)와 같은 용어가 주류를 이루었다. 이들은 미국에서 제기된 용어들이고 미국의 관점에서 중국을 구상하는 산물들이기도 하였다. 한국 학계에서도 대체로 비슷한 흐름이 일어났다.[2] 당연하게도 미국과 한국에서는 이런 인식론적 흐름이 대중정책 구상에 심대한 영향력을 발휘하였다. 이 책 제3부 제1장에서 나는 이 용어들이 현실적 의미를 갖기보다는 '정치적 수사'로서 혹은 담론적 의미가 더 강하다는 주장을 펼쳤다.

6월 7일과 8일 이틀에 걸쳐 캘리포니아 휴양지, '랜초 미라지'에서 열렸던 오바마(Barrack Obama) 대통령과 시진핑(習近平) 국가주석 간의 미중정상회담은 언론의 표현대로 "세기의 회담"이라 불러도 무방할 상징적 의미를 가졌다고 본다. '세기'라는 레토릭으로 말하자면 20세기를 표상했던 미국 지도자와 21세기를 표상할 중국 지도자의 회동이라는 의미가 있었다. 정상회담은 내용과 결과도 중요하지만 못지 않게 중요한 요소가 형식이라고 봤을 때 금번 미중정상회담은 시사하는 바가 크다. 향후 10년간 중국을 이끌어나갈 새 지도자와 미국 대통령의 공식 회담 자체가 워싱턴이 아니라 캘리포니아 휴양지에서 열렸다는 사실만으로도 많은 함축을 내포하고 있다. 아메리카 대륙을 순방하

---

2) 이희옥, 「한국에서의 중국 부상의 성격: 시각과 실제」, 『한국과 국제정치』, 제25권 4호(2013) 참조.

는 중국 지도자의 여정에 맞추었다는 인상을 주기도 한다. 이 밖에도 두 정상이 영상으로 보여준 파격적인 모습들(두 소매를 걷어부치고 대화하는 장면, 와이셔츠만을 입고 나란히 하는 산책, 노타이 와이샤츠 차림의 기자회견 등등)은 우리가 향후에도 미중관계, 혹은 미국과 중국이라는 두 강대국을 생각하고 접근할 때 떠올리게 될 역사적 편린이 될 것이다.

이런 관찰과 함께 정작 중요한 것은 정상회담의 내용과 결과임은 두 말할 나위가 없다. 8시간에 이르는 두 정상 간의 공식 비공식 대화는 광범위한 의제들에 관련하여 풍부한 내용을 담고 있다. 우리가 눈여겨볼 부분은 역시 북핵문제와 관련한 내용이라고 하겠는데 이번 회담에서 두 정상 간에 고도의 조율과 합의가 있었음을 짐작할 수 있다. 북핵 불용이라는 기존의 원칙을 재천명한 점도 부각되었고, 비핵화를 위한 공동노력과 협력을 밝힌 점도 의미가 있다. 백악관 안보보좌관인 톰 도닐런은 언론브리핑에서 "절대적"이라는 표현을 사용하면서까지 북핵문제 관련 합의를 강조하였다.

그럼에도 불구하고 구체적 해법에 관해서는 미중 간에 차이가 크다. 중국은 6자회담 재개에 방점이 가 있는가하면 미국은 "북한이 먼저…진정성있는 조처를 보여야 한다"는 방침으로 시종일관하고 있다. 그리고 도닐런 안보보좌관을 비롯하여 미측은 "북한의 비핵화"라는 표현을 사용하고 심지어 시주석이 합의한 듯이 발표를 하였다. 우리 언론들도 마치 "북한의 비핵화"가 양국 간 합의인 양 보도를 하였는데, 그 점은 고쳐야 할 오류다. 왜냐하면 중국 측에 "한반도 비핵화"라는 표현은 있어도 "북한의 비핵화"라는 표현 자체가 없기 때문이다.

이런 미세한 부분들이 과거에 6자회담 진전의 장애물로 작용하였다는 사실을 되새길 필요가 있으며, 미국이 보여준 입장으로는 북한의 대화테이블 복귀가 어려울 것이다. 사족이지만 이후에 개최된 한중정상회담(6월 27-28일)에서도 한국과 중국 간에 유사한 혼란이 비쳐졌고, 향후 이런 미세한 부분에 대한 인식 차이로 인해 북핵문제 해결이 난항을 보일 소지가 없지 않다.

그리고 미구에 한중 간의 협조에도 차질이 빚어질 가능성을 내포하고 있다.

이번 미중정상회담을 지켜보면서 담론적 의미에서도 심각한 변화가 일어나고 있다는 생각을 갖게 되었다. 우선 붕괴론은 설 땅을 완전하게 잃고 자취를 감추었다. 국제무대에서 모든 분야에 걸쳐 협력해야 할 상대를 놓고 "당신은 무너지게 되어 있어"라고 말할 순 없는 노릇이다. 붕괴론이 재기할 가능성은 실로 희박하다. 위협론도 붕괴론과 비슷한 운명을 맞고 있다고 보는 편이 적절할 것 같다. 하지만 객관적으로 완전히 종적을 감춘 상태는 아니다. 중요한 것은 봉쇄론인데 그런대로 위세를 유지해오던 봉쇄론이 이번 정상회담을 통해 적잖은 타격을 입었을 뿐만 아니라 현실적 의미를 상실했다는 것이 내 생각이다.

오바마 행정부는 2011년 '아시아로의 선회'(Pivot to Asia)라는 정책을 천명함으로써 대중 봉쇄 뉘앙스를 강하게 풍긴 바 있었다. 오바마 대통령이 그해 11월 최초로 '동아시아정상회의'(EAS)에 참석하기 위한 순방길에 인도, 인도네시아, 한국, 일본을 두루 방문하면서 '아시아로의 선회'를 공식 선언하였던 것이다. 오바마 대통령의 이 정책은 2010년에 두드러졌던 중국의 '공세적 외교정책'에 대한 대응적 성격이 없지 않았다.3) '아시아로의 선회'는 중국 측이 제기한 다양한 형태의 항변과 여타 안팎의 오해를 불러일으켰다. 재집권을 앞둔 오바마 대통령은 중국 측의 반대와 오해를 의식한 나머지 2012년 1월에 발표한 새 국방 보고서4)를 통해 '아시아로의 선회'를 대체하는 '재균형'(rebalancing) 개념을 발표하였다. '재균형'은 봉쇄 담론의 아류로 이해할 수 있겠는데5) 이번 미중정상회담에서 전혀 그 존재감을 드러내지 못했다.

---

3) 김재철, 「중국의 공세적 외교정책」, 『한국과 국제정치』, 제28권 4호 (2012) 참조.
4) US Department of Defence, *Sustaining U.S. Global Leadership: Priorities for the 21st Century Defence*, (Washington D.C.: Department of Defence, 2012).
5) 이런 관점에서 한·중·일 동북아 주요 3국에서 '재균형'정책이 어떻게 수용되고 있는가를 분석한 2012년 겨울호 *Global Asia* 기고문들을 참조할 만하다. Wu Xinbo, "Not Backing Down: China Responds to the US Rebalance to Asia"(2012); Kang Choi, "Advice from a Good Friend: A South Korean View on the US Rebalancing, "; Noboru Yamaguchi, "Facilitating the US Pivot: A Japanese Perspective," *Global Asia*, Vol 7, No. 4.

그 대신 순전히 '신형대국관계'론을 통해 미중관계의 미래가 논의되었다. 중국 지도자의 입장에서는 향후 10년간 어떤 프레임과 담론구조를 통해 미중관계를 다룰 것인가를 규정하는 정상회담인 셈인데, 봉쇄나 재균형이 아니라 '신형대국관계'라는 개념에 대해 미국 측의 동의를 얻어냈다고 볼 수 있다.   그런 차원에서 흥미로운 사실은 '신형대국관계'라는 말 자체가 시진핑 주석과 중국외교의 담론이라는 점이다.   2012년 2월 미국을 방문중이던 당시 시진핑 부주석이 백악관에서 오바마 대통령을 향해 제기한 개념이기도 하다.   공식 국가 지도자로서의 승인 절차만을 남겨두었던 시진핑 부주석이 자신의 어젠더를 선제적으로 던졌던 셈이다. 신형대국관계론은 중국이 미중관계를 담고자 고안해낸 틀인 만큼[6] 중국외교 담론이자 시진핑 주석의 어젠다인데, 이를 두고 정상회담 내내 미국 대통령과 언론이 "new model of the relationship between major countries"라는 어색한 번역 표현을 동원해서 임하는 태도가 시사하는 바 크다. 2년여 전에 불과했던 2011년 1월 후진타오 주석이 오바마 대통령과 발표한 공동성명이나 당시 미국에서 유행했던 '봉쇄' 담론을 상기해볼 때 격세지감을 갖게 하는 변화다.

냉정한 현실론적 입장에서 말하자면, 이제 중국의 부상을 누구도 '봉쇄'할 수 없다.   회담에서 오바마 대통령이 중국의 평화적 부상을 존중한다는 입장을 거듭 피력한 바 있는데, 이는 사실상 중국 봉쇄의 불가능성을 미국이 자인한 것이라 볼 수 있다.   미국으로서는 오바마 대통령의 입장이 중국 부상에 대한 현명한 대응의 근거가 될 지도 모르겠다. 퇴조하는 헤게몬으로서의 미국이 신흥 부상세력인 중국에 저항하기보다는 수용하겠다는 것이며, 이 책 3부 제1장에서 논의한 '축소'(retrenchment) 전략에 부응하는 기조이기도 하다.

이런 분석의 연장선에서 나는 봉쇄론이 붕괴론이나 위협론과 같은 운명을 맞고 있다고 생각한다. 봉쇄론은 퇴조하는 헤게모니국가 특권 엘리트들의 언

---

6) 차창훈, 「중국의 대한반도정책: 책임대국과 시진핑의 대북정책 딜레마」, 『한국과 국제정치』, 제29권 1호(2013).

술에 그칠 개연성이 날로 높아지고 있는 것이다. 다시 상기하고 싶은 바는 우리의 세계체제가 이행기에 접어들어 있다는 점이다. 시간적으로 퇴조하는 헤게모니국가로서의 미국과 신흥 도전 권력인 중국이 상호작용하는 "중첩적 시간대"(overlapping times)에 들어있고, 공간적으로는 동북아 지역이라는 '장'을 통해 미중 간의 경쟁이 전개되고 있다. 우리는 미국의 시대이면서 미국의 시대라고 하기에는 때늦은 감이 있고, 중국의 시대이면서 아직 중국의 시대라고 부르기에는 시기상조인 그런 시간대에 들어 있는 것이다.

3. 중국 구심력의 확대

중국이 동북아 지정학의 블랙홀이 되고 있다. 한반도의 북에 이어 남한마저 중국으로 다가서고 있다는 느낌이 날로 더하다. 6월 26일부터 있었던 박근혜 대통령의 중국 국빈방문 기간 동안 박 대통령 자신을 비롯하여 한국정부가 보인 열정과 중국 측의 호응이 휘황찬란한 바가 없지 않았다. 우리가 "심여지려"로 임하자 중국 측은 "옛 친구"론으로 화답하였다. 박근혜 대통령이 중국방문과 한중정상회담에 얼마나 공을 들였는가는 언론의 보도로 미루어 짐작한 바였지만, 칭화대학에서 한 연설은 "심여지려"가 괜한 말이 아니었다는 점을 입증하였다. 온갖 동원 가능한 화려한 수사들이 정상회담과 이후 행보들을 꾸몄다.

이같은 박근혜 대통령의 중국 중시 행보는 대한민국의 외교방향성과 관련하여 음미해 보아야 할 소지를 다각적으로 제기한다. 우선 같은 보수정권이면서 박근혜 정부는 이명박 정부와 너무나 다른 외교방향성을 드러내 보였다는 사실이 흥미롭다. 노골적 미국 중시 및 일본 중시 노선을 견지했던 이명박 정부와는 질적으로 다른 기조를 과시하였다. 이것은 단순히 이명박 정부 기간에 일어난 동북아 외교정책의 실책을 수정한다는 의미를 넘어 그보다 훨씬 더

심장한 시사점을 갖는다. 한국의 보수층은 이념적으로 한미동맹을 강조하고 북한과 대결적 자세로 일관해왔다. 이는 일종의 정체성과도 같은 특징이며, 중국과 근본적으로 화합하기 어려운 노선을 함축하고 있기도 하다. 따라서 박근혜 정부의 중국 중시 행보는 한국 보수층으로서는 하나의 일탈에 해당된다.

박근혜 대통령의 방중 즈음에 국내정치권은 'NLL파동'과 국정원의 대선 개입 문제를 놓고 죽기살기식의 싸움을 벌이고 있었다. 한국사회의 공론도 가세하여 이념대립의 양상이 치열하였다. 이 싸움은 지난해 대선 후폭풍으로서의 의미가 다분하였다. 시간상 새누리당에 의해 재점화된 NLL공방과 국정원 측의 대화록 공개 바로 직전에 남북장관급회담 개최를 둘러싼 한바탕의 진통이 있었다는 점도 흥미롭다. 우선 5월 22일-24일에 북한의 최룡해특사가 중국을 방문하여 시진핑주석과 면담을 하고 돌아왔다. 불과 열흘이 지난 현충일 휴일인 6월 6일에 북측은 우리에게 당국 간 회담을 제의하였다. 우리 통일부는 즉각 응답하여 아주 구체적으로 날짜와 장소를 못박아서 6월 12일 서울에서 장관급회담을 열자고 파격적 제안을 하였다. 묘하게도 북측의 대화 제의는 캘리포니아 미중정상회담 직전에 나왔다는 점을 상기할 만하다. 시진핑 주석이 최룡해 특사에게 남북관계 개선 노력을 주문하였음을 짐작하게 하는 대목이다.

남북장관급회담의 개최는 이후 일사천리로 진행되는 듯하였지만 6월 12일 회담 개최 전날 밤에 '급'과 '격'을 놓고 남북 간 이견을 좁히지 못한 채 결국 무산되고 말았다. 이 '소동'에 대해서도 따져볼 일이 하나둘이 아니다. 이 글이 주목하고자 하는 문제는 이 직후에 발생한 'NLL 파동'의 재점화와 국정원의 무리한 대화록 공개다. 이에 대해 이미 많은 국내정치 분석가들이 국정원의 대선개입 책임, 새누리당의 불법선거, 그리고 결과적인 박근혜 대통령 동반책임론에 대한 "물타기" 수법이라는 지적을 제기하였다. 나는 이런 국내정치적 활용이라는 지적에 더해 남북관계 개선 노력에 대한 사보타지의 의미가 강하다고 생각한다. 이 중심에는 새누리당 영남 출신 반북 · 반공주의 정치인들과 군출신 최고위 권부 인사들이 있고, 강경보수우파 여론 주도층이 가담하고 있다.

이런 맥락에서 박근혜 대통령의 친중 행보를 이념적 '일탈'로 볼 수 있다는 것이다. 현재 동북아 지정학은 '반북'과 '친중'의 조화로운 결합을 허용하지 않는다. 그럼에도 불구하고 정작 보수파 당사자들은 자기들의 이익대변자인 대통령이 노선을 벗어나는 행동에 대해 이렇다 할 언급이 없을 뿐더러 도리어 앞장서서 홍보하는 대열에 가담하고 있다. 미국과의 군사동맹 관계는 중국같은 강대국과의 고도 전략적 파트너십과 병립하기 어렵다. 그런데 이번에 한중정상의 합의에는 중국과 한국이 그같은 전략적 파트너십을 구축하겠다는 내용이 들어 있다. 미국과 일본이 놀라고, 북한이 당황해 하고, 한국 보수층이 길길이 뛰어야 할 전략노선을 걷고 있는 셈이다. 그럼에도 불구하고 한국 보수층에 의해 박근혜 정부의 중국 다가가기가 용인되는 까닭은 바로 중국의 대북 기조 변화론을 수용한 나머지 한중협력체계를 통해 북한을 압박함으로써 북핵문제나 보다 넓은 북한문제를 해결할 수 있다는 판단때문일 것이다.

한중정상회담에서 '한반도 비핵화'와 '평화통일'에 대해 두 정상이 이구동성으로 일관하였다. 중국으로서야 한반도 비핵화와 평화통일을 한결같이 지지해왔기 때문에 금번의 입장 천명에 새로운 것은 아무 것도 없다. 도리어 정상회담의 여러 풍경과 발언들을 살펴볼 때 우리의 과제인 평화통일이나 북핵문제 해결 따위를 중국에게 아웃소싱한다는 인상을 주기 족했다. 우리가 주도적으로 나서고 중국의 지지와 협조를 구할 과제를 아예 남에게 미루는 듯한 인상인 것이다. 이번 정상회담을 통해 북한에 이어 한국도 중국에 의존하는 패턴이 만들어지고 있다는 점에서 중국의 구심력 확대론을 제기할 만하다.

이번 미중정상회담과 한중정상회담을 거치면서 북핵문제가 중국이 아니면 해결될 수 없는 과제로 바뀌어 버렸다. 북핵문제를 북미 간 오랜 적대적 관계의 산물인 듯 인식하고 접근해온 한국 사람들이나 북한 당국은 서둘러 미국책

임론 혹은 북미동반책임론을 철회해야 할 지경이 되었다. 향후 동북아 지정학에 대한 해석을 달리해야 할 요구에 직면하게 되었다. 중국이 6자회담을 통해 여태까지 협상테이블 제공자, 정직한 중재자 역할을 담당해왔다고 한다면 향후 중국의 역할은 전혀 차원을 달리하는 성격을 띠게 되었다. 중국에게 북핵이 외교전략적 자산이건 부담이건 관계 없이 중국의 구심력이 시간이 흐를수록 확대되고 있는 것이다. 중국의 구심력 확장은 결국 중국의 '중심성'으로 연결되지 않을까싶다.

한국이 중국에 다가가고 있다는 주장은 정상회담 결과 가운데 상대적으로 관심을 덜 받았던 부분인 한중FTA 협상과 교역규모 확대라는 차원에서도 근거가 있다. 중국 측은 높은 수준의 FTA 체결을 강조한 바 있고, 우리도 적극적 노력을 해나가기로 합의하였다. 그리고 현재 약 2,500억 달러에 달한 양국 간 교역 규모를 3,000억 달러로 확대한다는 합의도 있었다. 미국과 FTA를 체결한 우리로서 유독 중국과 FTA 체결을 하지 말자는 것은 성립되기 어렵다. 수출을 무척 강조하는 박근혜 정부로서야 대중국 교역규모 확대 합의가 외교적 성과에 해당될 것이지만, 광범위하고도 강력한 구심력을 발산하고 있는 중국 역시 한국과 교역규모 확대를 마다할 이유가 없다. 결국 중국의 등에 올라탄 한국경제라는 성격을 더욱 강화시킬 테니까.

그런데 북핵문제 해결도 중국에게 사실상의 주도권을 넘겨주고, FTA 체결로 말미암아 중국 쓰나미가 우리 생활을 덮치고, 중국 시장에 대한 한국경제의 의존성이 높아진 결과가 어떤 형태의 파장을 불러올지에 대한 고민과 논의가 없다는 점이 문제라면 문제다. 북핵문제 해결에 대한 적극성도 보이지 않고, 보다 포괄적인 북한문제에 대한 진지한 고민도 보이지 않는다. 그러면서 공허하게 들리는 '통일'을 수시로 입에 올린다. 민주정부 10년의 대북 포용정책이 겨우 근거를 마련했던 대북 통제력은 이명박 정부의 북한 포기정책으로 말미암아 공중분해되었다. 남한이 대북개입을 포기했을 때 북한의 대응이 어땠는지는 이명박 정부 5년간 실감있게 관찰할 수 있었다. 북한을 우리의 정책영역 바깥으로 밀어낼 것이 아니라 여러 수단을 동원하여 유인해 내는 노력이 절박하다. 이런 점들을 염두에 두면서 폭넓게 할 수 있는 문제제기는 중국이 한반도에 대한 통제력을 확장하고 심화해 간다는 것이다. 이런 논의를 포함하여 이 글에서 제기한 중국 구심력 확장론이 향후 보다 심도있는 논의로 이어지기를 기대한다.

4. 동북아, 피할 수 없는 공동체의 길로

이런 제반 흐름들을 종합하여 거시담론 혹은 큰 대외전략 수준에서 제기하고픈 바가 동북아에도 불가피하게 공동체가 건설되고 있다는 주장이다. 오랜 시간이 걸릴지라도 말이다. 물론 동북아공동체론이 새로울 바가 없으며 한국과 주변 국가들의 여러 담론가들과 분석가들이 가담한 결과 상당한 지적 축적을 이루고 있는 터다.[7] 노무현 정부 시기 국정목표로 제기된 '평화와 번영의 동북아시대' 구상을 계기로 한국사회에서 동북아공동체 담론이 활성화된 바 있다. 다수의 동북아공동체 옹호가들이 이 구상을 주목하기도 하였고[8] 주변 국가들에서도 적극적 지지 표시가 없지 않았다.[9] 하지만 국제정치학자들을 중심으로 반대담론도 만만치 않았다. 반대담론의 일환으로 한국의 주류 국제정치학자들은 동북아 지역이 특징적으로 갖고 있는 이러 저러한 장애물들을 주목하면서 "다자주의" 제도화가 현실성이 없다고 결론지었다. 이 흐름은 아직도 동맹과 같은 양자주의에 관심을 기울일 것을 주장하고 있는 실정이다.[10]

물론 양자 관계는 엄연하게 위력이 있고 따라서 경시 할 수 없다는 점은 자

7) 제주발전연구원·동아시아재단, 『동북아공동체: 평화와 번영의 담론』(서울: 연세대학교 출판부, 2006).
8) 여러 문헌가운데 비교적 초기에 동북아공동체론을 제기한 단행본으로, 동북아지식인연대 편, 『동북아공동체를 향하여』(서울: 동아일보사, 2004).
9) 이웃 일본에서도 와다 하루키 교수가 적극 환영의 입장을 천명하였다. 와다 하루키 지음, 이원덕 옮김, 『동북아시아 공동의 집』(서울: 일조각, 2003).
10) 하영선 편, 『동아시아 공동체: 신화와 현실』(서울: 동아시아연구원, 2008) 참조.

명하다. 문제는 기성의 현실을 너무 강조하고 재반복하다 보면 새로운 흐름을 외면하는 우를 범할 수 있다는 점이다. 이런 중첩적 현실을 감안하여 다시 한번 주장하고자 하는 바는, 동북아에도 '사실상의 통합'이 한창 진전 중이고, 공동체 건설이 불가피한 현실로 변해가고 있다는 입론이다. 이 책의 제목도 바로 이 엄연한 현실을 부각시키고자하는 의도를 담고자 붙여졌다. 흔히 지적되곤 하는 여러 장애물들로 인해 동북아 역내 내부 긴장과 갈등이 있는 것을 부인할 수 없고, 간과해서도 안된다. 공동체 건설을 내세우는 사람이야말로 그런 현실적 장애물들에 대한 궁리가 깊어야 한다. 동시에 그 장애물들의 긍정적 기능도 무시할 수 없다. 긍정적 기능 가운데 하나가 바로 동북아 지역 거주민들에게 그런 장애물을 극복해야 한다는 생각을 끊임없이 일깨워주고 극복에 대한 고민을 부과하고 있다는 점이다. 간헐적으로 발발하곤 하는 영토갈등마저 이슈가 되는 순간 갈등해소 담론이 나오고 특정 정치지도자들의 정치적 활용이나 불필요한 정부 간 마찰을 경계하는 시민사회의 움직임이 두드러진다.

이런 장애물들을 부지불식간에 함몰시킬 잠재력이 있는 첫 번째 흐름이 동북아 '시장체제'의 출현이다. 우선 중국이 꾸준히 형성해가고 있는 시장의 확장을 다시 한번 새겨볼 필요가 있다. 이번 한중정상회담에서 한중FTA 체결에 대한 협력 합의와 한중교역규모 확대 합의는 동북아 '시장체제'라는 차원에서 시사하는 바가 실로 크다. 한·중·일 3국 간의 동북아 FTA 체결 논의도 본격화된 지 오랜 시간이 지났다. 동북아에 사실상의 '관세동맹'이 출현하는 것은 시간의 문제일 뿐이다. 동북아 통합이 시장을 출발로 삼아 전개될 것이라는 점과 시장통합이 동북아 지역 전반에 미칠 파장이 어마어마할 것이라는 점을 눈여겨보아야 할 것이다. 나중에 좀 더 집중적으로 다루겠지만 북한 문제도 이 흐름 속에서 해소되는 편이 적절하다는 생각이다.

두 번째 흐름은 시장통합과 무관하지 않은 일로써 동북아 주민들 간의 매우 활발한 왕래와 교류다. 이는 동북아 인식공동체나 문화공동체를 주장해온 전문가들이 꽤 오래전부터 주목해온 현상이다.[11] 한 · 중 · 일 3국에 살고 있는 사람들이 '우리는 지지고 볶고 싸워도 결국 어쩔 수 없는 하나의 운명공동체'라는 인식을 갖게 된 것은 실로 대단한 현상이다. 한 · 중 · 일 3국 간에 사람들의 왕래와 교류를 거스를 수 있는 힘은 어디에도 없다. 10여 년 전에 발생했던 중국 정부의 '동북공정'을 상기해보자. 불과 10년만에 '동북공정' 이슈가 묻혀버렸는데, 중국 정부 프로젝트가 끝나버린 탓과 더불어 한중 양국 간 민간사회의 소통과 교류가 적잖은 몫을 하지 않았을까 싶다.

한반도를 지리적 중심으로 그 서해와 동해 상공을 가로지르는 거미줄같은 항공노선은 밀도가 너무나 높다. 앞으로 그 밀도가 더욱 높아질 것임은 명약관화다. 동해와 서해상에도 사람들의 왕래와 교류를 매개하는 배들이 날로 늘어나고 있다. 이 바다들이 동북아 평화의 바다가 되지 말란 법이 없으며, 동북아의 지중해가 되지 말란 법도 없다. 육해공을 아우르는 교통과 운송을 포함한 동북아 '시장체제'가 견인하고 동북아 인식공동체가 조력하면 이 흐름들이 복합적으로 작동하여 영토 분쟁을 무력화시킬 법도 하다. 한일 간에 독도/시마네 분쟁이나 중일 간 조어도/센카꾸 분쟁은 양국 간에 무력으로 해소하거나 국제법적 절차에 의해 심판을 받는 방법들을 생각해볼 수 있는데, 양자 공히 바람직한 선택이 되지 못함은 두 말 할 나위가 없다. 이들도 결국 동북아공동체 건설을 통한 해소가 가장 바람직한 선택이 될 것이고, 실제 그렇게 될 전망이 한층 뚜렷하다.

문제는 이런 흐름들로부터 배제되어 있는 북한이다. 정확하게 말하자면 북한 배제다. 이 글에서 주목한 2013년 상반기 주요 세 정상회담을 거치면서 북한 문제 해결이 동북아 차원에서 접근되어야 할 소지가 더 더욱 강화되었다. 달리 표현한다면 새로운 양태로 접어들고 있는 미중관계, 중국 구심력 확대 흐름, 그리고 동북아공동체 건설 흐름에 의해 북한문제가 접근될 소지가 이전보다 커졌다는 것이다. 나는 수년 전부터 이 인식을 줄기차게 제

---

11) 이승철 외, 『동아시아 공동체: 비전과 전망』(서울: 한양대학교 출판부, 2005).

기해왔으며, 이 책에 그 인식이 고스란히 담겨져 있다. 학계에서 최근에 '북한의 국제화'론이 제기되어 이 접근에 동조하고 있는 바,[12] 고무적인 일이다.

당면한 지역 안보 현안인 북핵문제도 결국 6자회담 틀에서 해결 혹은 미해결될 개연성이 높아졌다. 게다가 앞서 언급한 대로 중국이 어떻게 역할을 발휘하는가에 따라 6자회담의 진로가 정해질 소지가 다분해졌다. 미국이나 한국, 일본 (심지어 북한까지) 공히 이 현실을 내심 달가워하지 않음은 불을 보듯 뻔한 일인데, 그것은 이명박 정부와 그에 편승했던 제1기 오바마 행정부가 일관되게 중국 역할론을 견지했던 나머지 초래한 자업자득인 것이다. 중국은 앞으로도 6자회담을 통한 해결 입장을 유지할 것이고, '9.19공동성명'이 회담의 전범이 될 것이다. 정상회담들을 관통하는 합의인 "한반도 비핵화" 역시 '9.19공동성명'을 토대로 삼고 있다.

한·미·중 3국의 "한반도 비핵화" 천명과 관련하여 여기서 제기하고 싶은 바는 동북아 역내에 사실상 '비핵동맹'이 맺어지고 있다는 주장이다. 동북아 비핵동맹에 북한이 가담하느냐, 혹은 비핵동맹이 북한을 회원으로 끌어들일 수 있느냐라는 각도에서 북핵문제를 바라볼 소지가 커지고 있다는 것이다. 빈번하게 제기되고 있는 일본의 핵무장 시나리오 역시 비핵동맹이라는 관점에서 바라볼 수 있겠는데 북핵문제의 해소 여부에 따라 일본 가입 혹은 미가입이 판가름나게 되었다.

동북아에는 미중 간 경쟁 격화에 따른 재앙에 대해 강력한 반대가 줄기차게 있어왔다. 중일 간 역내 경쟁 격화에 따른 파국에 대해서도 강한 저항이 표현되어왔다. "한반도 비핵화"가 이구동성으로 강조되고 있는 현실은 평화지향 세력으로부터의 압박이 부지불식간에 적잖은 힘을 발휘한 탓일 수도 있다. 북핵문제를 해소하지 못하면 동북아 전체의 핵 무장이 발생할 것이라는 시나리오는 얼마든지 실현가능한 일인데, "한반도 비핵화"를 통해 동북아 비핵동맹

---

12) 박명규, 「한반도 신뢰프로세스와 남북관계 전망」, 『입법과 정책』, 제5권 제1호(2013).

이 가시화되면서 핵무장론자들을 무장해제 시키고 있다.

한미, 미중, 한중 세 정상회담을 거치면서 미국과 중국이 박근혜 정부에게 일관되게 보낸 메시지는 남북관계를 개선하라는 것이다. 북한의 최룡해특사를 통해 중국 최고지도부가 북한 최고위 측에 보낸 강력한 메시지도 더 이상 중국을 난처하게 만들지 말고 남북관계 개선에 노력하라는 주문이었다. 북한은 이 압박에 직면해 박근혜 정부를 상대로 남북대화를 향한 파상공세를 벌여왔다. 고위급대화의 수용, 개성공단 "정상화"를 위한 적극적인 대화, 금강산관광 재개와 이산가족 상봉을 위한 대화 제의 등등은 모두 그 파상공세의 일환인 것이다. 이런 과정에서 북측은 남측의 제안이나 역제안(때로 누가 보아도 유치한 수준의 내용을 포함한)을 거의 다 수용하는 태도를 보여주었다. 북한이 이렇게 남북대화에 적극적이면서도 유화적이고, 남북관계 진전에 대한 미국과 중국의 지지가 이토록 우호적인 때가 별로 없었다. 남과 북이 기싸움같은 치기를 벗고 일신하여 남북관계 복원을 향해 진심어린 노력을 기울여야 할 정세를 맞고 있다.

한반도 평화와 궁극적 통일은 남과 북이 이런 정세를 어떻게 이해하고 대응하였는가에 따라 진일보하거나 역주행하였다. 미국과 중국이 결합하고, 중국이 자신의 구심력을 날로 확장해 나가며, 동북아 전체에 사실상의 통합이 일어나고 있는 상황에서 남과 북이 대결과 분열의 길을 걸으면 감당할 수 없는 '부조화'로 인해 피해를 입을 것이 뻔하다. 캘리포니아 미중정상회담은 "세기의 회담"을 넘어 "세기들의 화해"를 상징하는 바가 있었는데, 그런 거대한 물결을 타고 우리는 이제 21세기로 진입해야 할 것이다.

제1부.

이행기 세계체제와 한반도

신자유주의적 세계화와 미국*

1. 머리말

2008년 '촛불'과 10월의 미국발 금융위기를 겪으면서 다시 미국을 생각하게 된다. 우리에게 미국은 어떤 존재인가? 한미동맹은 어떤 수준이어야 우리 국민 다수가 불안해하지 않는가? 전 세계 대다수 국가들이 어떻게 하면 미국과 일정한 거리를 유지할 것인가를 고민하고 있는 가운데, 유독 한국 정부만 한미동맹을 강화해야 한다고 외치는 현실을 어떻게 받아들여야 하는가? 미국식 자본주의가 파산선고를 하고 그 모델의 핵심 인사들이 대안을 부르짖고 있는데, 한국에서는 미국식 자본주의를 한층 강화해야 한다는 정부 발표가 연일 나오고 있는 현실은 어떻게 이해해야 하는가? 네오콘이 퇴각한 부시 행정부가 북핵문제를 협상을 통해 해결하고자 하는데, 우리 정부는 화해협력의 남북관계를 끊고 북한의 '급변'에 대해 유별난 관심을 나타내고 있는 한미 간 정책기조 불일치 문제는 어떻게 봐야 하는가? 위기 때 우리 같은 '미들파워'(middle power)[1]가 자율성을 높이는 방향성은 선택할 수 없는 전략인가?

이 글은 이런 문제의식을 배경으로, 1)탈냉전기 미국의 국제정치와 세계경제 운용 방식과 결과에 대해 살펴보고, 2)특히 조지 W. 부시 행정부 8년 기간

---

* 『계간비평』 2008년 겨울호.

1) 한국을 middle power로 규정할 수 있느냐는 논쟁거리이기도 하고, 아직 학술적 검토가 이루어진 문제도 아니다. 필자는 개념적 엄격성을 떠나 정책적 영역에서 한국을 그 범주에 넣을 수 있다는 입장을 갖고 있어서 그렇게 사용한다. 또 우리말로 그 개념을 어떻게 부를 것인가에 대해서도 아직 공감대가 없는 실정이다. 그래서 영어 발음으로 표기했다. 이 두 문제에 대해서는 학계의 본격적인 검토가 있을 것으로 기대한다.

한미 간 외교안보 분야에서의 심각한 정책 불일치 딜레마를 분석하며, 3)
현 국면에 한국이 미국과의 관계에서 모색해야 할 방향에 대해 검토하는 데
목적을 둔다.

2. 네오콘과 금융투기 세력의 퇴각

탈냉전기 들어 미국 내 지배 엘리트들은 자신이 주도하는 세계체제를 유
지하기 위해 거대한 퇴행의 정치경제학을 구사하게 되었다. 국제정치적으
로는 네오콘적 세계관에 따라 군사력을 토대로 하는 '패권'[2] 정치를 펼치게
되었다. 전 지구적인 군사적 과잉 팽창이 일어난 가운데 대화와 협상, 절충
과 외교는 경시되고 강제와 제재에 의한 문제 해결이 빈번하게 되었다. 군
사적 과잉 팽창은 네오콘적 국제정치의 핵심에 속하는데, 이는 역사적으로
도 퇴조하는 패권국가가 자신의 위상을 유지하기 위해 사용했던 정책이었
다. 미국은 자신의 군대와 재정 역량이 불충분하였기 때문에 이 같은 군사적
과잉 팽창을 지탱하기 위해 군사 변환전략을 구사하게 되었다. 이 변환전략
은 1990년대 초반에 그 대강이 결정된 사안으로서 '군사혁신', '해외 주둔미
군 재배치' 등의 개념을 담았다. 부시 행정부 들어 기동성과 첨단성, 지역성
을 중시하는 '럼스펠드 독트린'을 채택함으로써 군사적 과잉 팽창에 의한 네
오콘적 국제정치 프로그램을 완결짓게 되었다. 이 프로그램의 전개에 따라
전 지구적 적대와 대립, 갈등과 충돌이 수반되었다. 2001년 '9.11사태'는
이 국제정치와 직결되어 있고, 그 사건 이후 미국의 대응은 패닉의 전형이었
는데 아프가니스탄 침공을 비롯해 이라크전쟁에서 클라이맥스를 이루었다.
미국의 세계전략에서 중앙아시아와 중동은 동북아와 연결되어 있다. 그

2) 패권은 영어 개념상으로는 hegemony일텐데, 필자는 두 개념을 달리 사용해야 한다고 주장하는 편이다.
즉, hegemony 개념에는 군사력의 압도적 우위만이 아니라 더불어 두드러진 경제력 우위에다 특히 '도덕적
우위'가 겸비되어야 한다고 주장한다.

런 일환으로 북한도 이란, 이라크와 더불어 '악의 축'으로 낙인찍혀 미국과 위태로운 생존게임을 벌여왔다. 2002년 10월 불거진 북핵문제는 지난 5년 동안 '6자회담'이라는 대화틀 속에서 다루어져 왔다. '9.19공동성명'과 '2.13이행합의' 등 중요한 성과들이 있었다. 그러나 북미 간 적대 관계를 요체로 하는 이 문제는 부시 행정부의 네오콘들이 북한 레짐변동 노선을 고집하는 한 해결될 수 없었다. 북핵문제 해결 3단계 가운데 2단계에 해당되는 '불능화'라는 단계에서 그나마 속도가 난 것은 네오콘들이 물러나고 부시 행정부가 대북정책 기조를 레짐변동에서 양자대화를 통한 협상으로 전환하고 난 이후였다. 북핵문제는 앞으로도 어려운 여정을 예고하고 있다. 하여튼 이 기간 한반도 전체의 안정과 평화가 위협을 받아왔으며 앞으로도 군사적 긴장과 외교적 부담이 예고되어있다는 점을 주목해야 할 것이다.

네오콘적 국제정치와 병행하여 미국은 신자유주의적 경제 세계화의 선두에 서왔다. 자본의 금융화, 과도한 탈규제, 금융투기 세력의 무한한 자유, 무한 경쟁, 양극화 등을 단골메뉴로 삼는 미국식 자본주의는 일시 세계적 시스템으로 위세를 떨치기도 했다. 한국을 위시한 동아시아 국가들도 '1997~98 금융위기' 이후 미국식 자본주의 대열에 적극 가담하게 되었다. 이 시스템은 그 자체 논리적 모순으로 인해 지속불가능한 노선이지만, 병렬적으로 전개된 패권적 국제정치에 의해 그 모순이 한층 빠른 속도로 현재화되었다. 즉 국가는 신자유주의 탈규제 정책으로 인해 재정적 능력을 잃어가는 한편 군사적 과잉 팽창을 근간으로 삼은 네오콘적 국제정치는 엄청난 비용을 요구하는 딜레마를 던지게 되었다. 군사적 과잉 팽창과 전쟁 수행은 패권의 표현이자 패권 유지의 방법론이기도 했다. 하지만 그것은 미국으로 하여금 감당하기 어려운 출혈을 요구하게 되었다.

부시 행정부는 이라크전쟁을 감행함으로써 네오콘적 국제정치 파산의 씨앗을 뿌렸다. 이 전쟁은 시작은 화려했지만 수습은 만신창이라 불릴 성격을 배태하고 있었다. 막강한 군사력을 쏟아 붓는 일은 쉬운 일이었지만 민심을 정리하고 현지에 사담 후세인을 대체할 정권을 수립하는 문제는 전혀 차원이 다른 일이었음이 드러났다. 네오콘들의 사고 체계와 세계관이 시험대에 올랐다. 정치는 모르고 오직 군사력만을 주목하는 그들의 예고된 실패였다. 미국은 재정적으로 이 전쟁을 감내할 수 없었다. 그래서 '다국적군'이라는 이름 아래 전 세계적 동맹 네트워크의 지원을 받아야만 했다. 한국을 비롯하여 '내키지 않는 전쟁에의 협력' 대열이 이어졌지만 전쟁을 종결짓는 데 크게 이바지할 수 없었다.

신자유주의 경제 세계화의 화신이자 챔피언인 월가의 금융투기 세력 역시 한때 황금기를 구가했다. 하지만 '좋은 시절'을 무한정 이어갈 수는 없었다. 자산가치가 급락하고 국가 재정적자 규모가 급증하자 '돈놀이'를 더 이상 지탱할 수 없게 되었다. 자유방임에 놓여진 금융부문은 자신을 통제할 제어장치가 없었다. 워싱턴의 부시 정부가 레임덕에 빠지고 네오콘들이 퇴각하게 된 것과 깊은 연관성을 갖고 금융부문 부실이 불거지게 되었다.

2006년 여름을 기점으로 워싱턴 네오콘들이 퇴각하기 시작했다. 이들은 2007년 초에 이르러 워싱턴 어디에도 발붙일 곳이 없게 되었다. 서브프라임 사태가 터졌다. 월가에도 퇴각의 신호가 오게 된 것이다. '금권정치'라 불리기도 하는 월가 금융투기 세력과 워싱턴의 네오콘 간 연합 통치는 부시 행정부 8년 동안 막강한 위세를 떨쳤지만 동시에 장렬하게 붕괴되었다. 이 붕괴는 미국에 있어 상당한 기간에 걸친 혼란을 초래할 것이다. 이를 단기간에 정리하기도 어렵거니와 그것을 대체할 대안 마련은 더욱 시간을 요하는 과제임에 분명하다. 11월 대선에서 새로운 대통령이 선출된 만큼 미국은 부시 행정부 8년에 걸친 신자유주의 세계화 노선에 대해 이중적 파산선고를 하고 국민적 동의를 바탕으로 새로운 시스템 모색에 나설 때이다.

3. 소진된 도덕적 자산과 무너진 문화적 지도력

한 국가가 세계체제에서 지배적 위상을 갖기 위해서는 압도적인 정치경제적 권력을 보유해야 한다. 더불어 정치경제력에 못지않게 중요한 요소가 문화적 이미지와 구상이다. [3] 권력의 행사와 팽창에 대한 이데올로기적 정당화 구실을 할 수 있는 역량을 갖추어야 하는데 그것이 바로 문화적 도덕적 자산이다. 미국은 20세기 후반 자신의 헤게모니 체제를 구축하면서 구 식민지들에 대한 탈식민화 노선, 민족자결의 원칙, 경제사회적 원조, 각종 문화사업 등을 통해 도덕적 자산을 쌓는 데 성공했다. 일본과 유럽 주요 국가들을 포함한 패전국들의 재건을 도와 자신의 영향권으로 통합하는 정치를 구사했다. 달러를 풀어 유효수요를 창출했고, 이에 기초하여 자유주의 세계시장을 구축함으로써 생산력이 높은 자국의 입지를 한층 키웠다. 민주주의와 시장경제의 이름으로 주변부 국가들에게 원조를 제공하여 자신의 동맹 네트워크로 삼았다. 미국의 강점은 바로 이 같은 면모였던 것이다. 패권이 헤게모니와 다른 점은 바로 후자가 도덕적 자산에 기초한 지도력을 행사한다는 데 있다.

하지만 1980년대 이후 패권적 국제정치와 신자유주의 경제 세계화의 노선을 걸으면서 미국은 기왕에 축적한 도덕적 자산을 잠식하기 시작했다. 대화와 절충의 국제정치학에서 강제와 폭력의 패권정치로의 전환은 미국의 문화적 지도력을 급격하게 훼손시키기에 이르렀다. 주변부의 많은 국가들이 반미 노선으로 돌아섰다. 이슬람세계와도 광범위한 적대 관계를 형성함으로써 반미적대 세계 인구가 크게 증가했다. 1991년 아버지 부시 대통령이 감행한 걸프전으로 미국의 이슬람 세계 적대화의 결정적 씨앗이 뿌려졌다. 10년 뒤에 미국 국민을 경악시킨 9.11 테러는 이 사건과 무관치 않다. '알카에다'를 비롯한 테러 집단들의 생성과 발전은 미국 네오콘들이 펼친 패권적 국제정치와의 연관성 속에서 이루어졌다. 패권적 권력 행사가 증오와 적개심을 심고, 증오와 적개의 세력이 펼친 테러로 인해 패권적 권력 행사가 한층 노골화되는 악순환이 만들어졌다.

부시 행정부 8년에 이 악순환이 현실로 전개되었다. 신앙적 세계관으로 무장한 부시 행정부의 네오콘들은 국제정치 무대를 천사와 악마의 대결장으로 변질

---

3) Wallerstein. I., *Geopolitics and Geoculture*, (Cambridge: Cambridge University Press, 1991) 참조.

시켰다. 엄연한 주권국가를 '악마'로 규정하고 이들을 제거한다고 무력행사에 나서는 일이 빈번해졌다. 반테러와 비확산의 정치는 역설적이게도 테러와 대량살상무기의 확산으로 귀결되었다. '악마'로 규정된 북한도 미국의 압박과 주변국들의 외교적 노력을 물리치고 결국 2006년 10월 9일 핵실험을 하기에 이르렀다. 비확산정책이 확산이라는 현실로 귀결되는 역설의 가장 가까운 사례라고 할 것이다.

포용과 통합의 세계질서는 적개와 대립의 세계질서로 바뀌었다. 미국이 누린 문화적 이미지와 도덕적 자산은 부시 행정부 8년 기간에 결정타를 입었다. 미국은 '아름다운 나라'의 이미지보다는 공포심의 대상이 되어 버렸다. 내키지 않는 협력은 있을지 몰라도 마음에서 우러나는 지지는 희박해져 가고 있다. 미국 대 나머지 세계와의 구별 구도가 만들어져가고 있는 것이다.

미국이 패권적 국제정치를 펼치면서 도덕적 자산을 잠식해간 사이에 중국 같은 신흥강대국이 그 자산을 넘겨받고 있다. 중국은 근년에 축적한 물질적 자산을 동원해 자신의 문화적 이미지 구축과 도덕적 자산 쌓기에 열중해왔다. 극빈 국가들에 원조를 아끼지 않는가 하면 광범위한 포용외교를 펼쳐 우호국가 늘리기에 노력해왔다. 적대적 관계에 개입하여 중재 역할을 자임함으로써 외교적 지도력을 높이는 노력도 잊지 않았다. 북핵문제 해결 과정에서도 6자회담 의장국으로서의 중국은 동북아에서 미국이 잃어가는 위상을 자신의 자리로 전환시켜가고 있다. 북미 간 신뢰에 금이 가서 비핵화 프로세스가 난관에 부딪히면 으레 중국의 역할을 주문한다. 중국의 달라진 이미지와 위상을 잘 드러나는 사례인 것이다. 지난 20여 년간 미국과 중국은 국제정치 무대에서 매우 다른 길을 걸어왔고, 그 결과도 확연한 차이를 보여준다.

4. 한미 간 불일치의 역설

1) 역설 1: 민주정부 10년

한국의 '민주정부' 10년은 미국의 패권적 국제정치 및 신자유주의 경제 세계화 노선의 정점과 기간을 같이했다는 점에서 상당한 역설을 이루었다. 특히 부시 행정부 8년은 한국의 민주정부에 엄청난 부담과 애로를 안겼다. 김영삼 정권이 남긴 '환란'의 청소를 담당했던 김대중 정부는 신자유주의 경제 세계화 노선에 동참하게 되었다. 금융은 한층 다양해졌고 개방은 폭이 넓어졌다. IMF통치하에 경제를 운용해야 했던 점을 감안한다면 김대중 정부의 선택지가 매우 협소했을 것이다. 미국식 자본주의를 채택하는 것 외의 다른 선택이 현실적으로 가능했을 것 같지 않다. 그럼에도 불구하고 김대중 정부 기간에 유럽식 자본주의에 대한 담론이 성행했다는 점은 간과할 수 없는 일이다. 기든스(A. Giddens)를 위시해 유럽 지식인들이 자주 국내 담론장에 참여했던 점도 상당한 의미가 있다고 하겠다. 노무현 정부도 미국식 자본주의 노선을 벗어나진 못했지만 '능동적 세계화'를 주장하면서 양극화에 대한 본격적 정책 대응을 모색했다는 점을 주목할 필요가 있다.

부시 행정부의 미국과 민주정부 10년의 한국이 심각한 불일치를 보인 곳은 외교안보 분야였다. '화해협력'이나 '평화번영'은 애당초 부시 행정부의 네오콘들과 공존할 수 없는 주제어들이었다. 한국을 전 지구적 동맹 네트워크 구축 전략 차원에서 매력적인 동맹으로 다루고자 하면서도 미국은 전혀 다른 주제어들을 사용했다. 동맹의 당사국들이 매우 다른 가치와 국가 목표를 갖게 된 셈이었는데 한미 간에 심각한 불일치가 초래된 것은 당연한 일이었다. 특히 심각한 대상이 북한이었다.

김대중 정부와 노무현 정부는 북한을 적이 아니라 화해와 협력의 대상으로 설정하고 포용정책을 펼쳤다. 부시 정부는 북한을 적이거나 '악마'로 규정하고 적대시정책을 펼쳤다. 북한을 두고 한미 간에 심각한 정책 불일치가 존재할 수밖에 없는 노릇이었다. 네오콘적 국제정치를 펼치는 미국과 동맹 관계이면서 미국이 '악마'로 공인한 북한을 포용하겠다고 하니 양자 관계에 근본적 모순이 내재되어 있었던 것이다. 북한 때문에 벌어진 한미 간 불협화음은 안보와 관련하여 국내적 갈등을 야기시켰다. 김대중 정부 시기 이른바 '남남갈등'이 있었고, 노무현 정부 시기에는 보수-진보 갈등이 있었다. 미국 사회 내부에는 이런 갈등이 없었는데, 그 이유의 일단은 한국이 동맹 관계에서 약소국이라는 점에서 찾을 수 있다.

노무현 정부 시기에는 이 같은 일반적 정책 불일치에다가 북핵문제라는 차원이 겹쳐서 어려움이 한층 더했다. 남북관계와 한미관계에 부가적으로 핵문제마저 중첩되어 애로가 많았다. 6자회담이라는 동북아의 다자외교틀은 효과를 거두기가 어렵게 되어 있었다. 네오콘들이 지배하는 미국과 북한이 적대와 상호 불신의 관계를 해소하지 않는 한 핵문제의 해소는 불가능하기 때문이었다. 이런 여건 속에서 6자회담을 진전시켜 나가고 한미동맹과 남북관계를 발전시켜나간다는 일은 사실상 불가능한 일에 가까웠다.

김대중 정부는 한미 간의 공조를 강조한 나머지 한미동맹 내부의 여러 조정 사안들에 대한 조정을 미루었다. 용산기지 이전, 주한미군의 지리적 재배치, 전시작전통제권 전환 같은 사안들이 이에 해당된다. 원활한 대북정책 추진을 위해 한미 간 동맹 쟁점사안들의 조정을 미루었던 것이 아닌가 짐작된다. 하지만 탈냉전기 들어 변화된 동맹 환경으로 인해 한미동맹 조정은 심각한 지체현상을 겪고 있었다.

노무현 정부는 동맹 조정 과제에 적극성을 보였다. 주한 미군의 감축과 지리적 재배치, 용산 기지 이전, 전시작전통제권 환수, 이라크 파병과 같은 사안들이 있었다. 주한 미군의 감축과 전시작전통제권 환수 문제는 보수진영으로부터 한미동맹 약화라는 공세의 빌미가 되었다. 용산 기지의 평택 기지 이전 문제는 진보진영의 비판 대상이었다. 평택에서 격렬한 이전 반대 시위가 있었다. 이라크 파병도 비판의 대상이 되었다. 명분 없는 남의 침략전쟁에 왜 우리 군대를 파병해야 하는가라는 문제 제기였다. 결국 '국제평화유지군'(PKO)이라는 우산을 쓰고 파병을 했지만 우리 사회 내부의 갈등을 봉합할 수는 없었다. 4) 냉엄한 현실 앞에 자신의 가치를 포기해야 하는 지경이었는데, 한미 간 불일치가 빚어낸 비극이었다.

2) 역설 2: 이명박 정부 1년

2007년 12월 대선에 즈음하여 한국 사회에는 한미동맹을 강화해야 한다는 여론주도층의 목소리가 강했다. 물론 강화론의 전제는 민주정부 10년 동안에 한미동맹이 심각하게 약화되었다는 것이다. 보수진영의 목소리였지만 주요 언론과 대세를 얻은 한나라당에 의해 지원을 받으면서 막강한 담론으로 자리 잡게 되었다. 이명박 후보도 당연히 한미동맹 '복원'에 이은 강화론을 주장하였다. 당선이 되자 이명박 당선인은 한미동맹강화론을 현실로 옮기기 위한 활발한 행보를 하게 되었다.

이명박 정부 출범과 함께 외교안보 분야에서 가장 핵심적 과제는 한미동맹 강화로 바뀌었다. 한미 정상회담을 추진하고 더불어 미국산 쇠고기 재개방 협상을 벌였다. 2008년 4월 18일에 한미 쇠고기 수입 협상단은 수입 조건 대폭 완화 조치에 전격 합의하였다. 그리고 바로 다음날인 4월 19일 '캠프 데이비드'에서 한미 정상회담이 열렸다. 이 정상회담은 내용보다는 형식에 치우친 측면이 강했고, 이명박 대통령과 부시 대통령 사이의 인간적 친밀감과 신뢰를 다지는 일이 부각되었다.

정상회담 결과 한미동맹을 '21세기형 전략적 동맹'으로 격상시킨다는 합의가 있었다. '전략동맹'이 어떤 구체적 내용을 담은 것인가는 쌍방에 논의가 없었고 차후의 과제로 남겨두었다. 다만 당시 발표에 따르면 전략동맹은 가치동맹, 신뢰동맹, 평화구축동맹이라는 세 가지 요소를 포괄한다는 것이었다. 추론해 보건대

---

4) 정책기획위원회, 「한미동맹의 미래지향적 조정」 (서울: 정책기획위원회 정책보고서, 2008) 참조.

한미동맹을 미일동맹 수준으로 높이자는 취지인 것 같은데, 동맹을 강화하는 것이 반드시 미일동맹형으로 전환하는 것으로 직결될 수는 없다는 점을 지적할 수 있다. 한국과 일본은 외교의 기본 철학이 다르고 미국과의 관계에서 역사적 기원과 이후 궤적이 사뭇 달랐다. 영국이나 호주, 일본은 미국과 전 세계적 차원의 문제들에 행보를 같이할 수 있다. 그러나 한국은 그런 역사적 맥락도 없고, 한미동맹을 그렇게 고차원으로 높이라는 국민적 합의도 없었다.

미국과의 '21세기형 전략동맹'은 높은 연루의 부담과 비용을 요구할 수 있다. '평화구축동맹'을 강조하면서 미국의 세계전략과 일정 부분 보조를 맞추어야 할 것은 자명하다. 그렇지 않으면 '전략 동맹'이 아무 실질적 내용이 없는 외교적 수사에 그치게 된다. 2008년 8월 부시 대통령의 방한에 즈음하여 관심을 모았던 아프가니스탄 파병 요청 문제는 미래와 관련하여 많은 것을 예고하기에 족하다. 정상회담 후 가진 기자회견에서 이명박 대통령은 파병 논의가 없었다고 했고, 부시는 있었다고 답하면서 다만 "비전투 지원(non-combat help)에 관한 것"[5] 이라고 부연했다. "비전투"를 청와대 공식 통역은 "비군사"로 하였는데 이는 명백한 오역이다. 참여정부 기간에 아프가니스탄에 군대―다산, 동의 부대―를 "비전투" 지원 활동에 파견한 바가 있었음을 상기할 때, 부시는 이전과 같은 형태의 파병을 요청하였는데 이에 대해 이 대통령은 즉답을 주지 않았던 것으로 추론할 수 있다. 정상회담에서 아프간 파병 논의가 없었다는 말은 진상과 다를 것이라는 의혹이 든다.

그리고 공동성명에서 주목할 대목은 "부시 대통령은 이라크 및 아프가니스탄과 여타 분쟁지역에서의 평화·재건을 위한 한국의 기여에 대해 깊은 사의를 표명하였다…양 정상은 테러리즘, 대량살상무기(WMD) 확산, 초국가적 범죄 및 에너지 안보 등 범세계적 문제와 위협에 대처하기 위하여 국제사회의 보다 많은 노력이 필요하다는 데 의견을 같이 하고, 이와 관련한 협력 방안에 대해 계속 긴

---

5) 『경향신문』, 2008년 8월 7일.

밀히 협의해 나가기로 하였다"[6]고 명기한 부분이다.

이와 관련하여 우리 사회의 준비가 턱도 없이 부족하다는 냉엄한 현실을 새길 만하다. 독일이나 일본처럼, 피를 흘려도 그럴 수 있다고 수용해야 하는데, 우리 사회는 2004년 이라크에서의 김선일씨 사망 사건 사례에서 미루어볼 수 있듯이 한 명이 죽어도 국가적 재앙이 난 것처럼 반응한다. 그리고 2007년 여름 샘물교회 선교단이 아프카니스탄에서 인질로 잡혔을때도 똑같은 반응이 되풀이 되었다. '평화구축동맹'을 할 준비가 사회 어느 영역에도 전혀 되어 있지 않다는 말이다.

현재 한미동맹은 객관적으로 따져서 별 문제가 없다.[7] 한미관계도 순탄하다. 이런 관계를 미래지향적으로 발전시켜나가면 되는 일이다. 그런데 정치담론의 성격이 강한 '한미동맹강화론'에 따라 실제 정책을 이행하게 되면 불필요한 대가를 치를 위험이 있다. 동북아 정세 속에서 한국이 미국과의 군사동맹을 강조하면 필연적으로 이웃 국가들인 북한, 중국, 러시아를 자극할 수 있다. 실제 이명박 대통령의 정상외교에서 중국이나 러시아 당국이 보인 태도와 언행이 이를 잘 입증해주고 있다.

'촛불' 민심에서 확인되듯이 한국 국민은 상당한 자긍심을 갖고 있다. 미국과의 우호적 관계도 중요하지만 자신이 경시 당한다든지 자긍심에 상처를 주면 저항한다. 한국 국민은 보편적 가치의 선봉국인 미국을 좋아하지 네오콘적 세계관에 젖어 패권을 행사하는 미국을 지지하지는 않는다. 전 세계가 부시 행정부와 어떻게 하면 적절한 거리를 둘 것인가를 고민하는 데 반해 한국 정부는 어떻게 하면 부시 행정부와 밀착되어야 하는가를 고민하고 있다. 부시 행정부 8년은 끝나고 있다. 대안에 대해 준비를 해야 하는데 그런 노력의 흔적은 별로 보이지 않는다. 대단한 역설이 아닐 수 없다.

---

6) 청와대 홈페이지, www.president.go.kr/kr/president/news/news, (검색일자: 2008년 8월 7일).
7) 김기정, 「전환기 한미동맹: 이론과 현상」, 『한국과 국제정치』, 제25권 1호(2008) 참조.

5. 맺음말: 대칭화와 자율성

한미동맹은 동맹국 간 국력 격차가 뚜렷한 전형적인 '비대칭동맹'이다. 동시에 안보와 자주를 바꾼 '자주안보 교환동맹'이기도 하다. 동맹정치에서 이같은 성격은 '안보딜레마'를 유발한다. [8] 이 기본적 성격은 한국전쟁이 겨우 끝난 1953년 10월에 '한미상호방위조약'을 체결하면서 부과된 것이다. 이제 반세기 이상의 시간이 흘러 한미동맹은 근본적으로 변화하지 않으면 제도로서 생명력을 잃기 쉽게 되었다.

부시 행정부 8년 동안 패권적 국제정치와 신자유주의적 경제 세계화 노선의 추진 결과 미국은 외교적인 측면과 세계경제적 차원에서 일대 소용돌이에 봉착했다. 이 혼란을 수습하고 새로운 미국으로 거듭나는 데는 상당한 시간이 걸릴 것으로 전망된다. 이에 우리는 미국과 상호존중과 신뢰, 우의를 기반으로 한 진정한 동반자 관계를 마련하기 위해 사려있는 고민을 해야 할 상황에 놓여 있다.

무엇보다도 대칭화에 대한 고민이 필요하다. 비대칭은 관성의 법칙에 따라 대칭화를 항상적으로 요구한다. 대칭화는 한국사회 전반에 두루 퍼진 미국의존적 인식과 특히 여론주도층의 미국 "절대시" [9] 사고에 의해 객관적이고 합리적 기초 위에서 진전되지 못했다. 이미 때가 늦었지만 미국이 국내 문제에 몰두해야 하는 이 기간에 우리는 한미동맹의 대칭화에 대해 고민할 압박을 받고 있다고 본다.

더불어 '자주안보 교환동맹'이라는 한미동맹의 기본적 성격에 대해서도 성찰이 요구된다. 한국의 안보에 있어 굳건한 한미동맹은 중요한 하나의 축을 이루지만, 한미동맹이 우리 안보의 절대적 담보물은 아니다. 그리고 약소국

---

8) Snyder, Glenn, "Security Dilemma in Alliance Politics," *World Politics*, Vol. 36, No 4(1984).
9) 이상성, 「한미동맹의 유연화를 위한 제언」, 『국가전략』, 제9권 3호(2003) 참조.

에게 자주성은 그 자체로서 하나의 중요한 가치에 해당된다. 안보 역량의 제고를 통해 우리의 자위력을 높여 남에게 의존하는 경향에서 여건이 허락하는 한 탈피하고자 하는 것은 전략이나 정책을 떠나 하나의 단순한 이치라고 할수 있다. 동맹은 가치가 될 수도 목적이 될 수도 없다. 그것은 불가피한 상황에서 맺어진 제도이자 특정한 목적을 달성하기 위한 수단이다. 이를 지나치게 강조하면 안보에 필요한 다양한 상상력이 설 자리를 배제하게 된다.

한국의 주류 안보 전문가들은 대체로 한미동맹을 강조하면서 '용미론'(用美)을 펼친다. 우리의 안보나 국익을 위해 미국을 활용하자는 입장이다. 그 자체만 놓고 보면 반대할 수 없는 입장이라고 볼 수 있다. 그러나 미국을 어떻게 활용할 것이며, 미국을 활용하기 위해서 미국과 어떤 관계를 설정하는 것이 적절하냐가 문제다. 동맹론자들은 미국과 동맹을 강화해야 한다고 말한다. 자주를 강조하고 자율성을 운운하는 것은 '용미적' 태도가 아니라 '이념적'이라고 말한다. 자주를 강조하면 이념적이고 동맹을 강조하면 실용적인가라고 물을 수 있다. 또 미국과 동맹을 강화한다는 것은 구체적으로 무엇을 의미하느냐라는 질문이 제기된다.

비대칭동맹과 자주안보 교환동맹에서 하위 파트너의 진정한 문제의식은 강대국을 어떻게 활용할 것인가 보다는 어떻게 하면 강대국의 이해관계에 의해 좌지우지되지 않을까를 고민하는 것이 우선순위가 제대로 된 전략적 사고 아닐까 싶다. 휘둘리지 않기 위해서는 어떻게 해야 할 것인가? 자기가 중심을 잡고 상대로 하여금 상호 존중의 자세를 갖도록 하는 것이 급선무다. 자신의 정책과 전략이 있고 가치가 있을 때 비로소 상대방으로부터 존중과 신뢰를 기대할 수 있다. 그 상대방을 절대시하고 일방적으로 의존하고자 할 때는 동반자로서의 대접을 기대하기 어렵다. 한국의 객관적 입지를 분명하게 닦는 것, 그것이 미국을 소중한 동반자로 삼고 한반도 평화와 국제사회의 여타 보편적 가치 함양에 공동으로 이바지할 수 있는 관계를 정립해가는 기초다.

2장 오바마 행정부 출범과 동북아[*]

1. 머리말

부시 행정부 8년이 끝나고 오바마 행정부가 출범하였다. 부시 행정부 8년의 패권적 국제정치와 국내적 신자유주의 정책은 미국과 전 세계를 금융위기와 경제 침체로 몰아넣은 채 파산선고를 받았다. 테러와의 전쟁과 대량살상무기 비확산이라는 세계전략은 실패를 거듭한 가운데 미국 정부에 심각한 재정위기를 초래하였고 동맹국을 비롯한 국제사회 전반에 파괴적인 결과를 야기하였다. 1980년 레이건 대통령의 등장으로 본격화된 '네오콘 시대'는 30여 년 만에 종말을 고하게 되었다. 부시 대통령과 네오콘들이 밀어붙인 일방주의 외교 노선과 군사 의존적 해법은 수많은 전쟁으로 귀결되었고, 그 결과 미국의 도덕적 자산과 헤게모니적 지도력은 치명적 타격을 입었다. 한국을 비롯하여 미국과 동맹 관계에 있는 국가들에게 엄청난 부담을 안겼음은 두 말할 나위가 없다. 한국의 '진보 정부' 10년 가운데 7년이 부시 행정부와 겹쳤는데 최대의 외적 불운이었다.

오바마 행정부의 외교 기조에서 가장 의미 있는 변화는 '일방주의'에서 '국

* 『광장』 2009년 제2호.

제협력주의'로의 전환일 것이다. 이 선택은 부시 행정부와의 단절을 의미하기도 하지만 금융위기와 그에 수반된 경제위기를 타개해야 하는 미증유의 비상사태에 직면한 오바마 행정부의 불가피한 선택이기도 하다. 오바마 행정부는 아시아 중시 정책을 펼칠 것으로 예견되는데, 기존의 동맹 관계를 재강조하는 한편 중국과는 적극적 협력 관계를 구축하려 할 것이다. 아시아에서의 항구적 집단 안보체제를 구축한다는 구상도 밝힌 바가 있는데, 예상컨대 협력안보의 틀 구축을 통해 동북아 역내 강대국들인 중국과 일본을 관리해 나간다는 전략을 담고 있을 것이다. 따라서 동북아의 전략적 불안정성은 '패권경합' 시나리오보다는 '자유주의 전이' 시나리오를 연출할 가능성이 높다. 미국의 패권은 꾸준한 퇴조를 보여줄 것이며, 세계질서는 동북아를 한 축으로 포함하는 다극체제로 급격하게 재편될 것이다. 동북아 지역 통합은 매우 우호적인 외적 환경을 맞을 것인데, 한·중·일 3국이 그 환경을 포착하여 역내 공동체 구축에 성공할지는 해소해야 할 미시적 쟁점 현안들을 미루어 볼 때 낙관하기가 어렵다.

부시 행정부의 동북아 정책에서 핵심적 이슈로 다루어졌던 북핵문제는 5년간에 걸친 다자대화에도 불구하고 해결되지 못한 채 오바마 행정부로 넘어가게 되었다. 네오콘들의 적대시 정책이 변하지 않는 한 북핵문제는 진전을 이룰 수 없었고, 2006년 가을 뒤늦게 정책 기조를 바꾼 부시 행정부가 북핵이라는 복잡한 문제를 해결하는 데는 한계가 있었다. 결국 북한을 '핵국가'로 만드는 외에 별다른 성과를 이루지 못하고 오바마 행정부의 부담으로 고스란히 넘겨졌다. 오바마 행정부의 대북정책은 동북아 정세를 변화시키는 데 있어 핵심적인 요소가 될 것이다. "거침없는 직접외교"(tough and direct diplomacy)라는 표현이 암시하듯이 기존의 다자대화에 더해, 북핵 양자협상, 정상회담 개최, 평화협정 체결 등을 포괄하는 탈냉전 프로세스의 가속화 및 제도화가 진전될 개연성을 내다보게 한다.

2. 동북아의 부상과 다극체제의 개막

미국과 동북아 정세를 검토함에 있어 가장 결정적인 배경은 미국 패권의 퇴각이다. 한국의 국제정치학자들은 아직도 미국의 패권 혹은 '일극체제' 따위의 평가를 견지하고 있는데, 이렇게 되면 동북아 정세 판단이나 향후 동북아 질서의 형성과 같은 중요한 과제들을 다룸에 있어 잘못된 전제에서 출발하는 셈이어서 이 문제를 분명하게 짚어볼 필요가 있다. 부시 행정부 8년 기간에 일어난 가장 괄목할 만한 세계적 변화는 미국 패권의 퇴각과 동북아 지역의 상대적 비중 증대이다. 그에 따라 미국의 경제위기를 계기로 다극체제가 본격적으로 전개되리라는 점도 어렵지 않게 예상할 수 있다.

미국의 경제력, 정치적 영향력, 문화적 자산, 도덕적 우월성 등 국력을 구성하는 여러 지표들에서 '패권'(hegemony)이라고 규정할 수 있는 그런 압도적 우위는 이미 사라졌다. 필자는 이 주장을 1990년대 초부터 해왔거니와 금융위기가 발발한 현 시점에야 공감을 표시하는 분석가들을 접한다.

그간 주류 국제정치학자들은 미국의 압도적 군사력을 패권이나 일극체제의 근거로 삼아왔다. 하지만 이 근거도 취약하다. 부시 행정부의 네오콘들은 패권적 국제정치를 구사하기 위해 '군사적 과잉 팽창'을 보여주었던 것이 사실이다. 그러나 미국의 군사적 과잉 팽창은 독자적 군사 역량의 충분성에 근거를 두고 있는 것이 아니라 동맹 네트워크에 의존하여 군사 운용을 전개하는가 하면 심각한 재정적 출혈을 야기하기도 하였다. 이라크전쟁만 하더라도 여러 동맹국들로부터 군사력의 지원을 받아야만 수행할 수 있었음은 우리가 직접 체험한 바다. 이라크에의 파병은 한국의 경우도 그랬지만 동맹국에 대한 지원과 마음에서 우러나는 협조라기보다는 강제와 두려움에 기초를 두고 있었던 것이 아닌가라는 유추가 가능하다. 부시 대통령은 2006년 10월 9일 북한이 핵실험을 하자 군사행동을 할 것 같은 평소의 입장과는 대조적으로 핵무기나 관련 핵기술을 다른 세력에 '이전'(transfer)하면 안 된다고 말함으로써 스스로 '종이호랑이'임을 인정하였다.

부시 대통령과 그의 네오콘들이 세계를 상대로 적대시 정책을 펼치면서 광범위한 반미전선을 형성하는 동안 동북아의 중국 같은 국가는 정반대의 외교노선을 펼친 나머지 전 세계적으로 문화도덕적 자산을 축적하였다. 하나의 단면이 바로 '2008 베이징올림픽'이었다. 중국은 동남아, 남미, 아프리카 지역의 개도국들이나 빈국들과 경제협력 관계를 확대하였고, 경제적 지원을 아끼지 않았다. 북핵문제 해소를 위한 6자회담에서도 의장국을 맡아 역내 정치적 영향력을 한층 높였다. 6자회담이 교착에 빠질 때마다 중국에게 '정직한 중재자 역할'과 '창의적 역할'을 주문하게 될 지경으로 중국의 위상과 중재자로서의 신뢰가 제고된 것이다.

많은 분석가들이 지적하듯이 현재 동북아 역내 경제적 상호의존성은 매우 높아 이미 통합에 진입하였다는 평가가 나올 지경이 되었다. FTA를 매개로 해서 시장통합으로 나아간다는 것은 누구나 예측할 수 있는 현실이 되었다. FTA 외에도 다양한 협력에 대한 정치적 의지가 비쳐지고 있다. 2008년 12월 13일 일본 후쿠오카에서 열린 한·중·일 정상회담 결과 나온 여러 '공동성명'들은 이같은 의지를 담아내고 있다고 보아야 할 것이다. 특히 금융통화 분야 협력과 관련된 합의는 새삼 한·중·일 삼국이 주력이 되는 동북아 지역의 경제적 비중과 위상을 웅변하고 있다. 불과 10년 전 1997년 동아시아 외환위기 때와 비교해서 생각해보라.

당시 한국은 '환란'의 당사자로서 미국에 손을 벌려야 하는 입장이었다. 중국은 사회주의경제 이미지를 떨치고 명실상부한 자본주의 세계경제의 일원이 되어야 한다는 과제를 안고 있어 국제적 사안에 대해 적극적 역할을 할 수 없었다. 일본이 유일하게 주도적 역할을 하게 되었는데, 당시 일본이 제시한 '아시아통화기금' 설치 방안은 결국 미국의 반대와 저항에 부딪혀 성사되지 못했다. 그나마 2000년 '치앙마이구상'을 통해 통화스와프 합의를 이룬 것으로 만족해야만 했다.

그런데 2008년 동북아의 비중은 높아졌고 정세도 크게 바뀜에 따라 한·

중·일 3국 정상들이 자주 회담을 갖는가 하면, 12월 13일에는 역사상 처음으로 한·중·일 3국 정상들이 독립적 틀 속에서 정상회담을 갖고 협력 강화에 관한 각종 공동성명을 쏟아내기에 이르렀다.

이 같은 현실은 객관적으로 미국의 일극체제가 마감되고 동북아를 포함한 다극체제의 서막을 알린다고 할 수 있다. 오바마 행정부는 부시 행정부의 네오콘적 세계관과 거리를 두고자 하기 때문에 이 같은 변화된 국제질서 구도를 전환시키려 하기보다는 다자주의 외교와 국제협력주의 노선을 통해 미국의 위상을 유지하고자 할 것이며 그런 가운데 경제위기를 극복하고자 할 것이다. 미국은 이제 이 변화된 현실을 우아하게 받아들여야 할 것이며, 그런 변화된 세계질서 속에서 자신의 위상과 역할을 하고자 하는 노력을 기울일 때 국제사회로부터의 존중을 회복할 수 있을 것이다.

3. 우호적 지역통합 환경

오바마 행정부의 동북아 정책이 될 미·중 공조, 미일·한미동맹 강화, 동북아 협력안보체제 구축은 동북아 지역통합과 어떻게 연결될 수 있을까? 동북아 역내 전략적 불안정성과 다종다기한 안보 위협들을 대화와 협력으로 관리해나갈 수 있을까? 동북아에는 분명 전략적 불안정성이 존재한다. 미·중 간 범세계적 패권 경합, 중·일 간 지역 패권 경쟁, 전통적 해양축 대 대륙축 간 마찰 등의 가능성이 사라지지 않았다. 그러나 많은 분석가들의 예측과는 달리 역내 세력들은 현재까지 전략적 불안정성을 대화와 협력을 통해 관리해왔다. 그런 결과 탈냉전기 동북아는 상대적 평화를 누렸으며 그 바탕 위에 괄목할 만한 경제적 성취를 이룬 것도 사실이다. 오바마 행정부 들어 동북아 지역의 전략적 불안정성이 노골적 갈등이나 충돌로 이어질 개연성은 매우 낮다. 미·중·일 3국 모두 정도의 차이가 있을망정 경제위기 극복이라는 도전에 직면해 있기 때문에 더욱 그러하다. 당분간 협력이 대세를 이루는 가운데 미시적인 국익 관련 갈등이 있을 것으로 예측된다.

탈냉전기 들어 세계화의 진전과 더불어 지역에 기반을 둔 통합이 하나의 대세를 이루어왔다. 유럽은 경제공동체를 넘어 정치적 연합으로까지 나아갔다. 북미 대륙에는 자유무역지대와 투자 자유화 권역이 만들어졌다. 남미에도 유사한 시장통합체가 형성되고 있으며, 아프리카에도 '아프리카연합' 구축에 대한 정치적 열의가 있다. 동남아국가들도 시장통합에 박차를 가하고 있다. 이런 지역통합의 추세 속에서 유독 동북아 지역만 통합의 지진아로 남아있는 실정이다. 동북아 지역도 통합을 이루어야 평화의 기반위에 공동번영을 구가할 수 있을 것이며, 한반도 통합의 유리한 환경이 조성된다. 그래서 동북아 지역통합은 우리의 핵심적 전략목표라 할 수 있다. 오바마 행정부 4년간 이와 관련된 환경은 우호적이라고 평가해야 할 것이다. 열쇠는 한·중·일 3국 간 협력 강화에 대한 정치적 동기가 얼마나 강하냐, 현재 표출되고 있는 정치적 동기에 진정성이 담겨있느냐에 달려 있다고 할 것이다.

이런 점에서 2008년 12월 13일 후쿠오카에서 열린 한·중·일 정상회담의 합의 내용을 다시 한 번 검토할 필요가 있다. 우선 이번 회담은 참여정부의 '동북아시대 구상' 실현을 위해 2004년 우리가 제안했던 것이라는 사실을 상기할 만하다. 한·중·일 3국은 일종의 운명공동체의 관계를 갖고 있으면서도 정상들이 한 자리에 같이 앉기를 꺼려할 정도로 마음의 앙금이 깊은 관계를 유지해왔다. 그런 관계를 넘어 정상회담이 성사된 데는 위기감이 공유되어 협력의 필요성이 부각된 측면도 있고, 미국이 가타부타할 처지가 못 되는 국면이 작용한 탓도 있을 것으로 추측된다.

정상회담 결과 3국 간 협력의 강화가 동아시아는 물론 전 세계의 안정과 번영에도 기여할 것이라는 데 인식을 같이 하는 한편, 향후 3국 간 협력의 기본 원칙과 방향을 제시하는 '한·중·일 3국 동반자 관계를 위한 공동성명'을 발표하였다. 이번 회의는 금융위기 타개를 위한 3국 간 금융통화 협력 강화가 주된 테마였지만, 각론적으로 금년 5월 중국 쓰촨성 대지진에서와 같은 지진, 태풍, 홍수 등 재난관리 분야에서의 체계적 협력 추진을 위한 '재난관리 협력에 관한 한·중·일 3국 공동발표문'을 채택하기도 하였다. 이 같은 의제는 동북아 안보협력체 구축 논의에서 흔히 등장하는 것인데 중국의 주도로 3국 합의로 귀결되었다는 점이 특기할 만하다.

필자가 '한·중·일 3국 동반자 관계'라는 표현을 중시하는 것은 그것이 '한·미·일 공조'와 같은 냉전시대 개념을 창조적으로 흔드는 묘한 의미를 함축하고 있기 때문이기도 하고, 동북아에서 아직도 강고한 양자 관계를 넘어 역내 다자적 접근에 대한 문제의식의 발로라고 해석할 수 있기 때문이기도 하다. 물론 그 표현에 깊은 정책적 고민과 진정성이 담겨 있는지는 알 수 없는 일이지만 수사적으로 동원되었다고 하더라도 의미가 큰 것이고, 실제 재난에 공동대응 한다는 합의는 역내 협력안보 체제의 출발로서 현실적 의미가 크다. 특히 한미동맹을 신성시하는 듯한 이명박 정부에서 이런 합의가 이루어졌다는 것이 모순적이긴 하지만 동북아 통합 지향의 관점에서는 긍정적으로 평가해야 할 일임에 분명하다.

금융위기를 계기로 금융통화 협력은 한층 확대 강화될 것으로 전망된다. 이번 회담에서 '아시아공동기금' 창설 정도의 합의가 나올 것으로 기대했지만 그에는 미치지 못했다. 필자는 역내 낙후 지역의 개발 자금을 조달하기 위한 수단으로서 '동북아개발은행' 창설 같은 논의도 기대해보았지만 그런 논의가 있었다는 보도는 없다. 북핵 폐기 이후 북한의 재건에 필요한 재원 조달 문제를 내다본다면 '동북아개발은행'은 반드시 필요하다. 정례적으로 3국 정상회담이 열린다고 하니 다음을 기약해본다.

동북아 FTA와 투자 협정에 대한 논의와 합의도 의미가 크다. 양자 간 FTA 체결에 대한 의지 표명도 그렇지만 다자간 FTA는 동북아에 시장 통합을 실현시킨다는 점에서 공동체나 통합적 질서 구축에 있어 가장 실현가능성이 높은 분야다. 경제적 상호의존성이 높아져 결국 제도화로 이어지는 지역통합의 궤도를 동북아도 겪고 있다는 실감이 든다.

4. 비핵화와 6자회담의 진로

2008년 12월 8일에서 13일까지 금년 마지막이자 부시 행정부 마지막 6자 회담이 열렸다. 검증의정서 채택을 완료함으로써 불능화 단계를 마감한다는 목표를 이루지 못한 채 '결렬'로 끝났다. 부시 외교의 또 다른 실패 사례로 기록될 일이다. 하여간 6자회담은 북핵 포기와 북미 적대 관계 해소라고 하는 매우 어려운 과제를 내포한 틀이다. 부시의 대북 적대정책에도 불구하고 회담이 성과를 내고 작동해온 것은 힐(Christopher Hill)이라고 하는 개인이 있었기에 가능했고 거기다 한국이 창의적 역할을 했기 때문이었다. 이명박 정부 들어 남북관계가 악화되고 한국이 창의적 역할을 포기하였다. 힐은 워싱턴에 새 대통령이 선출되고 부시 행정부가 극심한 레임덕 상황에 빠져 있어서 예전과 같은 적극성을 발휘할 수 없었다. 북한은 미국의 새 행정부와 담판을 짓겠다는 전략으로 선회하였다. 이번 회담이 소득 없이 끝난 배경이다.

전략적 모호성과 정치적 유연성이 발휘되지 않으면 6자회담은 진전을 이룰 수 없다. 불신과 적대감을 마음에 두고 회담에 임해서는 실질적 결과를 기대할 수 없다. 또한 북핵문제는 그 자체가 고도로 정치적인 성격을 띠는 사안이라는 점을 새겨두어야 한다. 6자회담과 북핵 폐기라는 과제는 다시 한 번 긴 교착국면으로 접어들었다. 교착은 자칫 후퇴로 연결될 소지가 있는데 벌써부터 미국 쪽에서 북한에 대한 테러지원국 해제 조치 철회와 북한의 영변 핵시설 원상 복구 따위의 말들이 나오는 데서 잘 입증되고 있다.

이번 6자회담에서 특기할 일은 북한이 일본에 대해 6자회담 참가 자격 시비를 제기한 것이며, 한·미·일 공조에 의한 대북 압박 조치였다. 일본은 북·일 간의 이슈인 납치 문제를 6자회담에 들고 나와 자신의 입장을 고수해왔으며, 대북 에너지 지원 이행을 준수하지 않았다. 이런 일본과 한국이 한·일 연대를 과시한 것은 향후 6자회담에 결정적 걸림돌이 될 것으로 예상된다. 후쿠오카 3국 정상회담에서도 6자회담이 공식 의제가 아니었는데도 한·중·일 공조가 만들어진 것처럼 우리 언론이 확대해석하여 보도하는 행태는 지적받아야 할 일이라고 본다. 언론 보도가 아니더라도 다자대화 틀에서 특정 소그룹이 같은 입장으로 연대하는 것은 다자 정신에 위배되는 일이며, 비핵화라는 공유된 목표에 다가가는 데 실질적 도움을 주지도 못한다. 6자회담 결렬 후에 미국과 한국이 에너지 지원 연계 방침을 시사하자 중국과 러시아는 정반대의 방침을 밝혔는데, 이렇게 되면 6자회담 내에 '한·미·일' 대 '북·중·러'라는 과거 냉전시대의 양 진영 간 대립각이 형성되는 것 아니냐는 우려를 자아내게도 한다.

이제 공은 오바마 행정부로 넘겨졌다. 오바마 대통령은 북핵문제의 복잡성을 감안해 '빅딜'을 추진할 개연성이 있다. 북한과의 관계 정상화를 추진함으로써 북핵문제를 위시한 북한문제를 일괄 타결하는 해법을 구사할 가능성이 있는 것이다. 이 해법은 오바마 대통령의 강력한 의지가 실리지 않으면 안 되고 제반 환경이 우호적일 때 성공을 거둘 수 있을 정도로 난이도가 높다. 북핵이나 한반도 문제가 이런 정도의 정책 우선순위를 받을 수 있느냐는 문제도 있고, 여타 주변국들의 입장과 정치도 개입될 수밖에 없는 문제도 있다. 부시 행정부의 대북 정책 실패를 단순히 적대시 정책으로 일관했기 때문이라고 볼 수도 없다. '악의 축' 개념에서 나타났듯이 부시 행정부는 역량도 없는 주제에 중동과 동북아를 묶어 포괄적으로 다루고자 했다. 이 접근은 중동과 동북아 지역 각각이 갖는 독특성을 무시하는 오류에 기반을 두고 있어서 출발부터 잘못된 전략이었다. 결국 이라크 하나도 제대로 다룰 능력이 없었다는 것이 판명되었지만 오바마 행정부는 적어도 그 같은 오만은 보이지 않을 것으로 기대한다.

북핵문제는 자칫 모두가 '비핵화'라는 그럴싸한 메타포만 연발하다가 정작 본질적인 문제에는 현실적으로 다가가지 못하는 그런 문제로 변질되는 것이 아닌가 하는 기우가 든다. 미국의 국방 서클에서 북한을 핵보유국으로 표기하고 있는 근래의 사례들은 이런 기우를 한층 자극시킨다. 북한을 인도나 파키스탄 같은 핵보유국으로 비공식 인정하지 않을까하는 분석이 때 이른 것일까? 우리가 핵무기를 보유한 북한과 머리를 맞대고 살아야 할까?

5. 한국의 바람직한 역할

오바마 행정부의 정책이 이랬건 저랬건 그것은 분석하고 참고해야 할 사안이지 그것이 곧 우리의 정책은 아니다. 미국의 존재감이 한국에게 엄청난 것임은 엄연한 현실이지만, 우리는 우리의 입장, 목표, 전략을 갖고 정책을 구사할 필요가 있다. 한국이 미국으로부터 진정한 동반자 대접을 받고 그 토대 위에 미래지향적인 한미동맹을 발전시켜나가기 위해서는 상호존중, 신뢰, 역지사지 등의 정신이 강조되어야 한다. 미국을 절대시할 이유도 없고, 미국에게 지나치게 의존하는 것도 바람직하지 않다. 이는 미국도 원치 않는 바이며 한국의 성숙을 기초로 하여 한미관계를 돈독하게 해나가겠다는 것이 미국의 오래된 태도다. 이제 한국이 자신의 객관적 위상을 자각하고 오바마 행정부와 행보해 나갈 필요가 절실하다.

이명박 정부는 남북관계를 크게 악화시킨 나머지 이제는 남북이 과거 냉전 시기처럼 상호비방하고 적대하는 지경에 이르렀다. 남북관계 경색은 당연한 결과라고 할 수 있을 것이고, 이렇게 시간을 끈다면 더 나쁜 일들이 일어나지 말란 법도 없다. 남북관계가 이 지경이 된 데는 '비핵'을 너무 앞에 내세운 정책 구상에서 비롯된 점이 없지 않다. '6.15공동선언'이나 '10.4정상합의'의 이행 문제는 차후에 뒤따른 일들이었다. 비핵화라는 목표를 달성하기 위해 어떤 일들을 하고 어떤 외교를 펼쳐야 하는가에 집중하기보다는 '선 핵포기'를 내걸었기 때문에 남북관계가 경색되고 6자회담에서의 우리 역할이 사라지게 된 것이다. 이 착오는 시급히 교정되어야 마땅하다.

한국외교의 출발은 남북관계라고 할 수 있다. 따라서 남북관계가 제대로 자리 잡지 못하면 다른 모든 외교안보적 과제들이 헝클어진다. 한국에게 있어 외교적 지렛대나 장점은 바로 남북관계라는 끈을 쥐고 있을 때 생긴다. 이를 놓아버리는 순간 한국은 주변국들에게 가치가 떨어진다. 화급하게 남북관계를 복원하여 이 끈을 잡아야 할 것이다. 그렇지 않으면 오바마 행정부의 대북 정책에 한국이 휘둘릴 개연성을 배제할 수 없다. '통미봉남', '왕따' 같은 표현이 자주 등장하는 데는 그럴싸한 이유가 있다. 우리가 적극성과 주도성을 발휘할 수 있는 분야는 그나마 남북관계뿐이다.

동북아 다자 안보협력 체제를 구축하는 데도 한국이 촉진자 역할을 할 수 있고 또 해야 한다. 과거에는 동북아 다자 안보협력체 구축 구상이 자칫 한미동맹과 충돌하는 것이 아닌가 하는 염려가 없지 않았다. 그러나 2005년을 기점으로 한미 정상 간의 깊은 대화에 의해 그 염려는 제거되었다. 한미동맹과 동북아 다자 안보협력이 상충하는 것이 아니라 병행 발전할 수 있다는 데 한미 정상이 뜻을 같이 한 것이다. 이제는 미국이 동북아 역내 안보협력체 구축에 대해 오히려 적극적이다. 2008년 12월에 열린 6자회담에서도 동북아 평화안보 체제에 대해 의제화하겠다는 계획이 있었음은 이 같은 정책 환경을 잘 반영해준다. 유럽 국가들이 1970년대 초 헬싱키 프로세스를 진전시킬 때도 소국들의 역할이 촉매 역할을 단단히 했다는 점을 상기할 필요가 있다.

12월 후쿠오카 한·중·일 정상회담의 합의 내용에는 역내 안보 협력과 관련된 비전통적 안보 위협들이 다수 포함되어 있다. 황사와 같은 환경오염에 대한 공동 대응, 지진, 태풍, 홍수 등 자연재해의 위험에 대한 협력, 기후변화와 인공적 재해 위협에 대한 공동 관리 역량 강화 등이 들어 있는 것이다. 이 문제들은 역내 당사국들이 위협 인식을 공유하는 의제들이긴 하지만, 한국이 꾸준하게 협력적 대응과 동북아공동체 구축의 필요성을 강조한 나머지 공동대응에 대한 합의가 이루어졌다는 점을 되새겨야 할 것이다. 한국의 적극적이고 창의적인 역할은 아무리 강조해도 지나치지 않을 것이다.

3장 현 국면 동북아 지정학과 한반도의 대응[*]

1. 머리말

세계체제에 거대한 지각변동이 일기 시작한 지 상당한 시간이 지났다. 냉전체제가 전 세계적 종말을 고한 이후 탈냉전 프로세스가 꾸준하게 진전되어 왔다. 미국이 주도하는 패권 체제도 '다중심체제'(multicentric system)로 전환되어 왔다. 미국 패권의 가파른 퇴조와 중국의 급부상이 세계체제적 수준의 지정학뿐만 아니라 동북아 지역 차원의 지정학에도 일대 변화의 바람을 몰고 왔다.

동북아 차원의 지정학적 변화는 매우 유동적인 지역 구도를 낳았다. 동북아 지역에는 통합에 대한 강한 압박이 있는가 하면 내적 긴장이 병존하여 앞날을 예측하기 힘든 불확실성이 두드러진다. 미국과 중국은 각기 변화된 자신에 대한 인식과 그에 따른 합당한 역할에 대해 상당한 혼란을 보여주고 있으며,[1] 현재 미중관계에도 이런 혼란이 반영되어 나타나고 있다.

이 같은 지역 구도의 성격이 한반도에 투사되기도 하고, 한반도가 역방향으로의 영향을 미치기도 한다. 특히 2010년에 이런 점이 두드러졌는데, 결과적으로 한반도 정세가 불안정성을 보여주는 가운데 동북아 지역 구도도 뒷걸음질을 치는 양상을 나타내고 있다. 안정적인 정세 속에서 통합으로 나아

---

[*] 『내일을 여는 역사』 42권, 2011년 봄호.
1) 정재호, 「세계 속의 동아시아, 중국의 부상, 그리고 한국」, 『동아시아브리프』, 제5권 3호(2010) 참조.

가야 할 한반도 남북관계와 동북아 지역 구도가 상호작용하면서 역주행, 즉 분열과 대립 구도로 역진하고 있는 것이다. 비록 금년 1월 19일에 열린 미중 정상회담 결과 채택된 공동성명에서 양국 간 협력적 파트너십 구축에 합의한 점, 남북관계 개선을 위한 대화 촉구, 비핵화를 위한 6자회담의 재개 노력 등을 통해 역진에 제동을 걸었지만, 남북관계와 동북아 구도가 향후에도 험로를 예고하고 있다는 지정학적 분석은 여전히 유효하다고 본다.

이 글은 이런 일반적 관측을 배경으로 보다 구체적 분석을 통해 현 국면 동북아 지정학의 주요 과제들을 검토하고, 그 기반 위에서 남과 북을 아우르는 한반도의 바람직한 대응은 무엇일까를 논의하는 데 목적을 둔다.

2. 동북아 통합 압박과 내적 긴장

현 세계체제에는 적어도 미국, 서유럽, 러시아, 동북아라는 4대 '중심'이 존재한다. 이들 가운데 근년에 들어와 주목을 받고 있는 '중심'은 동북아라고 할 것이다. 말할 것도 없이 동북아에는 급부상하고 있는 중국이 자리 잡고 있기 때문이고 중국의 급부상이 초래하고 있는 지정학적 파장이 심대하기 때문이기도 하다. 동북아 지역에는 한반도가 내포되어 있기 때문에 중국의 부상은 우리에게 심각한 도전 혹은 기회 요인으로서 각별한 의미를 띠기도 한다.[2]

이렇듯이 중국의 급격한 부상과 함께 일본, 한국이 더해져 '동북아'가 위력적이고도 역동적인 '중심'이 된 것은 부인할 수 없는 현 시기 지정학적 현실이다. 그리고 동북아 지역이 한국의 대외 전략에 있어 사활적 위상을 차지하고 있다는 점도 강조되어야 한다. 이 인식에 따라 적어도 안보 분야에 관한 한 우리가 괄목상대해야 할 대상도 동북아 지역이라는 입장을 갖는 것이

---

2) 이희옥, 「한국에서의 중국 부상의 성격: 시각과 실제」, 『한국과 국제정치』, 제25권 4호(2009) 참조.

타당하다. [3]

동북아는 역내 국가 간 경제적 유대가 급격하게 증가하고 있는 가운데 '통합'(integration)에 대한 '구조적 압력'이 드세다. 역내 교역이 차지하는 비중이 날로 높아지고 있고, 역내 국가 간 상호투자도 활발하다. 유럽이나 북미에 비해 수치상으로 뒤지지 않는다. 게다가 지리적 인접성으로 인해 사회문화적 교류 협력이 심화되고 있다. 안보협력체에 대한 요구도 점증하고 있다. 전문가들 사이에는 '공동체' 담론이 꾸준하게 제기되고 있는 실정이며, 그에 따라 '인식공동체'가 이미 형성되고 있다고 보는 학자들도 없지 않다. 정치 지도자들도 통합과 공동체에 관심을 보여서 '동아시아공동체'를 주장하는 이들도 있고 '동북아공동체'를 내세우는 이들도 있다. 이런 배경에는 다른 지역은 하는데 우리만 정체되어 있다는 심리가 작동하고 있고, 정치 지도자들도 적극성을 보이지 않으면 안 되게 되어버린 객관적 현실이 자리 잡고 있다.

그럼에도 불구하고 우리가 다 알다시피 동북아에는 도처에 통합을 가로막는 장애물이 많다. 영토, 해양영유권, 역사, 역사인식, 교과서 등등의 장애 요인들이 잠재하고 있거나 갈등 및 분쟁으로 비화되고는 한다. 2010년에 발발한 동중국해 '센가꾸'(중국명 댜오위) 갈등과 분쟁은 하나의 사례일 뿐이다. 한일 간에 독도를 둘러싼 오랜 분쟁이 있으며, 러일 간에도 쿠릴열도 분쟁이 재발하고 있다. 특히 중일 간의 갈등은 역내 두 강대국들 간의 경쟁의 성격이 강하기 때문에 지역질서 전반에 미치는 영향이 만만치 않고, 중국의 국력이 높아지고 있는 만큼 미래 동북아 안정에 중대한 변수가 될 것이다.

이들은 동북아 국제질서의 역사에 뿌리를 두고 있는 이슈들인데, 19세기 말 서구 세력들이 동아시아로 진입하면서 보여준 강압적이고 침탈적인 행위에 더해 역내 세력인 일본에 의한 제국주의 침탈과 그에 대한 저항에 의해 빚어진 갈등과 대립을 연원으로 하고 있다. 약육강식의 논리에 따라 피해를 본 동북아의 각 국가들은 일국적 자기 보존 노력에 매달리게 되었고, 이는 일국

---

3) 이수훈, 「동북아 미래와 한국의 진로」, 『동아시아브리프』, 제2권 1호(2007), p.13.

적 국익과 주권 수호라는 양보할 수 없는 관념으로 발전하게 되었다. 동북아의 국가중심주의와 민족주의가 유달리 위력을 발휘하고 존재감을 드러내어 20세기적 국제질서관을 탈피하지 못하고 있는 것이다. 우리가 독도문제에 대해 한 치의 양보도 할 수 없고 중일 간의 영토 분쟁도 마찬가지이지만, 그 문제가 바로 이런 역사와 맞닿아 있고 동북아 국제질서가 이런 갈등과 대립을 내재화한 채 극복의 계기 없이 전개되어 왔기 때문이다. 그 결과 유럽과 달리 동북아 국가들은 지역공동체의 공동이익이나 국가 간 이익의 조화를 모색하는 일이 국익과 주권의 논리에 밀려 부차적 사안으로 취급되는 것이 여전한 현실이라고 볼 수 있다.

게다가 동북아 역내에는 아직 중국이나 한반도와 같은 분단국가들이 있어 통합을 미진하게 만드는 요소가 될 뿐만 아니라 동북아 국제질서 전체의 향배를 전망하는 데 주목하지 않으면 안 될 변수로 엄존하고 있다. 중국과 타이완은 미국과 얽힌 안보 차원의 불안정성이 있음에도 불구하고 '하나의 중국' 원칙에 따라 양안관계를 진전시켜 나가고 있다. 2010년 6월에는 양자 간 ECFA(Economic Cooperation Framework Agreement)를 체결했다. 이는 무역과 투자 자유화, 광범위한 상호협력에 합의한 경제협력 기본협정이다. 중국과 타이완이 사실상 하나의 통합된 경제권으로서 가동하고 그에 따라 '사실상' 통합의 길로 진입했다고 해석할 수 있는 대목일 것이다.

문제는 한반도의 분단 상태이며, 한반도 분단 상태가 동북아 지역 질서를 가름할 결정적 변수로 남아있다는 점이다. 한반도의 남북이 통합을 이루지 못한다면 동북아 지역 통합은 상당한 애로를 겪을 수밖에 없다. 동북아 질서에 내재화된 갈등과 대립을 극복할 수 있는 단초도 한반도 분단 극복에서 찾아야 할 것이다.

지난 10년간 화해협력적 분위기에 의해 분단체제가 크게 동요하는 듯 보였으나 이명박 정부 들어와 펼친 대북 강경정책에 의해 남북관계는 예전의 분단체제로 퇴행하는 것이 아닌가 할 정도로 악화되어 있다. 2010년 3월에 있었던 '천안함 사태'로 인해 남북관계가 전면 차단되었고, 11월에는 급기야 사상 유례 없는 북한군에 의한 '연평도 포격사건'이 발발하기에 이르렀다. 분단체제의 미숙한 관리에 의한 군사적 긴장고조로 인해 한반도의 평화가 크게 훼손되었을 뿐더러 동북아 지역 전반의 질서도 불안정성이 한층 높아졌다. 미중관계에서 잘 나타나듯이 역내 주요 국가들 간의 관계에도 파장을 미치고 있다.

3. 협력과 견제의 미중관계

동북아에서 날로 높아지는 중국의 위상과 그에 따른 영향력 증대는 이미 많은 분석가들에 의해 지적된 바 있다. 2008년 미국발 금융위기 이후 이 같은 추세는 한층 분명한 모습으로 전개되어왔다. 2009년 '미·중 전략경제대화'의 설치가 이를 웅변해주고 있다. 오바마 대통령이 실토했듯이, 이제 미국이 중국의 협력 없이 동북아 역내 사안이건 글로벌 수준의 이슈이건 제대로 대응해나갈 수 없는 것이 엄연한 현실이다. 흔히 사용되고 있는 'G2'라는 말은 개념적 정확성과 무관하게 점차 국제사회에서 통용되는 용어로 자리 잡고 있다.

2008년 금융위기 이후 중국은 동북아 지정학에서 채권을 차곡차곡 쌓아왔다. 6자회담의 의장국으로서 북핵문제 해결에 유일하게 중국이 활발한 전향적 외교 활동을 보였다. 북한과의 대화와 교류도 주로 중국이 담당하였다. 남북대화가 끊기고 대화 채널이 차단됨으로써 우리 외교는 북한 지도부의 의사를 파악하기 위해 중국에 구걸해야 하는 경우가 늘어났다. 미국도 적극적인 외교 행보가 없었기 때문에 중국과 협력해나갈 수밖에 없었다. 중요한 점은 북·중 양자관계의 재정립이라고 할 수 있다. 2010년 북한 김정일 국방위원장의 5월 초 중국 방문을 계기로 북·중 간 '전략적 상호소통' 등을 포함한 새로운 관계의 준칙이 세워졌다. 북·중 대규모 경제협력 역시 간과할 수 없는 내용이다. 우리가 천안함 사태에 빠져있을 때 진전된 일들이다. 대북문제, 북핵문제, 6자회담 등에서 중국의 채권이 너무나 비대칭적으로 증가하였다. 김정일 위원장은 5월 방중에 이어 8월 말에 다시 전격적으로 중국 동북 지역을 순방하였고, 창춘(長春)에서 열린 북중정상회담에서 또다시 북중관계 강화를 재확인시켰다.

그에 반비례적으로 미국 오바마 대통령은 대선기의 화려한 수사나 공약과는 상당한 거리를 갖는 경향을 보임으로써 북핵문제, 6자회담, 아시아 집단안보체제 등등의 과제들에 있어 거의 무대책임을 보여 왔다. 2009년 여름 빌 클린턴 전 대통령의 방북으로 마련된 기회를 놓치더니 그해 12월 보스워스 대북 특사 평양 방문을 끝으로 이후에는 어떤 외교적 주도성을 보이지 않았을 뿐만 아니라 이런 저런 언설 외에 구체적 행동을 취하지 않았다. 그마저 언설에 일관성이 없고 얻고자 하는 효과가 뭔지도 이해할 수 없는 외교행태를 보여주고 있다. 한국 정부의 한미동맹 강화정책에 편승해 상황관리에 안주하는 태세로 일관하고 있다.

오바마 행정부는 미국의 세계전략을 펼침에 있어 중국과의 '전략적 협력'을 필수불가결한 구성요소로 인식하게 되었는데, 이는 2009년 7월 워싱턴에서 열린 제1차 미·중 전략경제대화를 계기로 정립되었다. 종전의 미중 간 '전략적 경쟁'에서 '전략적 협력'으로 미중관계의 본질이 바뀌게 되었던 것이고, [4] 천안함 사태 와중에 베이징에서 열린 제2차 대화에서 더욱 공고화되었다.

현재 미중관계는 '전략적 협력'관계로 규정되어 있지만 깊은 상호불신을 극복한 것은 아니다. 중국에 대한 다양한 유형의 견제도 자주 드러나고 있다. 협력의 불안정성이 '환율 전쟁'과 통상 마찰, 천안함 사태나 '센카쿠, 댜오위다오' 분쟁에서 드러난 바 있다. 중국은 평화로운 발전과 여러 국가들과의 협력을 강조한다. 그렇다고 해서 중국이 자국의 이해관계를 양보하거나 자신을 자극하는 데 수세적 입장을 취하지는 않는다. 최근 들어 중국의 언술이 거칠고 공세적인 외교 행보를 보였다. 단기적으로 미중관계는 환율과 통상 이

---

4) 김흥규, 「미·중 전략·경제대화분석: 한반도 현안에 대한 함의와 더불어」, 『주요국제문제분석』 (서울: 외교안보연구원, 2009) 참조.

슈를 두고 갈등과 불협화음을 보일 것이다. 미국은 본질적으로 자신의 문제를 중국 탓으로 돌리면서 국내 정치를 펼칠 가능성이 높고, 중국은 경제성장을 지속적으로 유지해야 한다는 핵심 국가이익을 해칠 수 없기 때문이다. 금년 1월 19일 워싱턴에서 열린 미중정상회담에서 확인된 바이지만 미중관계가 파국으로 치닫는 일은 당분간 없을 것이다.

4. 남북관계와 동북아 질서의 역주행

여러 분석가들이 한반도와 동북아 지역에 '신냉전'이 조성되었다고 말하고 있다. 남북관계로 말하자면, 지난 10년간의 화해협력 기조는 엄격한 상호주의 원칙에 의해 과격한 단절을 보여주었다. '비핵·개방·3000'이라는 대북정책기조는 북한으로부터 격렬한 비난을 샀다. 대화의 문이 열려있다고 하면서 진심어린 대화 의지나 노력은 없었다. 남북관계가 냉전기로 역진하기 시작했다. 활발했던 남북 간 교류는 정부에 의해 통제되고 제한되었다. 금강산 관광사업이 중단되는 등 경협은 위축되었다. 군사적 긴장은 고조되었고, 정치적 대화는 단절된 채 상호비방과 적대감의 확대라는 악순환이 만들어졌다.

이런 가운데 민감한 지역에서 잦은 군사훈련이 실시되었고, 이를 두고 남북 당국 간의 대결이 심화되었다. 2009년 11월에 대청도 인근 해역에서 남북 간의 교전이 있었다. 2010년 3월에 '천안함 사태'라는 참변이 발발하였다. 북한군에 의한 공격에 의해 초계함이 침몰되고 우리 장병 46명이 사망하는 참담한 사변이 일어났다. 이로 인해 남북관계는 전면 차단되었고, 11월에 연평도 포격사건까지 덮쳐 남북관계는 최악의 상태에 빠져버렸다.

동북아 지역 질서도 사사건건 북·중·러 대 한·미·일의 대항구도가 조성되고 있다. 역내 이런 현상이 국면적인 것인지 점차 구조화되어 하나의 질서로 자리 잡았는지 아직 예단하기에는 이르다. 동북아 질서의 성격에서 가장 핵심 요인은 앞서 논의한 바대로 미중관계라고 할 수 있겠는데, 미국과 중국이 과연 과거 냉전기와 같은 성격을 보이는가에 대해 필자는 동의하지 않는 편이다. 그러나 한반도 문제로 인해, 특히 한국이 주도하는 외교의 결과가 대립적 미중관계 조성에 영향을 미쳤다는 점에서 새겨볼 필요가 있다. 천안함 외교전에서 미국은 한국 정부에 '올인'을 하였고, 중국은 한반도의 평화와 안정 수호 및 냉정하고 적절한 처리에 따른 사태 확산의 예방이라는 원론적인 자세로 일관하였다. 유엔안보리 결의안 채택 외교전에서도 한국은 미국을 자신의 편으로 끌어들이는 데 적극적이었고, 중국은 평화와 안정 논리로 입장을 유지하였다. 이후 한국과 미국은 2010년 7월 서울에서 한·미 외교국방장관(2+2)회의를 개최한 가운데 북한에게 천안함 사건 책임을 촉구하는 한편 향후 수개월에 걸쳐 한미 연합 군사훈련을 실시한다는 데 합의한 결과 2010년 말까지 다양한 훈련을 서해와 동해를 넘나들면서 실시하였다. 연평도 포격사건 후에는 심지어 항공모함인 '조지워싱턴호'가 참여한 훈련도 서해상에서 실시하였다. 말할 것도 없이 중국은 이들에 대해 격하게 반대하였다.

이같이 천안함 사태와 이후 펼쳐진 한미 간의 공조외교는 미중관계를 악화시키는 데 일정한 기능을 하였고, 미중 간 군사적 긴장 고조 및 동북아 질서의 역진으로 귀결된 측면이 없지 않다. 10월에 부산 인근 해역에서 한국 주도로 실시한 PSI훈련의 사례에서도 보듯이 한미군사동맹의 강화는 부득불 중국으로부터의 반작용을 야기할 수밖에 없으며, 한국이 주도하는 이 같은 일련의 사태 전개는 역내 미·중 패권 경합의 조기화를 촉진할 빌미가 될 수 있다.

다음으로 북한 문제에 대한 인식과 접근방식의 격차에서 미국과 중국이 날로 대립각이 예리해지고 있는 가운데 한국 정부가 나서서 그 대립각을 더욱 첨예화시켰다는 점도 짚어야 한다. 말할 것도 없이 한국 정부는 대북 인식이나 정책, 제반 상황에 대한 대응에서 미국과 철저한 공조로 일관해왔다. 이명박 정부의 '선 비핵화'를 요체로 하는 대북 강경정책은 미국 오바마 대통령과 워싱턴 행정부의 '당근과 채찍' 접근법도 무력화시킨 결과 오바마 행정부마저 대북 적대시 및 제재정책으로 방향을 잡도록 만들었다.

한국 정부가 남북관계의 끈을 놓아버린 채 강경 정책을 펼치고 미국마저 가세하자 2009년부터 북한은 중국으로 급속히 경도되었다. 조·중 우호의 해 60주년을 기념해 원자바오총리가 대규모 대표단을 이끌고 북한을 방문하여 북중관계 질적 도약의 발판을 만들었다. 2010년에는 5월과 8월 두 차례에 걸쳐 김정일 위원장이 중국을 방문하여 북중정상회담을 개최하였고, 이후 고위층의 빈번한 상호 방문과 전략적 소통이 이어졌다. 중국은 대규모 경제 지원 및 인프라 구축을 약속하였다. 한국 정부가 북한의 급변 사태를 염두에 둔 정책을 추진하고 한미 간에 '새로운 전략 기획지침'이 마련되자 중국 정부도 북한의 급변사태에 대해 본격적인 연구와 대비에 들어갔다고 한다.[5]

이렇듯 북한은 점차 대륙으로 기울고, 남북 간의 단층은 예전보다 넓어지며, 한국이 한·미·일 해양축을 공고화하는 방향으로 기조를 잡아가는 것은 동북아 질서 전체를 통합이 아니라 분열로 역행시키는 길이다. 이 길은 유럽을 위시한 다른 지역들이 지향하는 세계사적 대세를 거스르는 역진이자 퇴행이라고 해야 할 것이다. 2008년 말 이후 북핵문제와 6자회담 역시 진전이 없었다. 진전이 없었을 뿐 아니라 상황이 더욱 악화되었다. 북한은 2009년 5월에 제2차 핵실험을 성공리에 마쳤다. 미국과 유엔은 추가 대북 제재조치를 가하였다. 6자회담도 여러 차례 재개의 모멘텀을 만들었지만 결국 성사되지 못했다. 비핵화 프로세스가 멈추자 북한은 핵 프로그램을 진전시켰고, 2010년 11월에 우라늄 농축시설을 공개하였다. 중국의 중재 외교를 통해 3단계 해법이 제시된 바가 있고, 6자회담 '수석대표 긴급회의'가 제안되기도 했다. 그때마다 한·미·일은 한결같이 '여건이 안됐다'거나 까다로운 조건들을 내세워 무산시켰다. 결국 북한을 '핵국

5) 이희옥, 「북한 급변사태와 중국」, 『동아시아브리프』, 제5권 4호(2010) 참조.

가'로 나아가도록 방치하는 셈인데, 동북아 질서에 중장기적 우환거리가 될 것이 분명하다.

5. 남북관계 복원과 균형외교의 과제

이명박 정부는 한미동맹 강화를 지나치게 강조하고 남북관계의 끈을 놓아버렸기 때문에 남북관계를 최악으로 몰고 갔을 뿐만 아니라 동북아정책 전반에 난조를 자초하였다. 남북관계를 '국제화'함으로써[6] 한국 정부가 독자적으로 가져왔던 남북관계 틀이 무너졌다. 이는 남북관계 자체의 악화를 초래하였을 뿐만 아니라 남북관계를 다루어나가는 데 앞으로 큰 비용을 치러야만 하는 결과로 이어졌다.

한반도에 조성된 군사적 대결 구도와 그것이 반영된 대립적 동북아 질서는 일시적이어야 한다. 이 상황은 유관국 모두에게 마이너스가 되는 '패배의 게임'임과 동시에 분단의 한 당사자인 남한에 요구하는 대가가 큰 구도다. 남북 간 군사적 대결은 해소되어야 마땅하고 대화와 협상을 통한 해법을 찾아야 한다. 한반도의 위기가 동북아 질서를 후퇴시키고, 그 질서가 투사되어 남북관계에 악영향을 초래하는 현 국면의 악순환은 반드시 극복되어야 한다.

이념과 감정에 치우친 대북 강경정책이 가져온 것은 아무 것도 없다. 보수 정부가 흔히 내세우는 '튼튼한 안보'도 말뿐이었음이 증명되었다. 비핵화를 최고의 외교안보 과제로 내세웠지만 북핵문제는 오히려 이전보다 악화되었다. 대북 강경정책을 전제로 한 이상 동북아 외교에도 총체적 난맥상이 드러났다. 중국과 러시아와의 외교가 그 예가 될 것이다. 한국 정부

---

6) 이수훈, 「탈냉전·세계화·지역화에 따른 동북아 질서 형성과 남북관계」, 『한국과 국제정치』, 2009년 제3호 참조.

는 대북 강경정책을 수정하여 대화와 외교를 활성화하는 방향으로 남북관계를 다룰 필요가 있다. 남북관계라는 지렛대를 자포자기하면 대한민국 외교의 전반적 틀이 흔들리게 된다는 점을 인식해야 한다. 남북관계를 시급히 복원해야 한다.

많은 전문가들이 이미 지적한 바대로, 한국은 대미일변도 외교 노선에서 벗어나야 한다. 현실적 안목을 갖춘 외교안보 전문가들 중에 한미동맹을 경시하는 사람은 없을 것이다. 우리의 미흡한 자위력에 비추어 한미동맹을 굳건히 발전시켜 나가는 문제와 한미동맹만 강화하면 나머지 남북관계나 한중관계 등이 부수적으로 잘 관리될 수 있다는 인식은 차원이 전혀 다르다. 한미동맹 강화 노선은 균형의 견지에서 적실성이 떨어지고, 복잡다단한 동북아 지정학에 비추어 실용 노선이 아니라 이념 노선일 개연성이 높다. 한국을 둘러싼 지정학적 구도와 경제적 실리를 따져볼 때 어느 한 국가에 과잉되게 쏠리는 것은 바람직한 외교 노선이 아니다.

한미동맹을 지나치게 강조하다보니 한중 간에 정치적 신뢰가 유실되어 중국과의 긴밀한 정책공조가 어렵게 되었다. 날로 높아가는 경제적 상호 의존도를 사려 깊게 관리하고 발전시켜 나가기 위해서 한중관계는 그 중요성을 아무리 강조해도 지나침이 없을 것이다. 통상국가인 한국에게 있어 전체 세계교역액의 20퍼센트 이상을 차지하는 중국과 불필요한 대립각을 세우고 갈등을 빚는 것은 국익에 근거한 실용적 관계 설정이 아니라 신념에 기초한 이념적 대응이라고 평가할 수밖에 없다. 특히 2010년 '천안함 외교'를 계기로 한중관계는 눈에 띄게 악화되었다. 상대방에 대한 인식에도 상당한 혼선이 빚어진 것 같고, 국민들의 인식에도 파장이 있었을 것으로 추측된다. 무엇보다 중국을 중시하여 상호이해, 상호존중, 상호신뢰를 증대시키는 방향으로의 노력이 있어야 하고, 그런 토대 위에 실리적 견지에서 협력해나갈 수 있는 관계를 구축하는 외교를 펼쳐야 한다.

6. 평화 프로세스 가동과 남북경제공동체의 구축

이런 현실에 직면하여 남과 북을 아우르는 한반도 차원의 대응은 무엇이어야 할까? 첫째, 한반도와 동북아 지역 차원의 평화 프로세스를 시급히 가동해야 할 것이다. 둘째, 남북경협의 확대 심화에 따른 남북경제공동체 구축에 에너지를 투입해야 할 것이다.

한반도 평화 프로세스의 가동에 있어 맞물려 있는 이슈가 바로 북핵문제다. '비핵'을 모든 남북관계의 전제조건인 양 내세운 이명박 정부 들어와 비핵화에 전혀 진전이 없이 오히려 악화되는 결과를 빚었다.

비핵화 없이는 통일을 논하기도 어렵다. 비핵화라는 과제는 평화 프로세스의 일환으로 접근되어야 마땅하다. 현재 북핵문제를 협상할 수 있는 다자대화 틀은 6자회담뿐이다. 이 틀을 활용할 외교를 펼쳐야지 개점휴업 상태를 너무 오래 지속하면 점차 재개의 동력이 떨어진다. 중국이 중재 역할을 자임하고 나서서 북한을 설득하고 새로운 제안을 만들어 나오면 한국과 미국이 수용하는 방향이 옳다. 6자회담을 이런 저런 상황을 빌미로 미루면 결국 비핵화의 비용만 높아지고, 그 경제적이고도 안보적 부담은 대개 한국의 몫이 될 공산이 크다. 이런 차원에서 2011년에는 현상을 돌파하고 6자회담 재개의 동력을 마련하는 데 한국 정부의 전향적 사고와 입장이 필요하다. 1월에 열린 미중정상회담 합의는 한국 정부에게 이 점을 강하게 권고하였다.

6자회담 재개에 외교적 노력을 기울이는 동시에 한반도 평화체제 구축을 위한 정치적 기반을 조성하기 위해 '종전 선언'을 추진할 가치가 있다. 2007년 '10.4정상선언'에 남과 북이 이미 합의하였기 때문에 미국과 중국을 설득한다면 불가능한 일도 아니다. 당시 미국의 부시 대통령도 이 문제에 대해 강한 동의의 의사를 여러 차례 천명한 바 있다. 종전 선언이 채택되면 정전 체제의 종식에 한 걸음 다가가는 의미가 있기 때문에 비핵화 과정에도 긍정적 요인으로 작용할 소지가 있다.

동북아 차원의 평화 프로세스, 보다 구체적으로 다자 안보협력 메커니즘 구축을 위한 프로세스도 한반도 평화 프로세스와 동시병행적으로 가동할 수 있다. 6자회담을 재개하여 이 과제를 다룬다면 비핵화의 속도에 따라 보다 구체적인 논의가 가능할 것이다. 역내에는 안보협력에 대한 요구가 날로 증가하고 있다. 예컨대, '천안함 사태'와 같은 경우 동북아 수준의 안보협력 메커니즘이 있었다면 사태를 예방할 수도 있었을 뿐만 아니라 조사와 대응에 있어 훨씬 다른 결과를 낳았을 것이다.

　한반도 평화 프로세스의 가동과 더불어 남북 간의 교류와 협력을 증진시키고 현실적으로 남과 북이 윈-윈 할 수 있는 구체적인 대응책을 펼쳐야 하는 데, 그 길은 경제협력이 될 것이다. 남과 북이 구체적인 사업들을 통해 통합으로 전진할 수 있는 첩경이 바로 경제협력이다. 현재 남북관계의 악화로 인해 개성공단 사업마저 여러 가지 악영향을 받고 있는 실정이지만, 개성공단 사업이야 말로 남북경협이 지니는 다양한 의미와 실질적 효과를 생생하게 보여주는 프로젝트이다. 북한으로 하여금 점진적으로 자신의 문을 열고 그를 통해 시장경제의 여러 제도와 장점을 배우게 할 수 있는 사업이 바로 개성공단 사업인 것이다.

　2007년 남북정상회담의 결과 채택된 '10.4정상선언'에는 개성공단에 더해 해주 경제특구의 개설 및 다양한 북한 개방 관련 프로젝트들이 망라되어 있다. 남포와 안변 지역에 조선협력단지를 건설하는 합의도 들어 있다. 철도 및 고속도로를 연결하는 인프라 구축 프로젝트들에 대한 구체적 합의들이 포함되어 있다. 한국이 좁은 반도에 함몰되지 않고 폭넓은 국가 경영을 위해서는 대륙으로의 진출이 필수불가결인데, 이를 위해서도 현재와 같은 분단 상황은 극복되어야 하며 대륙 대 해양 사이의 단층을 최대한 좁히는 방향으로의 노력이 필요하다. 안보적 각도에서도 대륙과 해양 세력 간 균형을 맞추기 위한 전략을 펼치는 안목이 요구된다.

현실적으로 남과 북이 어우러져 통합할 수 있는 방법은 남북경협 사업의 확대와 심화를 통해 '남북경제공동체'를 구축하는 길이 가장 빠르고도 효율적인 방안이다. 현재 여러 여건상 북측이 남북 통합에 있어 우위를 주장할 수 있는 요인이 없기 때문에 남측이 주도성을 발휘하되 저들로 하여금 흡수·통합되는 데 대한 우려를 최소화할 수 있는 '신중함'을 발휘하면서 통합을 얘기해야 할 것이다.

7. 맺음말

2010년 8.15 경축사에서 이명박 대통령이 통일 방안을 내놓고 '통일세'를 거론한 이후 정부 주도적 통일 논의가 활발하다. 그런데 이 통일론은 대통령 자신의 발언들이나 정부 고위 당국자들의 언설들을 미루어 추론해볼 때 우리 헌법이 규정하고 있는 "평화적 통일"이 아니라 북한 붕괴에 의한 흡수통일을 상정하고 있다고 판단된다. 급변사태에 대한 대비 계획 등도 이 연장선상에 있다. 만약 이 추론이 근거를 가진다면 남북관계 복원은 공염불에 그치게 된다. 남북관계의 복원 없이 한반도의 평화와 안정, 비핵화는 실현할 수 없는 정치적 수사에 불과하게 된다. 한반도에 긴장이 계속되고 불안정이 지속되며 핵문제가 미결 상태로 존속되면 동북아 지역 질서도 미국과 중국이 워싱턴 정상회담에서 합의한 대로 전개될 수 없다.

통일은 외면할 수 없는 과제다. 통일은 평화적이어야 하고, 그런 한 점진적일 수밖에 없다. 활발한 교류와 협력을 통해 신뢰를 구축하고, 그 기반 위에서 평화를 증진시킨 후에 통일을 추구해야 한다. 북한 붕괴와 남한 주도의 흡수통합은 한반도의 일대 재앙이 될 가능성이 높을 뿐더러, 만에 하나 북한 붕괴가 현실화되더라도 남한 주도의 흡수통합이 가능하도록 동북아 지정학이 허락하지 않을 것이 분명하다. 이런 과격한 통일론의 일각에서는 '전쟁 불사론'도 제기되고 있는데, 통일을 하지 않더라도 전쟁은 피해야 한다는 민족사적 대전제를 언제나 염두에 둘 필요가 더하다. '비굴한 평화'든 '돈으로 산 평화'든 평화가 전쟁보다 우위에 선다는 점은 아무리 강조해도 지나침이 없을 것이다.

제2부.

대미·대북정책기조와 한반도 평화

1장 한미동맹복원론에 대한 비판적 고찰*

1. 머리말

2008년 '촛불'[1]을 겪으면서 한국에게 있어 미국은 어떤 국가인가에 대해 새삼스런 질문을 던지게 된다. 한미관계는 어떤 성격을 띠어야 순탄하다고 평가할 수 있는지에 대해서도 새삼스런 의문을 갖게 된다. 더불어 한미동맹은 어떤 수준과 범위가 되어야 적절한 것인가에 대해서도 새롭게 검토해보아야 한다는 문제의식을 야기한다.

쇠고기 파동과 촛불을 불러온 데는 여러 가지 원인들이 작용했겠지만, 적어도 그 직접적 계기는 이명박 정부가 미국산 쇠고기 수입 재개협상에서 취한 수입조건 완화였다. 이 협상 결과에 대해 촛불집회 주관자들은 4월 19일 캠프 데이비드에서 열린 한미정상회담 직전에 전격적으로 이루어져 정상회담용 일방적 양보가 아니었느냐라는 문제 제기를 하게 되었고, 이 문제 제기가 장기적이고 전 국민적인 反이명박 정부 시위로 전개되었던 것이다. 급기야 이 문제는 다각적인 진실 공방으로 이어졌고, 제18대 첫 국정조사 대상이 되기도 했다.

---

* 『한국과 국제정치』 2008년 제4호.
1) 여기서 필자는 '촛불'을 고유명사로 사용하고자 한다. 촛불정국, 촛불시위, 촛불집회, 촛불문화제 등등의 표현으로는 이 현상 자체를 총괄적으로 담아낼 수 없을뿐더러 '촛불'이 한국사회에 미친 다각적인 파급을 감안할 때 '87년' 같은 고유명사의 지위가 부여되어야 하지 않을까 한다.

그런데 4월 19일에 열린 한미정상회담의 저변에는 적어도 한국 정부 차원에 관한 한 한미동맹 복원이라는 화두가 자리 잡고 있었다. 이명박 대통령은 대통령 후보 때 워싱턴 방문과 부시 대통령과의 회동을 추진하다 실패하였다. 이 에피소드는 워싱턴과의 원만한 관계 설정이 대통령 당선에 얼마나 중요한 요인으로 인식되었는지를 잘 보여주고 있다. 대선 과정에서 참여정부 기간에 한미동맹이 돌이킬 수 없을 정도로 훼손되었기 때문에 한미동맹을 복원하는 일이 시급하다는 입장이 보수진영에서 광범위하게 공유되었다. 그리고 인수위 기간 내내 메이저 신문 기사와 사설 및 칼럼들은 동맹위기론을 생산했으며 그것을 극복하기 위한 방책으로서의 동맹 복원 및 동맹강화론을 꾸준히 제기하였다.[2]

이런 분위기에서 이명박 후보는 대통령에 당선된 뒤 당선인 자격으로 활발한 외교 행보를 보이면서 한미동맹복원론을 역설하였다.[3] 현 정부 출범 이후 외교통상부의 3월 11일자 대통령 업무보고에서도 "한미동맹 복원", "한미동맹의 강화"를 국정 과제 최상위인 핵심 과제로 제시하였다.[4] 이런 일련의 흐름에서 추론해볼 때 한미정상회담이 시급했고, 그것도 의미가 별 다르다는 '캠프 데이비드' 별장에서의 회담이 필요했을 것으로 판단할 수 있다.

'촛불'은 대규모 민심 이반, 리더십에 대한 신뢰 추락, 극심한 국정 혼선, 정치사회적 갈등, 사회경제적 비용을 초래했다. 그런데 이 국내 정치사회적 쟁점의 배경에 순전히 대외 관계 변수인 한미동맹 복원이 자리 잡고 있었다는 점을 지적할 필요가 있다. 더불어 지적되어야 할 문제는 그럼 과연 한미동맹복원론은 객관적인 타당성을 갖고 있는 것인가라는 점이다. 관련

2) 일부 언론과 전문가들에 의한 참여정부의 한미동맹파탄론과 그것을 수습힐 대응으로서의 동맹복원론은 그 정부 첫해인 2003년부터 시작되어 이후 내내 이어졌다. 김기정, 「전환기 한미동맹: 이론과 현상」, 「한국과 국제정치」, 제24권 제1호(2008), p.78 참조.

3) 이명박 대통령은 당선인 시절 다수의 미국 전현직 고위관리와 한미관계 전문가들을 접견하여 한미동맹 강화를 역설하였다. 1월15일에는 한미연합사를 방문하여 "깊은 신뢰와 사랑"(「한겨레신문」, 2008년 1월 16일)을 표시하였다. 그는 워싱턴에 파견한 정몽준특사 편에 부시 대통령에 보내는 친서에다 "한미동맹 복원"이라는 단어를 포함시켰다.(「문화일보」, 2008년 1월 21일, 사설 참조). 취임 직전인 2월 21일에 헨리 키신저 전 국무장관을 접견하면서 "한미관계 복원이 시급하다"(「아시아경제」, 2008년 2월 22일)고 말했다.

4) 외교통상부 홈페이지 보고서, http://www.mofat.go.kr/introduction/plan/index/jsp, pp.2-3, (검색일자: 2008년 3월 11일) 참조.

하여 참여정부 5년 동안에 과연 한미동맹이 복원해야 할 정도로 훼손되었느냐 하는 점도 들 수 있을 것이다.[5] 선거용이었거나 정치적 공세 차원에서의 이슈였다면 온당한 정책 수립을 위해 이 쟁점에 대한 객관적 평가에 수반하여 개선 여부를 가려야 할 것이다. 학계에서도 이미 "지난 5년간의 공과에 대해 정치적 이념 공방을 넘어서는 학문적 분석과 평가를 해야 될 당위성"[6]이 제기되고 있는 실정이다.

말할 것도 없이, 한미동맹은 한국의 외교안보 전반에 걸쳐서 차지하는 비중이 높고 사회적 파급도 심대하기 때문에 합리적이고도 객관적인 진단과 평가에 기초하여 정확한 전제 아래 그 복원 혹은 강화를 논해야 옳다. 그렇지 않고 이 문제를 감정적이거나 정치적인 관점에서 접근한다면 한국의 외교안보 정책 전반에 혼선을 야기할 뿐만 아니라 국익에 심대한 위해를 초래할 수 있다.

이 논문은 이 같은 문제의식을 배경으로 삼아 한미동맹복원론 혹은 강화론에 대해 비판적 검토를 하는 데 목적을 둔다. 그런데 한미동맹 문제는 한국사회에서 냉정하고도 객관적인 학술적 분석을 불가능하게 만들 정도로 정치화, 이념화되어 있는 것이 엄연한 현실이다. 참여정부 5년 동안 한미동맹 문제에 정치와 이념이 한층 고도로 투사되어버렸다.[7] 정치적 입장과 이념적 잣대가 학술적 분석에 거대한 장애물로 작동하고 있는 이슈가 바로 한미동맹이다. 어떤 학술적 과제이건 이 딜레마를 피할 수 있을 만큼 중립적인 사안은 없겠지만 한미동맹은 그 딜레마의 정도가 심한 사안에 속한다. 이런 측면을 염

---

5) 참여정부 말기에 발간된 정책보고서에 따르면, 훼손이 아니라 참여정부 5년 기간 "한미동맹은 미래지향적 동맹으로의 발전을 향한 꾸준한 길을 걸어왔으며", "과거 그 어느 때와 비교해도 손색이 없는 탄탄한 신뢰와 결속을 유지해 왔다"고 밝히고 있다. 정책기획위원회, 『한미동맹의 미래지향적 조정』(서울: 정책기획위원회 정책보고서, 2008), p.66.
6) 신성호, 「한국의 국가안보전략에 대한 소고: 참여정부의 평화번영정책」, 『국가전략』, 제14권 1호(2008), p.36.
7) 참여정부 임기말경에 발표된 한 논문에서는 참여정부 안보정책에 대한 논란이 심했던 점에 주목하면서 "실질적인 논쟁보다는 피상적인 이념을 둘러싼 정쟁의 성격을 띤 논쟁이 주류를 이룬 것", "객관적이고 구체적인 검증보다는 이미 정해진 신념이나 이념에 기초한 무조건적인 찬성과 반대의 선언적 논쟁이 지배하는 경향을 보인" 점을 지적하고 있다. 신성호, 「한국의 국가안보전략에 대한 소고: 참여정부의 평화번영정책」, pp.46-47.

동북아 공동의 미래를 생각한다

두에 두고 이 논문은 1)참여정부 5년간의 한미동맹 조정 혹은 변화에 관한 학계의 논의를 독해하고, 2)그 독해에 기초하여 동맹복원론이 범하고 있는 오류를 지적할 것이며, 3)동맹복원론의 연장선상에 있는 한미동맹강화론이 가질 수 있는 위험에 대해 논의할 것이다. 결론적으로 참여정부 5년 전체를 볼 때 한미동맹은 복원을 논할 정도로 해체되지도 않았거니와 심각하게 약화되지도 않았다고 말할 것이다. 그런 후에 한미동맹복원론이 오류들에 입각해 있기 때문에 외교안보상 난맥을 초래할 위험이 있어 시급히 수정해야 한다는 정책 제언을 할 것이다. 더불어 한미동맹강화론이 초래할 수 있는 미국의존성 심화의 문제를 제기하면서 자율성 제고의 과제를 주문할 것이다. 상호 존중, 신뢰, 대화, 정책 조율을 통해 호혜적인 동반자 관계를 만들어가는 것이 한미관계의 미래지향임을 제시할 것이다.

2. 참여정부 한미동맹 조정에 관한 논의 검토

참여정부 기간 한미동맹에 관한 논쟁이 상대적으로 심하게 일어난 데는 무엇보다도 한미동맹 조정이 활발하게 이루어졌다는 경험적 현실이 자리 잡고 있다. 한미동맹의 조정이 없었다면 왈가왈부할 이유도 없었을 것이다. 참여정부 5년 동안 한미동맹 조정이 활발하게 진전된 것은 탈냉전기 한미동맹을 둘러싼 제반 환경에 변화가 왔기 때문이며, 그런 환경 변화에 부합하는 조정을 거치지 않으면 동맹과 그 환경 사이에 불일치가 야기될 수 있기 때문이었다.

학계에서 정리한 한미동맹 환경 변화에 대해 간략히 짚어보기로 한다. 다수의 연구자들이 공통적으로 지적하듯이,[8] 탈냉전기 들어 세계적 안보환경

---

8) 이삼성, 「한미동맹의 유연화를 위한 제언」, 『국가전략』, 제9권 3호(2003) 참조; 김일영, 「주한미군 재조정: 왜, 어디까지, 그리고 어디로」, 심지연·김일영 편, 『한미동맹 50년: 법적쟁점과 미래의 전망』,(서울: 백산서당, 2004), p.161; 김우상, 「한미동맹의 이론적 재고」, 『한국과 국제정치』, 20권 1호(2004), p.2; 강봉구, 「차가

에 심대한 변화가 초래되었다. 미국은 당연히 자신의 세계전략에 변화를 꾀하게 되었음과 동시에 그 세계전략 변화는 동아시아 전략에도 변화를 수반하였다. 사회주의국가들이 편입된 자본주의 세계체제를 지탱하기 위해 미국은 자신의 패권을 유지하는 것을 최우선적 세계전략으로 삼았으며, 패권을 강화하기 위해 주로 군사적 수단에 의존하는 귀결을 맞게 되었다. 자신의 군사적 과잉 팽창이 전개되는 정도로 새로운 도전과 위협이 나타났다. 테러와 대량살상무기의 확산은 미국에게 가장 심각한 위협 요인으로 등장했고, 9.11사건을 계기로 미국은 대테러와 비확산을 최우선 국가안보 과제로 삼게 되었다. 군사력 운용의 효율성 제고 문제는 군사 혁신과 연관되어 군사 변환전략을 도출하였다. 해외 주둔군의 효율적인 운용과 관련한 재배치 계획이 나오게 되었다. 동맹네트워크 강화 전략과 더불어 동아시아 지역 구상도 새롭게 가다듬게 되었다. 이런 여러 요인들이 중첩되어 한미동맹 조정에 대한 환경을 조성했다.

연구자들 가운데는 동북아 지역 차원의 환경 변화를 강조하기도 하며 한반도의 화해협력 무드를 중시하기도 한다.[9] 동북아에는 중국의 부상과 이에 대한 미국의 대중국 정책 변화가 지역안보환경 변화를 추동했다. 냉전기로부터 탈냉전기에 일어난 남북한 관계 변화도 한미동맹의 전략 환경 변화를 초래한 요인이었다. 참여정부가 들어서기 훨씬 전에 발표한 한 논문에서 신욱희 교수는 "한미동맹의 재구성 논의는 남북한 관계가 어떻게 진전되는가 하는 점과 동아시아의 안보적 상황이 어떻게 전개되는가에 대한 구체적 평가에 따라 진행되어야 하는 것"[10]이라 예고했다. 사실 탈냉전기 남북관계의 변화는 한미동맹의 일차적 공동 목표에 변화를 야기시키는 중대한 일로서 한미동맹 조정의 압박 요인이 되었다. 지난 10년간 한국 정부가 펼친 대북 포용

워진 피: 21세기 한미동맹정치 시론」, 『한국과 국제정치』, 제22권 4호(2006), p.86; 김기정, 「전환기 한미동맹: 이론과 현상」, pp.88~90.
9) 신욱희, 「한미동맹 내부의 역동성: 분석틀의 모색」, 『국가전략』, 제7권 2호(2001); 강봉구, 「차가워진 피: 21세기 한미동맹정치 시론」, p.86; 김기정, 「전환기 한미동맹: 이론과 현상」, pp.92~93; 김근식, 「대북포용정책의 개념, 평가, 과제: 포용의 진화 관점에서」, 『한국과 국제정치』, 제24권 제1호(2008).
10) 신욱희, 「한미동맹 내부의 역동성: 분석틀의 모색」, p.21.

정책이 미국의 대북정책이나 한미관계와 충돌하는 양상으로 전개된 것은 개념적 엄격성 차원에서 말하자면 미국의 대북정책이 그 개념에 충실한 '개입(engagement)'이 아니라 지나치게 제재와 강경 일변도로 이행된 탓이라고 할 수 있다. 따라서 김근식 교수가 간파하고 있듯이, 탈냉전기 미국 외교 정책인 개입정책과 한국의 포용정책은 "같은 맥락과 유사한 배경"[11]을 갖고 있음에도 불구하고 한미 간 정책 불일치가 표출된 것은 한국의 탓만으로 돌릴 수 없는 일이다. 남북관계 변화에다, 김기정 교수는 한국 내적 변화를 주목하면서 국력 성장, 국민적 자긍심 제고, 정치적 민주화 등의 요인들을 한미동맹 조정 논의에 포함시키고 있다.[12] 이상에서 검토한 논의들을 정리하자면, 한미동맹의 시급한 조정을 요구하는 대내외적 요인들로서, 세계적 안보환경 변화, 미국의 세계전략 변화—특히 군사전략 변화, 중국의 부상을 요체로 하는 동북아 차원의 환경 변화, 한반도 정세 변화, 한국의 대북정책 변화, 한국사회 내적 변화 등을 열거할 수 있다. 특히 이 같은 변화들은 탈냉전 초기인 1990년대 초에 이미 그 윤곽이 잡힌 사안들로서 한미동맹 조정은 상당한 지체를 보였다는 점도 지적할 수 있다.

이런 점들을 유념하여 참여정부 5년 동안에 진행된 한미동맹 조정 사안들을 개괄하고 첨예한 논쟁의 대상이 된 사안에 대해 보다 구체적인 학계의 논의를 검토해보자. 참여정부 자신은 한미동맹 조정 내용으로, 1)군사 임무의 한국군 전환, 2)용산기지 이전 및 주한미군 재배치, 3)주한미군 감축, 4)전시작전통제권 전환과 지휘 관계의 조정, 5)해외 파병, 6)북핵문제, 7)방위비 분담 협상을 꼽고 있다.[13] 참여정부 말기에 발표한 논문에서 김기정 교수는 참여정부 기간 한미동맹 조정의 쟁점 사안으로 1)주한미군 재배치와 용산기지 이전, 2)주한미군 병력 감축, 3)북핵문제, 4)이라크 파병, 5)방위비 분

11) 김근식, 「대북포용정책의 개념, 평가, 과제: 포용의 진화 관점에서」, pp.7-8.
12) 김기정, 「전환기 한미동맹: 이론과 현상」, pp.91-92. 김우상 교수도 한국의 국력신장과 한미동맹의 비대칭성 문제를 논의하고 있다. 김우상, 「한미동맹의 이론적 재고」, p.13.
13) 정책기획위원회, 『한미동맹의 미래지향적 조정』, 제3장, 제4장 참조.

담 협상, 6)전시작전통제권 전환, 7)전략적 유연성과 중국에 관한 전략 구상 등 7개를 꼽고 있다. 표현에 약간의 차이가 있을 뿐 열거 항목이 거의 일치한다. 다만 김 교수는 전략적 유연성 합의를 중점적으로 다루고 있다. 전략적 유연성 문제는 다른 연구자들도 주목하고 있는 반면[14] 정작 참여정부가 추진한 정책 보고서에는 한미 외교장 관회담을 제도화한 '전략대화' 설치를 다루는 부분에 잠깐 언급되어 있을 뿐 비중 있게 다루지 않았다. 이는 2006년 1월 워싱턴에서 열린 한미 외교장관회담에서 양국 간 전략적 유연성 존중 합의가 있었지만 그 구체적 운용에 대한 합의는 없었기에 차후의 조정 과제로 간주한 탓이 아닌가 짐작된다.

필자가 점검한 정치학계의 한미동맹 논의는 2003년 전후에 풍성하게 이루어졌음을 보여준다. 2003년이 한미동맹 50주년을 기념하는 해이기 때문에 이런 결과가 있었던 것이 아니었는지 추론해볼 수 있다. 한국외교사학회는 '한미동맹 50년: 법적 쟁점과 미래 전망'이라는 학술회의를 기획하고 그 결과물을 단행본으로 출간하였다.[15] 경남대 극동문제연구소도 이 주제를 다룬 기획물을 기관학술지인 『한국과 국제정치』에 특집으로 게재하였다.[16] 세종연구소도 자신의 학술지 『국가전략』에 '한미동맹 50주년' 기념 특집 논문들을 게재하였다.[17] 이 세 개의 문헌에는 흥미롭게도 한미동맹위기론의 근거가 될 수 있는 논문 각각 한 편이 포함되어 있다.

<hr>

14) 강봉구, 「차가워진 피: 21세기 한미동맹정치 시론」; 신성호, 「한국의 국가안보전략에 대한 소고: 참여정부의 평화번영정책」; 최종철, 「주한미군의 전략적 유연성과 한국의 전략적 대응 구상」, 『국가전략』, 제12권 1호 (2006); 이상현, 「한미동맹과 전략적 유연성: 쟁점과 전망」, 『국제정치논총』, 제46집 4호 (2006); 최종철 박사의 논문은 전략적 유연성 합의가 미국의 범세계적 군사변환 및 GPR의 핵심과제를 존중하지 않을 수 없는 환경 아래 이루어진다는 점을 강조하면서 이를 통해 미국은 한미동맹 관계의 구조적 변화와 더불어 한미동맹을 미국의 네트워크화 된 세계동맹의 일부로 기능하도록 재점검하는 계기로 삼는다고 본다. 이상현 박사의 논문은 2006년 당시 진보진영에서 제기된 다양한 부정적 주장들-연루의 위험, 대북 선제공격 동참의 위험, 한미상호방위조약 위반 등등-을 반박하면서 "한미 간 포괄적 동반자 관계에서 서로의 입장을 절충한 결과물"(이상현, 「한미동맹과 전략적 유연성: 쟁점과 전망」, p.172)이라고 평가하고, 한미동맹의 호혜성을 강화되는 데 기여할 것으로 내다보고 있다. 미군의 전략적 유연성에 대한 참여정부의 원칙적 존중이라는 합의는 향후 주한미군의 유연성 발휘가 일어날 경우 그 구체적 운용에 대한 양국 간의 긴밀한 협의를 과제로 남겨두고 있다. 다만 필자는 비록 현실주의 이론 관점과는 거리를 두고 있지만 위 두 논문들의 결론이 참여정부 한미동맹 정상조정론의 근거가 된다는 점은 주목하고자 한다.

15) 심지연·김일영 편, 『한미동맹 50년: 법적 쟁점과 미래의 전망』 참조.

16) 경남대 극동문제연구소, 「한미관계와 동북아 질서」, 『한국과 국제정치』, 2004년 특집호.

17) 세종연구소, 『국가전략』, 제9권 3호(2003).

첫째, 『한미동맹 50년; 법적 쟁점과 미래 전망』에 실린 김일영 교수 논문
이다.[18] 김교수는 한미동맹이 50년을 맞아 피로 증상을 보이고 있다는 일반
적 평가[19]와 함께 주한미군 재조정 문제를 중심으로 '동맹피로' 쟁점을 분석하
고 있다. 그는 북핵위기가 있음에도 불구하고 미국이 주한미군 재조정을 밀
어붙이고 있다고 주장하면서 규모 감축, 지리적 재배치, 임무 변화 등의 각도
에서 재조정을 조명하고 있다. 그의 논지를 요약하자면, 주한미군 재조정은
시기의 문제일 뿐 불가피한 사안이지만 북핵위기가 해소되지 않는 가운데 재
조정이 일어나고 있는 배경에는 한국 내 "반미감정 확산과 그에 편승한 노무
현정권의 등장"[20] 이 자리 잡고 있다는 것이다. "노무현 길들이기"의 일환이
라는 해석도 제시하고 있다.

둘째, 『국가전략』에 게재된 이춘근 박사의 논문도 한미동맹위기론[21] 과 동
맹강화의 논리를 강한 톤으로 제시하고 있다. 2003년 초여름 즈음에 작성되
었을 것으로 짐작되는 그의 논문은 반미감정이나 한국민의 자긍심 등은 미국
측의 부정적인 반응을 일으켜 한미동맹을 위협하는 매개 변수로 작동하는 것
은 사실이지만 "보다 근원적인 원인"은 동맹이 유지되는 이론적 이유인 "공통
으로 생각하는 적에 대한 개념이 바뀐 데"에 있다는 평가를 하고 있다. "구체
적으로 북한에 대한 한미 간의 인식차가 한미동맹을 삐걱이게 하는 근원"[22]
이라는 것이다. 그러면서 한미동맹강화론으로 다섯 가지 근거를 제시하는데,
한국 안보에 있어 동맹의 필요성, 미국이 동맹으로서 최선이라는 점, 미국의
압도적 군사력, 미국 경제제도 가치론, 미국이 한반도 통일에 반대하지 않는

18) 김일영, 「주한미군 재조정: 왜, 어디까지, 그리고 어디로」, 심지연·김일영 편, 『한미동맹 50년: 법적쟁점과
   미래의 전망』(서울: 백산서당, 2004).
19) 김일영 교수는 "지난 50년 동안 한미관계가 이렇게 악화된 적은 없다. 한국 측에서는 미국의 일방주의에
   대한 불신과 반감이, 그리고 미국측에서는 한국의 배은망덕함에 대한 섭섭함이 현재의 한미관계를 지배하
   고 있다…어느덧 양국 사이에는 동맹피로 증상 내지는 동맹표류 현상이 나타나고 있다"(김일영, 「주한미
   군 재조정: 왜, 어디까지, 그리고 어디로」, p.161)고 평가한다.
20) 김일영, 「주한미군 재조정: 왜, 어디까지, 그리고 어디로」, p.169.
21) 김이춘근 박사는 "최근 한미동맹은 50년 만에 최대의 위기에 봉착한 것처럼 보인다. 대형 성조기가 갈기갈기
   찢겨나가는 한국인의 반미데모가 미국 TV를 통해 생중계되고 있으며, 미국도 주한미군 재배치 혹은 제반 조
   치를 한국의 고려를 무시하며 진행하고 있다. 한미동맹에 문제점이 발발한 것은 분명하다"고 단정짓고 있다.
   이춘근, 「한미동맹의 문제점 진단과 한미동맹 강화의 논리」, 『국가전략』, 제9권 3호(2003), p.40.
22) 이춘근, 「한미동맹의 문제점 진단과 한미동맹 강화의 논리」, p.48.

다는 점 등을 꼽고 있다.[23]

셋째, 『한국과 국제정치』에 게재된 김우상 교수의 논문은 노골적으로 한미동맹을 위기로 진단하지 않지만 논문 여러 군데에서 우려를 표시하고 있다. 그는 "최근 들어서 한미동맹 관계가 다소 불안정한 감이 없지 않다"며 2002년 6월에 발생한 여중생 사건과 반미 촛불시위를 언급하고 있다.[24] 한미동맹을 이론적으로 조망하는 것을 논문의 목적으로 삼고 있지만, 한미동맹 내부의 신뢰성과 갈등 문제를 무게 있게 논하고 있는 점이 예사롭지 않다. "북핵위기를 맞고 있는 현 상황에서 미국이 고려하고 있는 주한미군 재배치와 임무전환이 미국의 한미동맹에 대한 신뢰성 문제로 비쳐져서는 안 된다"[25]는 제언도 곁들이고 있다. 특히 미래 한미동맹에 관한 논의에서 중국에 편승해서는 안 되고 통일한국은 미국과의 균형 동맹을 유지하는 것이 바람직하다는 전망을 제시하고 있다. 2003년 현재 김교수의 진단은 소극적인 한미동맹위기론이라고 할 것이며, 미래 제언은 한미동맹강화론이다.

이상에서 검토한 세 논문은 작성 시기가 2003년이다. 2003년은 참여정부 출범 첫해로서 한미 간에 정책 조율을 해야 할 의제들이 많았던 해였다는 점을 상기할 필요가 있다. 대선 국면의 촛불시위와 반미정서, 노무현 대통령의 미국 관련 발언들, 북핵문제, 미국의 이라크 파병 요청, 한미 간 대북정책 차이, 주한미군 재조정 협상 등 난제들이 있었다. 이 상황에서 한미 간 불협화음이 일어난 것은 국면적 갈등에 해당되는 일이지, 한미동맹 해체로까지 해석할 성격은 아니었다. 사실 이후 한미 간 빈번한 정상회담과 6자회담을 통해 한미관계는 정책 조율을 이룬 결과 상호존중의 차원에서 조정되어야 할 현안들이 양국 간 긴밀한 협의를 통해 조정되는 수순을 밟았다.

---

23) 이춘근, 「한미동맹의 문제점 진단과 한미동맹 강화의 논리」, pp.51-52.
24) 김우상, 「한미동맹의 이론적 재고」, 『한국과 국제정치』, 20권 1호 (2004), p.2.; 구갑우교수는 2002년 촛불 시위에 대해 "한국 국민이 요구하는 것은 주권의 평등과 상호인정에 기반을 둔 한미관계"라면서 반미보다 더 중요한 것은 "한국 국민이 미국에 대한 '객관적 인식'을 시작했다는 점"이라고 규정함으로써 김우상교수와 매우 다른 차원의 의미를 부여하고 있다. 구갑우, 『국제관계학 비판: 국제관계의 민주화와 평화』 (서울: 후마니타스, 2008), p.37.
25) 김우상, 「한미동맹의 이론적 재고」, p.21.

동북아 공동의 미래를 생각한다

이런 평가는 참여정부 후반기나 말기에 발표된 논문들에 의해 적절하게 이루어지고 있다.[26] 참여정부 기간에 진행된 동맹 조정 쟁점들 가운데 한미동맹해체론의 빌미가 될 수 있는 사안은 주한미군 병력 감축과 전시작전통제권 전환이다. 미군 병력의 감축은 설명할 것 없이 주한미군 철수론으로 이어져 동맹해체라는 함축을 품고 있다. 전작권 전환은 한미연합사의 해체를 수반하는 일이기에 동맹 약화의 근거가 될 수 있다. 실제 이 문제들을 두고 한국사회 내부에 격론이 일었고, 또한 한미동맹이 약화되고 있다는 비판의 근거가되었다. 따라서 이 문제들은 좀 더 상세한 검토를 요한다.

첫째, 주한 미군 병력 감축은 탈냉전기 미국의 세계전략 변화, 특히 군사변환전략 및 새로운 동아시아 전략 구상과 연관되어 있는 사안이다. 따라서 주한미군 병력 감축은 노태우 정부 말기와 김영삼 정부 시기인 1990년대 초반에 그 대강이 결정된 사안인 것이다. 이어 미국은 독자적으로 '군사혁신'(revolution in military affairs), '해외주둔 미군 재배치'(GPR) 개념을 발전시킨바 있고, 부시 행정부 들어 기동성과 첨단성, 지역성을 중시하는 '럼스펠드독트린'을 채택하였다. 이 기간에 한미 양국은 다양한 안보 대화, 공동연구, 공동협의를 거친 결과 참여정부에 이르러 "주한미군의 개혁"은 미룰 수 없는과제가 된 것이다.[27]

2004년 6월 미국은 2005년까지 주한미군 12,500명의 감축을 희망하는 기본구상을 한국 측에 제시했고 한국 정부는 주한미군이 갖는 상징성, 국민의 안보 불안, 한국군의 전력 증강 등을 감안하여 감축시기 및 규모의 조정가능성을 갖고 미국과 협상을 진행하였다. 양국은 감축 시기를 최초 계획보다 3년 연장시켜 2008년까지 3단계로 나누어 감축하는 내용에 최종 합의하

26) 강봉구, 「차가워진 피: 21세기 한미동맹정치 시론」; 김기정, 「전환기의 한미동맹: 이론과 현상」; 신성호, 「한국의 국가안보전략에 대한 소고: 참여정부의 평화번영정책」 참조.

27) 이에 대해서는 여러 분석가들이 동의하는 바인데, 필자는 이 논지를 의도적으로 김일영교수의 상기 논문에서 원용하였다. 이를 입증해주는 두 문건은 1990년 4월 발표된 '동아시아 전략구상'(East Asia Strategic Initiative)과 클린턴 행정부 들어 '개입과 확대' 개념이 부가되어 1995년 2월 발표된 '동아시아 전략보고서'(East Asia Strategic Report)다. 김일영, 「주한미군 재조정: 왜, 어디까지, 그리고 어디로」, pp.164-166 참조.

였다. 이에 따라 2004년 말까지 미 2사단 병력을 포함하여 5,000명을, 이어서 2005-2006년에는 5,000명을, 2007-2008년에는 2,500명을 감축하기로 하였다. 이 합의는 이행의 과정을 거쳐 현재 주한미군은 28,500명에 이르고 있다.

따라서 동맹해체론이 주장하는 동맹 포기나 "노무현 길들이기"의 일환으로 주한미군 감축이 일어났다고 주장하는 것은 객관적 타당성이 낮다. 주한미군의 감축과 지리적 재배치, 성격의 재규정 등은 미국의 탈냉전기 다양한 전략 변화에 따라 미국이 주도한 것이고 참여정부는 동맹을 해치지 않되 국내 안보 불안을 최소화하는 "실리적" 접근을 했다는 분석[28]이 더 객관적이라고 할 것이다.

두 번째 사안은 전시작전통제권 전환[29]인데, 이는 한미연합사(CFC)의 해체를 수반하는 문제여서 2006년 여름 군 원로와 보수층으로부터 거센 반발이 있었고 일종의 '남남갈등'이 야기된 문제이기도 했다. 전시작전통제권의 한국으로의 전환은 그 나름의 역사를 갖는 사안으로서 김영삼 정부 때인 1994년 평시작전통제권이 전환된 이후 그에 부수되어야 할 후속조치의 성격이 강한 사안이다. 따라서 전시작전통제권의 전환은 한미동맹 조정에 있어 매우 중대한 사안이기는 하되 한국사회 전체가 보수-진보 둘로 나누어져 갈등해야 할 사안은 아니었다. 보수정권인 김영삼 정부 때 추진되다가 끝을 보지 못한 과제이기 때문이다. 더구나 미국의 동아시아 전략 변화, 한반도 화해무드, 한국 방위의 한국 주도성, 평화체제 구축의 필요성, 주권성 등을 고려할 때 시기적으로 당연하고도 불가피한 사안이라고 볼 수 있다.

참여정부는 2005년부터 이 문제를 본격적으로 다루었다. 2005년 10월에 열린 제37차 SCM 공동성명에서 전작권 협의를 가속화한다는 데 양국 국방장관이 합의하였고, 이듬해 10월 열린 제38차 SCM에서 2009년 10월에

---

28) 김기정, 「전환기의 한미동맹: 이론과 현상」, p.95 참조.
29) 이 사안에 대한 일반적 논의로, 한용섭, 「전시 작전통제권 환수문제」, 심지연·김일영 편, 『한미동맹 50년: 법적쟁점과 미래의 전망』(서울: 백산서당, 2004) 참조.

서 2012년 3월에 이르는 기간 중 전작권의 한국군 전환을 달성하는 데 합의했던 것이다. 그리고 2007년 2월 워싱턴에서 열린 한미 국방장관회담에서 2012년 4월 17일부로 한미연합사를 폐지하는 동시에 주도-지원의 새로운 지휘 관계로의 전환을 완료하기로 합의하였다.[30]

김기정 교수는 전작권 전환을 한국이 주도하고 미국의 동의 내지는 양보 아래 합의가 이루어진 사례로 분석하고 있다.[31] 양국 간 정책 조율과 합의에 따라 일어났다는 것이다. 강봉구 박사는 한미연합사가 1970년대 대북 억지를 목표로 창설된 제도임을 주목하고, "21세기 주한미군에게 있어 대북 억지란 수행 과제들 중의 하나에 불과"하고 "주한미군이 신속기동군으로 이미 성격을 전환한 마당에 한미연합사는 유명무실한 낡은 제도가 되며 한미연합사 체제를 유지하면서 주한미군이 작전통제권을 갖는 것은 논리적 모순"이라고 말한다.[32] 신성호 교수는 2006년 전작권을 둘러싼 한국사회의 논쟁을 두고 두 개의 상반된 가치, 즉 경제적 비용 감소 대 주권성 가치의 충돌로 간주하면서 동맹약화인가에 대해서는 해석을 유보하고 있다.[33] 다만 그는 참여정부가 대한민국 역사상 국가안보 전략을 공식 문서화하여 발표하고 시행한 첫 정부임을 평가하면서 차기 정부들도 전작권 환수 문제를 포함한 전반적인 국가안보 전략의 지속적인 생산을 주문하고 있다.

이렇듯 참여정부에서 추진된 한미동맹의 두 가지 쟁점에 대한 협의과정과 결과를 놓고 추론해본다면 한미동맹해체론은 실체가 없는 "신화"[34]가 아닐까 하는 의아심을 자아내기에 족하다. 전작권 전환 합의에 대한 논쟁이 한창일 때 강봉구 박사는 "21세기의 변화된 한미동맹은 미국에게 동북아의 지정학적 거점에 항구적인 주둔 기지 그리고 미군 전력 전개 및 운용의 자율성 확보라는 전

---

30) 정책기획위원회, 『한미동맹의 미래지향적 조정』(서울: 정책기획위원회 정책보고서, 2008), pp.35-36.
31) 김기정, 「전환기의 한미동맹: 이론과 현상」, p.102.
32) 강봉구, 「차가워진 피: 21세기 한미동맹정치 시론」, p.96.
33) 신성호, 「한국의 국가안보전략에 대한 소고: 참여정부의 평화번영정책」, p.51.
34) 한미동맹이 하염없이 좋다는 생각은 신화이며, 실제 역사적으로 검토해보아도 여러 차례 갈등적인 국면이 있었다는 논의로, Snyder, Daniel, "The US- Korea Tie: Myth and Reality," (*Washington Post*, 2006.9.12) 참조.

략적 이점을 제공하게 된 것"이라고 평가하면서 "양국의 상호의존성은 유지되고 한미동맹은 지속의 토대를 마련하였다"[35]고 결론내리고 있다. 참여정부 전 기간의 한미동맹 조정에 관해 분석한 김기정 교수도 "참여정부 5년의 대미 정책은 한미동맹 내부에 존재해왔던 메커니즘의 재조정을 목표로 한 것이었고, 한미동맹 자체의 골격을 근본적으로 변경하려는 목적은 가지고 있지 않았다"[36] 결론짓고 있다. 지난 대선 국면에서 전작권 전환 합의를 재론해야 한다는 논란이 있었다. 그러나 이 논란은 이명박 대통령직 인수위로 이어지지도 않았고, 지난 4월 19일 미국 '캠프 데이비드'에서 열린 한미정상회담에서도 여러 가지 군사 협력에 관한 합의[37]가 있었지만, 이 문제가 논의되었다는 공식 발표는 없었다.

한미동맹은 2005년 11월 양국 정상이 공식 발표한 대로 "역동적, 호혜적, 포괄적 동반자 관계"로 업그레이드 되었다. 이런 진전의 객관적 근거는 2006년 9월 반기문 외교부장관의 유엔사무총장 당선과 2007년 한미FTA 협상 체결에 의해 매우 구체적으로 드러난다. 한미동맹이 와해되었다면 한국 현직 외교부장관이 미국의 절대적 영향권 아래 있는 유엔사무총장으로 선출될 수 없다. 미국이 지지[38]해주었기 때문에 가능한 일이었고, 이는 다시 한미관계가 괜찮았다는 반증이 된다.

35) 강봉구, 「차가워진 피: 21세기 한미동맹정치 시론」, p.95.
36) 김기정, 「전환기의 한미동맹: 이론과 현상」, p.105.
37) 주한 미군 군사력 유지, 대외군사판매차관 조건 최혜국 대우, 방위비 분담 개선 등을 꼽을 수 있다. 「연합뉴스」, 2008년 4월 20일, "한미정상, '21세기 전략동맹' 구축 합의" 참조.
38) 사무총장 최종 선거가 있기 직전인 2006년 9월 14일 워싱턴에서 개최된 한미정상회담이 끝난 직후 열린 오찬행사에서 부시 대통령은 반기문 외교장관에게 유엔사무총장직에 도전하고 있음에 깊은 관심을 표시하고 무슨 이유로 사무총장이 되려고 하느냐고 물었고, 반장관은 유엔 개혁 등 자신의 소신을 밝히자 "당신이 적임자(you're the right man)"라는 반응을 보였다고 한다. 반기문장관과의 개인적 대화, 2006년 9월 16일, 샌 프란시스코.

동북아 공동의 미래를 생각한다

3. 한미동맹복원론의 오류

앞 절에서 살펴본 학계의 한미동맹 논의는 재미있는 사실을 보여준다. 한미동맹해체론을 주장하거나 암시하고 있는 논문들은 2003년, 즉 참여정부 출범 초기에 작성되었고, 여러 한미동맹 조정 요인들 때문에 동맹 내부의 메커니즘이 조정되었다는 정상적 조정론은 2006년 이후, 특히 참여정부 임기 말에 작성되었음을 보여주고 있다. 동맹해체론을 주장한 논문들은 2002년 대선 국면과 참여정부 출범 초기의 한미관계에 대한 인식에 기초를 두고 있다. 이에 비해 정상조정론은 참여정부 중반기나 전체 기간의 동맹 조정을 분석한 데 토대를 두고 있다. 해체론의 인식 기반은 국면적이거나 일시적인 현실이었다고 볼 수 있고, 정상조정론의 인식 기반은 참여정부 중반기 이후와 전체 기간의 전반적 현실이었다는 것이다. 말할 것도 없이, 2008년 들어 한미동맹에 대한 객관적 평가는 후자를 근거로 삼아야 할 것이다. 따라서 이명박 정부가 내세우고 있는 한미동맹복원론은 기본적으로 일시적 현실에 대한 평가에 기반을 두고 있고, 이후에 한미관계가 양호하게 변했음에도 불구하고 보수언론과 야당 정치인들이 확대재생산한 인식을 바탕으로 삼고 있기 때문에 여러 오류를 내재하고 있다. 크게 네 가지 오류를 지적할 수 있을 것이다.

첫째, 반미 정서, 특히 대통령을 위시한 핵심 외교안보 정책 결정자들의 반미 자주 성향을 강조하는 인식론적 오류다. 이 인식론적 오류는 노무현 대통령이 특정한 맥락에서 한 말에 주목하는 경향이 있고, 대통령에 당선하게 된 계기적 분위기로서 반미 정서를 강조한다. 구체적 사건들은 2002년 6월 여중생 사망 사건과 이로 인해 촉발된 촛불시위다. 하지만 반미 여론은 대개 일시적이고 감정적인 차원에서 나타나는 경향이 있고, 2002년 12월에 고조된 반미 여론도 6개월 뒤인 2003년 6월에 오면 상당히 약화된다는 연구 보고가 있다.[39] 이 보

---

39) 이내영·정한울, 「반미여론과 한미동맹: 2002년 12월과 2003년 6월의 여론조사 자료의 분석을 중심으로」, 『국가전략』, 제9권 3호(2003), p.59.

고서는 반미여론에 대한 추세적 분석 결과, "2003년 6월 여론조사에서 이전의 반미여론이 빠르게 약화되고 한미동맹을 지지하는 입장이 증가하고 있는 추세는 작년 12월에 일시적으로 고조된 반미 여론을 근거로 한미동맹이 위기에 처했다는 주장이 조금은 과장된 반응이라는 점을 다시 한 번 확인시켜주는 경험적 증거"[40]라고 단정하고 있다.

그리고 외교안보팀이 반미 자주파이기 때문에 한미동맹을 해쳤다는 인식도 객관성을 띠지 못하는 오류라고 할 수 있다. 설혹 외교안보팀의 일부가 평소에 자주적 성향을 가졌다고 해서 자신의 반미적 입장을 견지하면서 한미동맹을 해치고 약화시킬 수 있도록 대한민국 외교안보 거버넌스가 작동하지도 않는다. 한국 정부에서 국정의 주요 역할을 맡게 되면 미국의 존재가 얼마나 엄중하며 한미동맹의 비중이 얼마나 막중한지 금방 알게 된다. 일반적으로 객관적 대외 관계 현실 속에서 개인적 차원의 사고 조정이 일어나게 되어 있다. 정책 결정자가 되면 이념이나 파당적 관념에 사로잡혀 열망을 추구할 여지는 사라지고 국익을 추구해야 하는 엄중한 국가적 요구만이 주어진다.

둘째, 북핵위기와 참여정부의 대북정책이 부시 행정부 정책과 빚은 불일치와 관련된 오류다. 한미 간 대북정책의 차이는 여러 가지 요인들로 인해 빚어진 것이며, 그것 자체가 문제가 될 이유는 없다. 한국의 정책을 미국에다 맞출 수 없는 일이고, 미국에게 우리 정책에 맞게 입장을 바꾸라고 요구하기는 더더욱 어렵다. 한미 간 대북정책의 이 같은 차이에도 불구하고 양국은 6자회담이라는 북핵문제 해결의 틀을 만들어냈다. 그리고 6자회담 내에서 참여정부 기간 내내 양국은 비핵화라는 공유된 목표를 가졌으며 긴밀한 공조가 이루어졌다. 기실 부시 대통령은 2006년 후반기에 네오콘들을 사임시키고 대북정책에 변화를 보였다. 이후 북미 양자회담이 일어나고 2007년 2.13이행합의가 만들어지게 되었던 것이다. 부시 행정부의 대북정책 변화는 이라크전의

40) 이내영·정한울, 「반미여론과 한미동맹: 2002년 12월과 2003년 6월의 여론조사 자료의 분석을 중심으로」, p.61.

실패, 이란의 도전, 총선 패배, 부정적 여론 등이 내적 요인으로 작용한 결과였지만, 2006년 9월 14일에 워싱턴에서 열린 한미정상회담에서 양국 정상 간의 정책 조율이 있었던 점도 간과해서는 안 된다. 즉 참여정부 출범 초기에는 대북정책의 차이로 인해 양국 간 불협화음과 갈등이 없지 않았지만 2006년 하반기에 이르면 그들이 해소되고 비핵화 프로세스 이행에 있어 긴밀한 공조가 이루어지게 된 것이다.

셋째, 한미 양국 정상 간 신뢰에 금이 갔다는 전제도 오류일 가능성이 높다. 그저 인상적 평가에 그칠 공산이 크다. 정상 간 신뢰의 문제를 에피소드적 차원에서 다루는 것은 위험하다. 그리고 몇 사람의 말이나 언론 칼럼을 보고 신뢰 훼손을 예단하는 것도 위험하다. 객관적 근거를 제시하여 증명해 내기란 거의 불가능하다. 그런 사안을 단정적으로 전제하고 정책을 수립하는 것이야말로 경계해야 할 자세다. 국제 관계에서 불신이 신뢰보다 보다 일반적인 현상일 것이며, 신뢰란 노력에 의해 만들어지는 가치다. 처음에는 오해와 선입견이 작용하여 불신감을 가질 수도 있는 일이지만 빈번한 회담과 대화를 통해 상대를 더 이해하게 되고 그 토대 위에 신뢰를 쌓아간다고 보는 것이 훨씬 타당한 평가가 아닐까 한다.

넷째, 주한미군 감축과 전작권 전환 문제에 관련된 인식의 오류다. 주한미군 감축은 탈냉전기 미국의 군사변환 전략, 해외 주둔군 재배치 계획 및 동아시아 전략의 일환으로서 이루어지는 사안이다. 특히 미국의 전략적 유연성을 존중하는 한 한국의 입장에서 불가피하다. 이를 동맹의 훼손으로 보는 것은 이 같은 복합적인 전략 환경은 도외시한 채 오직 규모만을 강조하는 근대적 사고에서 비롯되었다고 말할 수밖에 없다. 전작권 전환에 따른 한미연합사 해체가 동맹 해체 아니냐는 주장도 미국의 총체적 전략과 주한미군의 성격 변화는 무시한 채 오로지 왜 그 막강한 연합사를 해체하느냐는 단순한 문제 제기에 함몰되어 있는 인식체계에서 비롯되는 것이다. 이 문제에 대해서는 앞서 인용한 강봉구 박사의 분석이 대단히 냉정하고 객관적이다. 실제 2008년

8월 6일 청와대에서 열린 한미정상회담 결과 나온 공동성명은 "전시작전통제권 전환 및 주한미군 기지 이전과 재배치에 관한 관련 합의를 지속적으로 이행함으로써, 한미동맹의 기본적인 임무를 더욱 발전시켜 나간다는 확고한 의지를 재확인하였다"[41]고 밝히고 있다. 이명박 정부도 전작권 전환 합의에 대해 이견이 없고 기왕의 이행 합의를 지킨다는 것이다.

4. 한미동맹강화론의 위험

한미동맹을 강화하겠다는 정책에 대해 시비를 걸 수 없다. 그러나 그 정책이 한미관계의 객관적 현실을 냉정하게 평가하고 판단한 기초 위에 세워지고 집행되어야지 전임 정부의 부정과 비판의 연장선상에서 다루어져서는 곤란하다는 지적은 할 수 있을 것이다. 앞 절에서 우리는 한미동맹복원론이 몇 개의 심각한 오류에 입각해 있다는 점을 밝혔다. 한미동맹강화론이 복원론의 연장선상에 서 있기 때문에 논리적 문제를 품고 있을 개연성이 높다고 본다. 논리를 떠나 현재 정부가 내세우고 있는 한미동맹강화론은 경계해야 할 위험을 안고 있다는 점을 지적할 필요가 있다.

학계에서는 탈냉전기의 한미관계에 대해 "동맹의 강화나 해체의 단순한 이분법이 아닌 안보적 상황의 변화에 대한 객관적인 고찰에 의해 냉전적인 동맹 규범을 조절할 시점에 왔다"[42]는 지적이 제기되었다. 또한 탈냉전기 한미동맹은 매우 역동적인 "동맹정치"[43]를 펼칠 수밖에 없다는 지적도 많다. 활발한 동맹정치는 그 동맹이 합리적 토대 위에 서 있어야 가능하다. 한미FTA

---

41) 청와대 홈페이지, www.president.go.kr/kr/president/news/news, (검색일자: 2008년 8월 7일).
42) 신욱희, 「한미동맹 내부의 역동성: 분석틀의 모색」, 『국가전략』, 제7권 2호 (2001), p.21.
43) 이에 대한 논의로, Snyder, Glenn, "Security Dilemma in Alliance Politics", *World Politics*, Vol. 36, No 4(1984)가 있고, 국내학계의 유익한 논의로 신욱희, 「한미동맹 내부의 역동성: 분석틀의 모색」; 이수형, 「동맹의 안보딜레마와 포기-연루의 순환: 북핵문제를 둘러싼 한미갈등관계를 중심으로」, 『국제정치논총』, 제39집 1호(1999).

협상이 잘 보여주듯이 국익은 포기할 수 없는 가치이고, 그 가치는 관계가 "절대시"[44] 되거나 신성불가침의 대상으로 전락되어서는 제대로 추구할 수 없다. 객관화와 상대화가 전제되어야만 가능하다는 말이다. 한미동맹은 한국 안보의 굳건한 토대는 될지언정 절대적 담보물이 아니며, 무한대의 위력을 가진 독립변수도 아니다. 그런데 현재 대통령의 말과 외교안보팀의 태도 및 행동을 보면 한미동맹을 지나치게 강조하는 수준을 넘어 한국의 핵심가치인 것처럼 다루는 것이 아닌가하는 의구심이 든다. 미국 일변도의 사고와 인식, 지나친 한미동맹강화론은 탈냉전기 동북아 역학 구도와 한반도 정세에 부합하기 어려운 부조화의 위험을 내포하고 있다. 특히 평화 구축 동맹을 요체로 하는 이른바 "21세기 전략동맹"은 한국 정부와 국민이 감당하기 힘든 정도의 '연루'를 함축하고 있어 사려있게 다루지 않으면 안 된다. 어떤 위험이 있는가를 살펴보기로 하자.

첫째, 미국 의존성의 증대로부터 야기될 수 있는 위험이다. 원론에 속하지만 한미동맹은 약소국과 강대국이 맺은 전형적인 "비대칭동맹"이자 "자주안보 교환동맹"[45]이다. 비대칭동맹은 양국 간 국력 격차가 좁혀지고 제반 동맹 환경이 변하면 대칭적으로 만드는 노력을 기울이는 것이 당연하다. 교환동맹도 동맹 환경이 변함에 따라 자주적 공간을 넓히고 안보의존성은 가능한 한 낮추는 것이 근대 국가체제의 기본 원리다. 이것은 참여정부에서 자주 시빗거리가 된 자주냐 동맹이냐 따위의 이항대립적 문제 제기와는 또 다른 차원의 문제다. 전혀 역량이 되지 않으면서 자주 운운하는 것은 위험하지만, 한국 정도의 국가라면 주권국가로서 갖춰야 할 것은 갖추어야 마땅하다. 그런데 지금과 같은 미국의존성의 증대는 현실과 정반대 방향으로 가겠다는 것과 다름없다.

둘째, 한미동맹강화론의 균형감각 상실 위험이다. 여러 분야에서의 대외

---

44) 이삼성, 「한미동맹의 유연화를 위한 제언」, p.9.
45) 이수형, 「동맹의 안보딜레마와 포기-연루의 순환: 북핵문제를 둘러싼 한미갈등관계를 중심으로」 참조.

관계를 객관적으로 보면 한국은 균형 있고 치우치지 않는 외교적 자세를 견지하는 것이 전략적으로 적절하다. 중국을 위시해 동북아 역내 국가들과의 경제적 상호의존성이 날로 증대해가고 있고 다른 분야의 교류 협력도 급속하게 진전되고 있다는 점을 직시한다면 이들 국가들을 중시해야 마땅하다. 한미동맹을 지나치게 강조하면 중국 같은 국가와 마음에서 우러나는 협력 동반자 관계를 발전시키기 어렵다. 이 같은 사정은 5월 말 한중정상회담 기간 중 중국 외교부 대변인이 공식적으로 "한·미 군사동맹은 지나간 역사의 산물"이라며 "냉전시대의 군사동맹으로 역내에 닥친 안보문제를 처리할 수 없다"[46]고 비판한 데서 여실히 드러난다. 러시아도 비슷한 기분이 들 것이라 짐작된다.

셋째, 지나친 한미동맹강화론은 우리 안보나 대외 정책에서 다른 상상력을 제약시킬 위험이 있다. 한미동맹을 강화해야 한다고 부르짖지 않아도 이미 한국사회에서 그것은 너무나 위력이 강하기 때문에 이에 대한 일반적 보완재 논의도 터부시될 수 있다. 지금은 동북아 안보협력체 구축에 대한 논의가 활발한 편이지만 참여정부 전반기에만 하더라도 그것이 한미동맹과 충돌하는 것이 아닌가, 우리 국민과 여론이 어떻게 반응할까 따위의 염려를 외교안보팀이 공유하고 있었다. 한국이 동북아 협력 질서의 구축에 적극적으로 나서면 그것이 한미동맹과 충돌하는 것 아닌가라는 염려가 한국사회에 넓고도 뿌리가 깊게 깔려 있었기 때문이다. 흔히 동북아라고 하면 중국을 연상하게 되는 경향이 있고 결국 친중 노선 아니냐는 선입견도 작용했던 것 같다. 2005년 11월 경주에서 열린 한미정상회담에서 양국 정상은 '공동선언'을 통해 한미동맹이 동북아 평화에 이바지한다는 점을 명기함으로써 공식적으로 미국이 한미동맹과 동북아 안보협력 메커니즘은 상충하는 것이 아니라 병행 추진할 수 있음을 분명히 했다.[47] 참여정부는 미국의 이런 입장을 확인하고 난 후에야 동북아 안보협력 메커니즘 구축을 위해 다각적인 노력을 기울인 바 있다.

---

46) 『경향신문』, 2008년 5월 28일.
47) 「청와대 한미 정상회담 결과 발표」, (검색일자: 2005년 11월 17일).

넷째, 각종 비용 부담 증가 위험이다. 현 정부의 한미동맹강화론은 미래 한미 간의 각종 협상에서 우리의 입지를 좁힐 개연성을 갖고 있다. 쇠고기 수입 재개 협상에서 이미 이런 차원의 문제점이 엿보인다. 당장 2008년도 방위비 분담 협상에서 우리 측 분담금을 증액시켜야 할 것이라는 전망이 지배적이다. 환경 복구 문제를 중심으로 하는 미군기지 반환과 관련된 여러 협상도 우려되는 바가 크다. 부담할 것은 부담해야 마땅하지만 이런 저자세로 협상이 호혜적이고 합리적으로 될 지 의문이다.

다섯째, 또 다른 의미의 비용 부담 위험이다. 평화구축 동맹을 강조하면서 미국의 세계전략과 일정 부분 보조를 맞추어야 할 것은 자명하다. 그렇지 않으면 "전략동맹"이 아무 실질적 내용이 없는 외교적 수사에 그치게 된다. 8월 부시 대통령 방한에 즈음하여 관심을 모았던 아프가니스탄 파병 요청 문제는 미래와 관련하여 많은 것을 예고하기에 족하다. 정상회담 후 가진 기자회견에서 이 대통령은 파병 논의가 없었다고 했고, 부시는 있었다고 답하면서 다만 "비전투 지원 (non-combat help)에 관한 것"[48]이라고 부연했다. "비전투"를 청와대 공식 통역은 "비군사"로 하였는데 이는 명백한 오역이다. 참여정부 기간에 아프가니스탄에 군대―다산, 동의 부대―를 "비전투" 지원 활동에 파견한 바가 있었음을 상기할 때, 부시는 이전과 같은 형태의 파병을 요청하였는데 이에 대해 이 대통령은 즉답을 주지 않았던 것으로 추론할 수 있다. 정상회담에서 아프간 파병 논의가 없었다는 말은 진상과 다를 것이라는 의혹이 든다.

그리고 공동성명에서 주목할 대목은 "부시 대통령은 이라크 및 아프가니스탄과 여타 분쟁지역에서의 평화·재건을 위한 한국의 기여에 대해 깊은 사의를 표명하였다…양 정상은 테러리즘, 대량살상무기(WMD) 확산, 초국가적 범죄 및 에너지 안보 등 범세계적 문제와 위협에 대처하기 위하여 국제사회의 보다 많은 노력이 필요하다는 데 의견을 같이하고, 이와 관련한 협력 방

---

48) 『경향신문』, 2008년 8월 7일.

안에 대해 계속 긴밀히 협의해 나가기로 하였다"[49]고 명기한 부분이다. 이 대목에서 2007년 여름 한국 외교안보 전체를 인질로 만든 아프가니스탄 한국인 선교단 피랍 사건을 상기하자. 그때 한국사회 모든 영역의 감정적, 즉흥적, 자기중심적 대응 태세를 돌이켜볼 때 우리는 미국이 생각하는 그런 "범세계적 위협에 대처하기 위한 협력 방안"을 이행할 준비가 턱도 없이 부족하다는 냉엄한 현실을 새길 만하다. 독일이나 일본처럼, 피를 흘려도 그럴 수 있다고 수용해야 하는데, 우리 사회는 2004년 이라크에서의 김선일씨 사망 사건 사례에서 미루어볼 수 있듯이 한 명이 죽어도 국가적 재앙이 난 것처럼 반응한다. '평화구축동맹'을 할 준비가 사회 어느 영역에도 진혀 되어 있지 않다는 말이다.

5. 맺음말

한미동맹은 이미 반세기를 넘긴 양국 간의 제도이며, 향후 상당한 기간 존속되면서 진화해나가야 할 제도다. 양국은 변화하는 동맹 환경에 부합되게 한미동맹을 미래지향적으로 진전시켜가고 있다. 한미 양국은 동맹 관계를 통해 각자가 얻는 이익이 있기 때문에 어느 한편의 일방적 '방기'는 현실성이 없는 시나리오다. 현재 한미동맹은 과거에 비해 객관적으로 굳건하고도 합리적인 토대 위에 서 있다. 북핵문제가 미결 과제로 남아 있긴 하지만 6자회담이 작동하고 있고 참여국들의 한반도 비핵화 목표 공유가 확실하기 때문에 우여곡절이 있더라도 목적지로 향해 갈 것이다.

이 논문은 참여정부 기간 한미동맹에 관한 학계의 대표적 논의를 검토하였다. 참여정부 출범 초기인 2003년 즈음에 발표되거나 작성된 논문들은 한미동맹 피로, 위기, 심각한 훼손 등을 부각시키고 있다. 이들은 노무현 정부의

---

49) 「청와대 한미 정상회담 결과 발표」, (검색일자: 2008년 8월 7일).

등장, 노 대통령의 반미 발언, 한국사회의 반미 정서, 북핵위기, 한미 간 대북정 책의 차이, 신뢰의 문제 등을 주목하는 경향을 보이고 있다. 이에 비해 참여정부 중반 이후나 말기에 나온 논문들은 동맹정치의 활성화, 대칭화의 방향성, 전환기에 불가피한 동맹조정, 양국 간 긴밀한 협의에 따른 조정 등을 내세우면서 정상조정론으로 결론짓고 있다. 필자는 2003년의 평가가 부분을 보았지 전체를 보지 못한 우를 범하였다고 보고, 참여정부 전 기간에 대한 학계의 평가가 보다 더 객관성이 있다는 판단을 하였다. 특히 주한미군의 감축과 전시작전통제권 전환 쟁점은 한미동맹을 둘러싼 안보환경 변화로 인해 마땅히 조정되어야 할 과제들이 조정되었다는 취지의 정상조정론이 객관적 타당성을 갖는다고 보았다. 그에 따라 참여정부 기간에 한미동맹은 해체되지도 않았고 크게 손상되지도 않았다는 결론을 내렸다.

이 결론은 이명박 정부의 한미동맹복원론이 많은 오류를 드러내거나 함축하고 있다는 논지를 제공한다. 한미동맹복원론이 현실 적합성이 없는 평가 위에 기반을 두고 있기 때문이라는 것이다. 한미동맹복원론의 네 가지 오류를 지적하였는데, 반미 정서를 강조하는 인식론적 오류, 한미 양국 정부 간 대북정책 차이로 빚어진 불일치에 관한 오류, 신뢰의 문제에 관한 오류, 주한미군 감축과 전작권 전환에 관한 오류가 그들이다. 더 나아가 복원론의 연장선상에 있는 동맹강화론이 야기할 수 있는 위험을 짚어보았다. 미국의존성 증대로부터 비롯되는 위험, 균형감각 상실 위험, 대안적 상상력 제약 위험, 재정적 부담 증대 위험, 세계적 위협에의 불필요한 연루 위험 등 다섯 위험을 꼽으면서 "전략 동맹"에 대해 사려 깊은 접근을 주문하였다.

한미동맹을 강화한다고 지나치게 강조하거나 전면에 내세우면 주변의 다른 강대국들과 공연한 불협화음을 초래할 수 있고, 미구에 부메랑이 되어 돌아올 위험도 배제할 수 없다. 상호존중, 신뢰, 대화, 정책 조율을 통해 협력할 사안은 협력하면서 호혜적인 동반자 관계를 만들어가는 것이 한미관계의 미래지향일 것이다.

한국의 객관적 국가 역량이나 위상을 냉정하게 점검하는 가운데 일방적 의존성 극복을 통한 자율적 운신의 폭을 넓히는 일은 매우 오래된 우리의 외교안보 과제다. 과제를 넘어 가치라고 해야 정확할 것이다. 한국을 대표하는 국제정치학자인 하영선 교수가 정확히 20년 전에 발표한 논문에서 한미동맹의 비대칭성과 일방적 의존성이 초래할 수 있는 한국 외교정책의 "빈곤"과 한국 외교정책 연구의 "빈곤"이라는 "이중적 빈곤"[50]을 제기한 점을 상기하게 된다. 그로부터 20년이 지난 2008년에 발표된 김학노 교수의 논문도 국제정치경제학(IPE) 분야에 있어서의 미국 의존성 문제를 제기하면서 미국식의 문제의식에 치중하는 문제, 미국식 개념과 이론의 사용 및 그 규범적 전제의 수용에 따르는 문제, 미국식 모델의 보편화 문제로 세분하여 검토하고 있다.[51] 20년 전에 포착한 문제가 이렇다 할 진전 없이 오늘에도 공명을 이루고 있는 것이다. 우리가 언제까지 이 빈곤의 수렁에서 허우적거리면서 상처를 입어야 하는지 학계의 성찰이 어느 때보다 절실하다.

50) 하영선, 「한국외교정책 분석틀의 모색」, 『국제정치논총』, 제8집 2호(1988), p.3.
51) 김학노, 「국제정치(경제)학의 미국 의존성 문제」, 『한국국제정치논총』, 제28집 1호(2008), p.8.

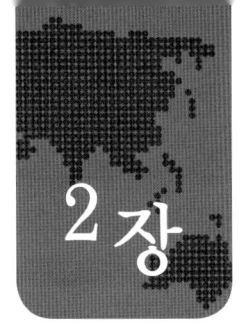

2장

'제2판' 급변사태론에 대한 비판적 검토*

1. '제2판' 급변사태론의 등장

이명박 정부는 자신의 대북정책이 옳을 뿐만 아니라 기대한 성과를 거두고 있다고 말해왔다. 남북관계가 정상화되고 있으며 국민들의 지지 또한 매우 높다는 입장을 견지해왔다.[1] 그런데 그것은 정부의 홍보에 불과하고, 정작 세세히 검토해보면 이명박 정부의 대북정책인 '비핵 · 개방 · 3000'과 '상생공영' 정책은 성공이라고 주장할 근거가 그 어디에도 없다. 예컨대, 비핵화는커녕 북한의 핵능력은 오히려 강화되었다. 남쪽으로 열었던 문은 다시 닫혔다. 지원을 끊었기에 북한경제는 더 나빠졌거나 적어도 개선되지는 않았다. 더 정확하게 짚자면, '5.24조치'를 통해 남북관계를 '전면차단'시켜 놓았을 뿐더러 그 결과 군사적 긴장 고조와 전쟁 위협이 일상화된 것이 한반도의 객관적 현실이다.

정권 말기에 이르러 통일부장관을 교체한다, 집권여당 대표로 하여금 개성공단을 방문하게 허락한다, 남북정상회담을 추진한다 등등의 행동을 보이고 있다. 이는 지난 4년여에 걸친 대북정책의 오류를 자인하는 역설에 해당

---

* 『한국과 국제정치』 2011년 겨울호.
1) 서울대 통일평화연구원이 2011년에 실시한 통일의식 조사 결과에 따르면 이명박 정부의 대북정책에 대해 부정적 평가가 60%, 긍정적 평가 40%로 정부 입장과 반대된다. 서울대 통일평화연구원, 『2011 통일의식조사 발표: 통일의식과 통일준비』(서울: 서울대 통일평화연구원, 2011), p.101.

된다. 이제까지 행태를 볼 때 이명박 정부의 대북정책 실패의 근본적 원인은 노무현 정부 후기부터 등장하여 이명박 정부 시기 들어 부쩍 유행한 '제2판' 급변사태론[2]을 꼽을 수 있다고 생각한다. 제2판 급변사태론은 노무현 정부 후반기, 특히 2006년 여름 북한의 미사일 발사 시험과 10월 9일에 있었던 핵실험을 기점으로 해서 남한 사회의 강경보수파에 의해 제기되기 시작했으며,[3] 이명박 정부의 출범과 함께 더욱 기승을 부리게 되었다. 일단 급변사태론에는 이명박 대통령 자신이 중심에 서 있다는 추론을 가능케 하며, 다양한 배경과 목적을 가진 보수 지식인들이 가담하고 있는 실정이다.

예컨대, 이명박 대통령은 정치적 급변 사태를 염두에 둔 것으로 추측할 수 있는 통일론을 2010년 8.15 경축사에서 내비치고 있으며, 실제 그해 12월에는 말레이시아를 방문해 교포들과 가진 간담회에서 "북한 주민들이 대한민국이 잘 살고 세계가 잘 사는 것을 알기 시작했고, 이런 중대한 변화를 보며 통일이 가까이 오고 있다고 생각한다."[4]며 급변 사태를 암시하고 있다. 이에 따라 통일부가 주도하여 '통일연구원'을 비롯한 국책 연구기관에서 급변사태론을 대량 생산해냈으며, 이 과정에서 포용과 평화를 주장하는 연구자들은 철저히 배제된 가운데 우리 학계의 다수 북한연구자들이 급변사태론에 가담하였다.

급변 사태 인식에 입각한 통일대비론도 전공 영역과 무관하게 보수 지식인 집단에서 활발하게 제기되었다. 이들은 이명박 정부 대북정책의 이념적 지지기반임과 동시에 권력을 등에 없고 여론을 형성하고 주도해나가기 때문에 주목해야 할 대상임에 분명하다. 그리고 이들은 여러 가지 제도적 지원과 동원 능력을 배경으로 국민들에게 효과적으로 다가갈 수 있다는 점에서 담론전에

---

2) '제1판' 급변사태론은 1990년대 초중반, 특히 김영삼정부 시기에 활발했던 급변사태론을 일컫는다. 제1판 급변사태론에 대한 최근의 논의로 이상근, 「북한붕괴론의 어제와 오늘: 1990년대와 2000년대의 북한붕괴론에 대한 평가」, 「통일연구」 12권 2호(2008)를 참조하였다. 21세기 혹은 이명박 정부 시기의 급변사태론은 제1판과 내용상 대동소이하지만, 상당한 시간 격차를 두고 나왔고 또한 다른 시대적 상황에서 등장하였다는 점에서 "제2판"이라 명명하였다.
3) 박관용 외, 「북한의 급변사태와 우리의 대응」(파주: 한울, 2007) 참조.
4) 「연합뉴스」, 2010년 12월 09일.

서 유리한 고지를 점하고 있다. 그들이 쏟아내는 담론이 결국 그 이념적 기반 위에 서 있는 정부의 정책 변화를 불가능하게 만드는 데도 일조한다는 점에서도 문제의 심각성을 찾을 수 있다.

게다가 급변사태론에 자극받고 고무된 민간사회의 수많은 활동 단체들이 그 인식과 주장에 따라 직접 실행에 옮긴다는 차원에서도 이 문제가 심각하다. 기왕의 반공 단체들에 새로운 위세와 자원이 부여되는 것은 말할 것도 없고 상대적으로 근래에 우후죽순 격으로 생겨난 북한 인권이나 민주화 NGO들의 활동을 주목할 필요가 있다. 이들은 북한의 실상을 알린다, 북한 체제를 무너뜨려야 한다는 따위의 명분을 앞세워 매우 적대적이고 이념적인 내용을 담은 대북 방송, 전단 날리기, 대안세력 만들기 등의 활동을 하고 있다. 이들은 정부의 직간접적 지원을 받는 경우도 있고, 국제적 지원 기구로부터 지원을 받기도 한다.

이 논문은 제2판 급변사태론을 비판적으로 검토하는 데 그 목적을 둔다. 그 목적을 위해 급변사태론자들이 공유하고 있는 북한에 대한 인식, 그것에 기초한 이명박 정부의 대북정책 및 몇몇 상황별 대응, 그리고 급변 사태에 대비한 통일론을 다루고자 한다. 이 논문은 급변사태론이 품고 있는 북한 인식의 오류, 이명박 정부 대북정책과 상황별 대응의 문제점, 급변 사태에 대비한 통일론의 위험을 분석한 뒤에 분단체제 극복[5] 결과로서의 통일, 장기간에 걸친 화해협력과 평화공존을 토대로 하는 통일론을 재삼 강조하고자 하며, 그 실행으로서의 정책 대안으로 업그레이드된 '포용정책[6]'(engagement policy)을 제시하고자 한다.

---

5) 백낙청, 「분단체제의 인식을 위하여: 본지 77호의 특집을 중심으로」, 『창작과 비평』, 제 78호 (1992) 참조.
6) 이명박 정부는 북한을 적대시하고 과거 냉전시대의 남북관계로 역행했기 때문에 다음 정부 정책담당자들이 현재 여야를 막론하고 누가 집권하건 북한에 engage할 수밖에 없다. 이는 가령 한나라당이 재집권한다고 하더라도 마찬가지라 예측된다. 현재 한나라당의 차기 대권주자로 부동의 입지를 갖고 있는 박근혜씨가 최근 *Foreign Affairs*에 발표한 자신의 대북 구상을 보아도 일단은 북한에 적극적으로 engage하겠다는 구상을 밝힌 바 있다(Park, 2011). 그리고 합리적 보수를 자임하고 있는 박세일 교수도 "북에 대하여 적극적 '관계(engagement)-통합'정책을 추진해야 한다."(박세일, 『창조적 세계화론: 대한민국 세계화전략』(서울: 서울대 출판문화원, 2010), p.143)는 점을 분명히 하고 있다. 그렇다면 다시 적대와 대립 관계에 있는 북한과 대화하고 협력해나가야 하는데, 그런 차원에서도 다시 포용정책으로 돌아가야 한다는 주장은 현재 남북관계와 동북아 정세를 감안할 때 불가피하다고 본다.

이 논문은 북한 연구가 아니라 하나의 담론에 대한 대항 담론이라는 점을 밝혀두고자 한다. 우리 사회에서 북한과 통일 문제는 부득불 "정치적"[7] 문제이다. 따라서 온전히 객관적이고 가치중립적인 연구는 내재적으로 불가능하다. 그럼에도 불구하고 지나친 주관화의 오류를 피하고자 노력해야 하며, 대상을 객관화시켜 분석하고자 하는 자세가 필요하다는 점은 두 말할 나위 없이 강조되어야 할 것이다.

이 논문에서는 제2판 급변사태론을 주도한 지식인 집단을 세 범주로 나누어 검토하고자 한다. 내용적으로 미세한 부분에서 차이가 드러나고, 지향하는 바가 한 묶음으로 다루기에 부적절하다는 판단이 섰기 때문이다. 첫째, 뉴라이트 계열의 지식인들이 기관지인 『시대정신』을 통해 발표한 급변사태론이다. 이들은 노무현 정부 후반기부터 줄기차게 급변사태론을 제기해 왔는데, 수많은 좌담회, 토론회, 그리고 개별적으로 발표한 글들에서 노골적인 주장들을 펼쳐왔다. 이 그룹은 안병직 교수가 주도하고 있으며, 여기서는 『시대정신』에 실린 여러 좌담회 내용을 포함해 2009년에 발표된 그의 글, 『북한의 붕괴와 재건』[8]을 중심으로 살펴볼 것이다. 이들은 '급변사태'라는 용어도 피하면서 아예 '붕괴' 혹은 '해체'라는 표현을 사용한다는 점에서 가장 과격한 급변사태론을 제기하고 있다. 둘째, NDI('21세기국가발전연구원')이 주도하여 여러 북한 전문가들이 참여한 가운데 편찬한 단행본, 『북한의 급변사태와 우리의 대응』을 검토할 것이다. 이 싱크탱크는 YS정부에 연원을 두고 있는데, 북한이 급변사태를 맞을 수밖에 없는 사건으로 2006년에 단행된 북핵 실험에 주목한다는 점에서 차별성이 있다. 셋째, '한반도선진화재단'의 박세일 이사장이 『창조적 세계화론』[9]에서 제기한 국가 종합전략의 일환으로서의 '선진화통일론'이 있다. 그는 포용정책을 '분단관리' 정책이라 비판하면서 한반도가 선진화로 나아가기 위해서는 적극적이고 공세적인 '통일정책'이 필요하며, 급변사태에 대비해야 한다고 목소리를 높인다.

7) 박재규, 『북한의 딜레마와 미래』 (파주: 법문사, 2011), p.6.
8) 안병직, 「북한의 붕괴와 재건」, 『시대정신』, 45호(2009).
9) 박세일, 『창조적 세계화론: 대한민국 세계화전략』, pp.97-170.

2. 급변사태론자들의 북한 인식

제2판 급변사태론의 내용을 검토하기 전에 우선 그것이 등장한 정치적 맥락을 살펴볼 필요가 있다. 제2판 급변사태론은 김대중 정부와 노무현 정부 10년간에 걸친 대북 포용정책—각기 "햇볕정책", "평화번영정책"—을 비판하거나 부정하는 데서 출발한다. 이들은 민주정부 10년을 "잃어버린 10년"으로 규정하는 데 입장을 공유하면서 포용정책을 일방적 지원, 즉 '퍼주기'[10]론으로 매도해버린다. 북한 체제가 이미 사실상 붕괴하였고 개혁개방이 불가능함에도 불구하고 지원을 계속함으로써 "연명"하는 데 이바지하였다는 인식을 나타낸다.[11] 그리고 "북을 무조건 지원하는 것—북의 요구를 무조건 수용하는 것—자체가 정책 목표가 되면 그것은 북의 변화를 유도하지 못할 뿐 아니라 오히려 북의 전근대성과 비정상 국가화를 강화하는 데 기여할 수 있게 된다"면서 "이러한 잘못된 정책이 남남갈등의 원인이 되어 왔다."[12]고 평가한다. 이 인식은 민주정부 10년의 대북 포용정책을 실패로 단정하고 철저하게 차별화하겠다는 이명박 정부의 대북정책기조와 맞닿아 있다는 점에서 주목할 필요가 있다.

앞서 제기한 세 범주의 급변사태론은 다양한 북한 인식을 나타내고 있지만 근본적으로 부정적 태도, 심지어 반북과 적대의 마음자세로 북한을 바라본다는 공통점이 있다.[13] 개략적으로 살펴보아도, 1)북한 체제의 성격상 개혁개방과 같은 변화가 불가능하다는 인식,[14] 2)핵과 대량살상무기 보유에 따른

---

10) 이런 어휘가 우리 국민들속에 반북감정을 불어넣는 데 일조를 한다는 역사학자의 통찰은 시사하는 바가 크다. 정태헌, 「국망 부른 17세기 북벌론, 21세기에 환생하다」, 고려대 민족문화연구원·경남대 극동문제연구소 공동 학술회의(서울, 2010년 9월 9~10일) 참조.

11) 안병직, 「북한의 붕괴와 재건」, p.1.

12) 박세일, 「창조적 세계화론: 대한민국 세계화전략」, p.133.

13) 일반적으로 우리의 대북관에는 적대성과 포용성이 이중적으로 섞여있다고 보는데, 급변사태론자들의 적대성은 일반 국민의 대북관과도 어긋난다. 2011년 서울대 조사에 의하면 우리 국민의 약 16%가 적대성을, 47%가 포용성을 각각 보여주는 것으로 나타났다. 서울대 통일평화연구원, 「2011 통일의식조사 발표: 통일의식과 통일준비」, p.37.

14) 박세일, 「창조적 세계화론: 대한민국 세계화전략」, p.133.

딜레마를 강조하는 인식,[15) 3)사실상 붕괴된 경제와 자력적 회생 불능에 따라 외부로부터의 지원에 의거한 연명이라는 인식[16) 등이 두드러진다. 그 밖에도 통치시스템의 이완과 그에 따른 내부 권력투쟁 가능성, 정치사회적 불안정으로 인한 대규모 소요나 봉기 가능성, 지도자의 건강 문제와 후계 문제를 주목하기도 한다.[17) 첫 번째 인식, 즉 북한이 개혁개방에 적극적으로 나설 수 없다거나, 변화하지도 않았고 앞으로도 스스로 변화할 수 없다는 주장은 포용정책을 비판하고 실패로 규정하는 데 활용되는 단골 메뉴라고 할 정도로 제2판 급변사태론의 중심에 서 있다. 뉴라이트 진영은 북한이 개혁개방에 나설 수 없는 이유를 다음과 같이 제시하고 있다.

북한의 유일한 재생가능성은 대대적 국제원조 하에서 개혁개방을 단행하는 것뿐이지만, 이러한 개혁개방은 필연적으로 정권교체를 수반하지 않을 수 없다. 그러므로 북한은 정권교체를 방지하기 위하여 핵과 미사일을 개발할 수밖에 없었는데, 핵과 미사일의 개발과 개혁개방이 양립할 수 없다는 것은 현재 진행되고 있는 북한 문제의 전개 과정에서 익히 보는 바이다.[18) 다시 말해, 북한 체제의 개혁개방, 정권교체, 및 대량살상무기 포기 불가, 개혁개방 불가라는 악순환을 제시하고 있는 것이다. 이에 더해 북한의 유일사상체제를 개혁개방의 결정적 장애물로 인식하고 있다. 박세일 이사장도 북한이 정상 국가화하고 근대화의 길을 가기 위한 최소한의 조건으로 개혁개방을 강조하고 있으며, 전근대적 지배 체제 의 완화를 주문하고 있다.[19) 즉, 포용정책이 북한의 변화를 끌어내지 못했다는 점을 실패의 주된 근거로 삼고 있으며, 북한은 앞으로도 변화를 도모할 수 없다는 논리를 제시하고 있는 것이다.

---

15) 박관용 외, 『북한의 급변사태와 우리의 대응』, p.6.
16) 안병직, 「북한의 붕괴와 재건」, p.1.
17) 말할 것도 없이 미국에서도 제2판 급변사태론이 활발한데, 급변사태 전개의 구체적 시나리오별 미국의 대응책을 제시한 2009년 '외교위원회'(CFR: Council on Foreign Relations)가 주도한 보고서를 참조할 만하다. Stares, Paul B. and Joel S. Wit., *Preparing for Sudden Change in North Korea, Council Special Report*, No. 42, (New York: Council on Foreign Relations, 2009).
18) 안병직, 「북한의 붕괴와 재건」, p.1.
19) 박세일, 「창조적 세계화론: 대한민국 세계화전략」, p.131.

동북아 공동의 미래를 생각한다

두 번째 인식은 2006년 10월 9일의 북한 핵실험을 부각시켜 포용정책의 재평가 필요성, 전면적인 정책 수정, 북한의 급변사태 가능성을 제기하고 있다.[20] 즉, 2006년 가을 단행한 핵실험이 빌미가 되어 안보 딜레마에 빠진 나머지 진퇴양난의 형국이 된 북한에게 포용정책은 실패한 정책이라는 평가, 핵무기 개발로 인해 야기된 동북아 정세 변화, 국제사회가 대북 제재에 강력하게 나서고 있다는 차원에서 가중될 수밖에 없는 북한의 곤경이라는 인식인 것이다. 이는 기왕에 북한이 겪어왔던 경제난과 국제적 고립, 북한 체제의 불안정성[21]에 더해 정권과 체제가 붕괴되는 극단적 상황,[22] 급변사태에 이를 수 있다는 것이다. 그리고 이 상황은 한국경제에 큰 충격을 줄 것이기 때문에 미리 대비해야 한다는 논리를 제시하고 있다. 따라서 이들은 어떤 외교적 노력을 해서 북핵문제를 해결할 것인가에는 아무런 관심이 없다. 이들은 북한이 절대 핵무기를 포기할 리가 없다고 단정하고 6자회담을 통한 북핵문제의 해결 같은 주장을 순진한 발상이라고 비판한다.

세 번째 인식은 북한 식물인간론이라고 할 수 있다. 이 주장은 뉴라이트 계열의 전문가들이 예사로 꺼내는 카드이며, 안병직 교수가 적나라하게 제기하고 있는 바인데,[23] 북한은 이미 "붕괴"되었고 "해체"의 과정을 겪고 있다는 것이다. 이런 북한을 한국, 미국, 중국이 나서 외부 원조를 지속함으로써 불필요하게 생명을 연장시켜가고 있다는 주장이다. 그러는 사이 북한과 남한은 점점 "이질화"의 길을 걷게 되고, 이는 다시 통일비용만을 증가시키는 꼴이기 때문에 "통일비용을 줄이고 북한 주민의 안정적 생활을 보장할 수 있는 새로운 통일방향을 모색해야 한다."[24]는 것이다.

20) 유호열, 「정치·외교 분야에서의 북한 급변사태: 유형과 대응 방안」, 박관용 외, 「북한의 급변사태와 우리의 대응」, (파주:한울, 2007), p.13-56; 백승주, 「북한 급변사태 시 군사 차원 대비 방향」, 박관용 외, 「북한의 급변사태와 우리의 대응」, p.57-90; 남성욱, 「한반도 급변사태와 우리의 효율적 대응 방안: 경제 분야를 중심으로」, 박관용 외, 「북한의 급변사태와 우리의 대응」, pp.91-128.
21) 남성욱, 「한반도 급변사태와 우리의 효율적 대응 방안: 경제 분야를 중심으로」, p.91.
22) 남성욱, 「한반도 급변사태와 우리의 효율적 대응 방안: 경제 분야를 중심으로」, p.93.
23) 안병직, 「북한의 붕괴와 재건」, p.1.
24) 안병직, 「북한의 붕괴와 재건」, p.3.

3. 이명박 정부 대북정책과 상황별 대응: 금강산관광객 피살 사건과 제2차 핵실험

이명박 정부의 대북 강경대결 정책은 이제 너무나 선명해서 중언부언 설명할 필요가 없다. 이명박 정부가 출범할 때 내세운 '비핵·개방·3000'이라는 정책 그 자체가 앞서 논의한 급변사태론자들의 대북 인식에 뿌리를 두고 있다고 볼 수 있다. 그리고 정책의 상대방을 '구제불능'이라고 인식하고 있는 한 그 정책은 도저히 현실화될 수 없게 될 뿐더러 오히려 상대를 자극하여 자연스럽게 관계를 단절로 몰아갈 수 있는 소지를 다분히 안고 있다. 2008년 초부터 지난 3년 반 동안의 남북관계는 정확히 그렇게 전개되어 왔으며, 현 정부 임기 동안에 변화의 근거를 찾기 어렵다.

이명박 정부는 애당초 북한에 대한 이해와 인정을 결여하고 있었다.

따라서 관계의 기초인 상호 존중은 고사하고 최소한의 전제 조건이랄 수 있는 상호 이해와 상호 인정마저 없었다. 그런 바탕 위에서 나온 대표적인 정책이 바로 '비핵·개방·3000'이다. 북핵문제를 조금이라도 이해하고 있는 전문가라면 '비핵', 즉 북한의 핵 포기가 얼마나 실현하기 어려운 복잡한 이슈들을 내포하고 있는지를 알고 있을 것이다. 6자회담에서 합의된 '9.19공동성명'이나 그 이행 합의인 '2.13합의', 6자회담 프로세스 그 자체에 대한 최소한의 식견이 있는 사람이라면 '비핵'을 선결 조건으로 하는 정책을 내세울수는 없는 노릇이다. 그런 고난도 과제를 남북관계의 선결 요건으로 내세우는 순간, 그것은 '나는 당신과 어떤 대화나 협상을 할 의사가 없다'고 말하는 것과 진배없다. 지난 20여 년 간의 북핵문제와 북핵 외교를 돌아보면 이 점은 너무나 분명하다.

'개방'은 또 어떤가. 물론 개방과 개혁은 포용정책에서도 한껏 강조된 말이었다. 그러나 포용정책에서는 화해협력 정책을 열심히 펼치고 소기의 결과가 보이면 자연스럽게 북한의 개혁개방이 수반될 것이라고 보았다. 금강산관광 사업과 개성공단 사업이 바로 그런 정책 추진의 대표적 사례들이다. 북한에게 일방적으로 강권하다시피 '대문을 열어라, 그러면 지원한다'고 말해버리는 순간, 그것이 아무리 '진정성'을 담은 고언일지라도 북한은 그것을 위협으로 받아들이고 정반대의 대응을 유발시킬 수 있는 것이다. 폐쇄된 체제가 개방을 택하는 순간 패망의 도박 게임에 나선다는 것을 의미한다는 점을 우리는 구 사회주의권 국가들의 사례를 통해 생생하게 겪은 바 있다. 북한이라고 그 정도의 정세 분석 능력과 현실 감각이 없겠는가. 불신과 적대의 한쪽이 상대방에게 개방하라고 말하는 것은 문을 닫고 단속 잘하라는 정반대 의도로 받아들여질 가능성이 높다.

'3000'이라는 구호성 숫자야말로 '비핵·개방·3000' 정책이 어떤 대북인식을 바탕으로 나왔는지를 잘 나타내는 수치다. 북한이 핵 포기하고, 개방하면 10년 내에 일인당 국민소득(GNI)을 3,000달러가 되도록 대규모 지원을 하겠다는 의미라고 하는데, 매우 현실성이 결여되어 있는 모호한 수치다. 한국은행에 따르면 2009년 현재 북한의 일인당 국민소득이 960달러다.[25] 북한 전문가들은 이마저 과대평가되어 있으며, 실제 소득은 이보다 낮은 500달러 정도일 것이라고 한다. 그런데 북한이 경제가 사실상 붕괴되었고 제반 시스템이 작동하지 않는다고 알고 있는 급변사태론으로서 이 같은 숫자를 제시했다는 점은 정말 그 정책 내용이나 이행 의지에 있어 '진정성'을 의심케 하기에 족하다.

'6.15공동선언'과 '10.4정상선언'을 정치인들이 사적 목적을 위해 북한에 놀아난 결과물로 치부하는 태도[26] 역시 전임 정부들과의 차별화 의도뿐만 아니라 급변을 눈앞에 둔 북한과의 화해와 협력을 차단하는 한편, 거기에 더해 압박과 제재로 급변을 현실화하겠다는 의지를 엿보게 한다. 북한이 자기들의 최고지도자가 서명한 합의 문건을 얼마나 심각하게 받아들이는지에 대한 최

---

25) 『한국은행 경제통계시스템』, http://ecos.bok.or.kr.
26) 이명박 대통령은 2008년 통일부 업무보고에서 '가장 중요한 남북정신은 1991년 체결한 남북기본합의서'라고 말한 데서 이런 생각의 편린을 엿볼 수 있다. 『연합뉴스』, 2008년 3월 26일.

소한의 이해가 있었다면 이런 태도를 공공연하게 표시할 수는 없다.

대통령직 인수위에서 정부 조직을 개편한다면서 통일부를 폐지하겠다고 나선 사실 역시 같은 맥락의 연장선상에서 볼 수 있을 것이다. 북한을 대화와 협력의 파트너로서 다루어나가야 할 정부 부처는 필요가 없다는 것이며, 남북기본합의서에 밝혀둔 '특수관계론'이나 7.4공동성명이 합의한 '민족대단결' 원칙 같은 것도 폐기하고, 북한도 여타 다른 국제 관계처럼 외교부가 다루면 된다는 인식인 것이다. 야당과 시민사회의 거친 반발 때문에 통일부 폐지안은 관철되지 못했지만, 그때부터 이미 통일부는 고유의 존재이유와 담당해야 할 기능을 상실한 죽은 부처가 되어버렸다.

과연 이명박 정부 출범 초부터 남북관계는 급격히 악화되기 시작하고 상호 간에 거친 언설이 오가더니 2008년 7월 발생한 금강산 관광객 피살 사건으로 중대한 하나의 분기를 만나게 된다. 민간인 관광객이 북한군이 쏜 총에 희생된 사실 그 자체는 있을 수 없는 일이며, 북한의 명백한 과오다. 당연히 유사한 일이 재발되어서는 안 된다. 그런데 남측 관광객의 희생이 당시 남북관계의 하나의 반영이 아닐까, 이런 문제제기는 가능하다고 본다. 남북관계가 순탄하게 관리되고 적대와 대립의 관계로 진입하지 않았다면 그런 사건이 발생했을까. 아마 그보다 더 중요한 것은 그런 희생이 헛되지 않게 하기 위해서 정부나 우리 민간사회가 어떤 노력을 어떻게 발휘해야 했을까 라는 문제제기다.

이명박 정부는 이 특정한 상황에 대해 정치적으로 유연한 대응을 함으로써 남북관계를 관리해나갈 수 있었다. 북한이 표시한 여러 가지 해명과 조치를 빌미로 삼아 금강산관광사업을 지속해갈 수 있는 명분도 있었고,[27] 관광 사업을 둘러싼 경제실리적 이유들은 너무나 많았다. 그러나 정부는 진상 조사, 재발 방지, 신변안전 보장이라는 이른바 '3대 선결 과제'에 자신을 옭아매는

---

27) 피격 사건이 발생하자마자 북한은 명승지 개발지도총국 명의의 담화를 통해 바로 다음 날 유감을 표명하고 사건의 개요를 설명했다. 그리고 관광 재개를 위한 남북 실무회담에서 북한은 피격지점은 아니지만 현장조사를 허용할 수 있다는 입장을 밝히기도 했다. 재발방지와 관련하여 재발 방지를 위한 남북의 협의가 필요하다는 입장을 누차 밝혔다.

기조를 택하였다. 게다가 한반도상에서 발생한 남북 간 사건을 남북 사이의 일로 다루는 대신 아무 연관이 없을 것 같은 '아세안지역안보포럼'(ARF)이라는 국제무대로 가져가서 "국제화"[28] 시켰다. 금강산관광사업은 이후 여러 차례 재개의 모멘텀이 없지 않았지만 결국 정부의 강경한 선결 과제 이행이라는 입장 탓에 번번이 돌파구를 찾지 못한 채 표류하였다.

2009년 8월 북한을 방문한 현대아산 현정은 회장이 김정일 위원장과 면담한 뒤에 북측에서 발표한 공동보도문 5개 합의 가운데 "중단된 금강산 관광을 빠른 시일 안에 재개하고 관광에 필요한 모든 편의와 안전이 철저히 보장될 것"[29] 이라는 항목이 있다. 당시에는 현회장 방북이 정부의 대리인 차원이라는 성격이 없지 않았고, 김정일 위원장이 직접 면담을 하고 중대한 합의를 해준 점에 비추어 금강산관광을 재개할 수 있을 것이라는 분위기가 있었다. 그러나 이 같은 분위기를 뒤엎고 정부 당국은 이를 현회장 개인 차원의 방북이었으며, 따라서 그에게 김정일이 한 약속은 정부와는 무관하다는 입장을 보였다. 이 대응으로 금강산관광사업이 장기 중단의 늪에 빠진 것이며, 더 중요하게는 남북관계도 이 늪에서 빠져나올 수 없게 되었다는 점이다.

필자는 이 강경대응에 급변사태론의 대북인식이 작용하지 않았을까 추론해본다. 즉, 제2절에서 논의한 급변사태론자들의 대북인식 1)북한 개혁개방 불가, 2)핵무기 개발 재원 조달, 3)외부 지원에 의한 불필요한 '연명' 등이 작용하지 않았을까 하는 추론이다. 포용정책에서는 금강산관광사업도 북한이 자신을 개방한 경우로 판단한다. 그러나 급변사태론자들은 개방이 아니라 산한 모퉁이를 활용하여 외화를 벌어들이는 외화벌이 사업으로 치부한다. 입산료를 통치자금이나 핵무기 개발에 사용하였다는 주장을 하는가 하면, 이런 형태의 지원이 북한을 '연명'하는 데 사용되기 때문에 절대 해서는 안 될 사업

28) 이수훈, 「탈냉전·세계화·지역화에 따른 동북아 질서 형성과 남북관계」, 『한국과 국제정치』, 2009년 제3호. 필자는 이를 "남북관계의 국제화"라는 표현으로 접근한 바가 있으며, 이명박 정부 시기 여러 남북 간 문제를 국제사회로 가져가서 다루려는 외교노선 혹은 경향을 일컫는다. 금강산관광사건이 그랬고, 특히 천안함 사태가 가장 대표적이다.
29) 『연합뉴스』, 2009년 8월 17일.

이 되는 것이다.

급변사태론자들의 이 같은 인식은 2009년 5월 북한이 단행한 제2차 핵실험을 계기로 한층 공고화되기에 이른다. 제2차 북핵실험은 어떤 명분과 이유로도 정당화될 수 없다. 핵실험은 남북관계를 진전시켜나갈 수 있는 토대를 근본적으로 허무는 결과를 낳게 되었으며, 북미관계를 악화시켜 대화와 외교를 강조해왔던 오바마 행정부로 하여금 부시 행정부 말기보다 더 강경한 대북 태세를 견지하게 만드는 데 이바지하였다. 하지만 한국 정부가 6자회담에 좀 더 적극적으로 나서서 비핵화 프로세스를 전향적으로 관리하였음에도 북한이 이런 도발적 행동을 선택하였을까? 오마바 행정부가 출범 초기부터 비핵화 외교에 적극성을 보이고, 그 적극성을 담보해줄 인사들을 적절하게 배치하였는가? 북한은 이런 의문에 대해 부정적 판단을 내린 나머지 위기 고조 전술을 구사하게 된 것 아닌가? 2008년 12월에 베이징에서 열렸던 6자회담에서 검증 문제에 대해 한미 양국이 유연한 태도를 취함으로써 불능화 단계를 완료하겠다는 의지를 보였다면 2009년의 한반도 현실은 상당히 다른 성격을 나타낼 개연성은 아예 없었는가? 2008년 12월 베이징 6자회담의 결렬이 2009년 제2차 핵실험과 무관하다고 볼 수 없을 것이며, 6자회담 프로세스를 진전시키지 못한 책임은 북한을 포함해 참여국 모두에게 있다고 보아야 할 것이다.

제2차 핵실험이 발발하자 이명박 대통령은 북핵 포기와 국제사회의 협력에 의한 대북 제재를 강조하였다. 즉, 2009년 6월 1일자 라디오, 인터넷 대국민 연설에서 "북한 핵실험 이후 저는 미국의 오바마 대통령, 일본이 아소 총리, 러시아의 메드베데프 대통령, 호주의 러드총 리와 연속 전화 통화를 하였습니다. 오바마 대통령은 한미동맹에 조그만 틈새도 없고, 미국의 핵우산이 한국을 확실히 보호하고 있다는 점을 북한이 알아야 한다고 힘주어 말했습니다……북한의 핵실험에 대해 UN안전보장이사회가 제재 결의안을 준비하고 국제사회가 강력 규탄하는 것"30)이라고 비장한 결의를 밝혔다. 그 비장함과 결기는 이 연설의 제목 '완벽한 안보로 국민의 안전을 철통같이 지키겠습니다'에서도 잘 비쳐지고 있다. 물론 이 제목은 다음 해에 일어난 천안함 사고와 연평도 포격 사건 같은 안보 실패로 인해 아무런 체계적 대비 없이 상황 논리에서 나온 산물에 불과했다는 점이 입증되었다.

하여간 대통령의 언설이 냉전기에나 유행했던 "철통같은 안보"로 되돌아가는 한편, 대북 태세는 점점 대결과 적대로 퇴보해나가게 된 것이다. 특히 '비핵'을 앞에 내건 정부가 이런 상황에 직면하면 처벌과 제재 외에 마땅한 출구가 보이지 않게 되는 법이다. 이런 마음자세를 갖고 북한을 진정한 대화상대로 인정하기는 불가능하며, 앞으로도 싹수가 보이지 않는 비정상적 존재이니까 징벌을 통한 변화를 생각할 수밖에 없다. '기다린다'는 전략은 북한이 굴복하지 않으면 아무 것도 하지 않겠다는 무대응 전략이자 일종의 "농성"31) 전략이며, 시간이 가면 결국 압박과 제재의 무게에 의해 붕괴하고 말 것이라는 기대가 담겨 있다. 급변사태론자들의 인식과 정확하게 상통한다.

이명박 정부는 남북 간의 문제를 남북 간에 다루지 않고 국제무대로 가져가는 행동 패턴을 보여 왔는데, 북핵실험 같은 사안을 국제사회적 이슈로 전화시키고, 공동의 압박과 제재책을 구하는 것은 지극히 자연스런 일이라고 할 수 있다. 실제 이명박 정부는 대단히 공세적인 대북제재 외교를 펼친 나머지 유엔 안전보장이사회로 하여금 6월 12일자로 대북 제재 결의 1874호를 만장일치로 채택하게 만드는 데 성공하게 된다. 1874호는 제1차 핵실험 후인 2006년 10월에 채택된 대북 제재 결의안(1718호)보다 제재 범위 및 수위에 있어서 훨씬 강력하고 포괄적이며 구체화되어 있다. 화물 검색, 무기 금수 및 수출 통제, 금융·경

---

30) 이명박, "완벽한 안보로 국민의 안전을 철통같이 지키겠습니다", 청와대 라디오·인터넷 연설 16차(2009년 6월 1일), http://www.president.go.kr/kr/community/radio/
31) 김근식, 「이명박 정부의 대북정책 담론: 반(反)포용의 논리들」, 『내일을 여는 역사』, 39호(2010), pp.81-102 참조.

제 제재 등을 골자로 하며 전문(全文)과 34개 조항으로 세분화되어 있다.[32) 이에 더해 2009년 7월 23일에 폐막된 제16차 '아세안지역안보포럼'(ARF)에서도 의장성명을 채택하도록 외교를 펼친 나머지 유엔 결의안의 "충실한 이행"을 촉구하는 내용을 담아낸다.[33)

이 제재 결의안은 북한의 봉쇄를 더욱 공고히 하고 철저한 경제 제재를 통해 외부로부터의 지원 여지를 차단하는 중대한 조처이다. 긴밀한 한미공조하에 전개된 대북제재 외교는 북한을 그럭저럭 연명시켜주는 외부 지원을 끊어야 한다는 급변사태론자들의 인식을 잘 담아내고 있는 셈이다. 북한은 유엔 안보리가 가한 대북 제재조치에 대해 자위권 확보 차원에서 행한 핵실험에 대한 부당한 행동이라고 규정하고, 이후 제재의 부당성과 해제를 요구하게 됨으로써 궁극적으로 비핵화 프로세스를 교착으로 귀착시키는 악순환의 빌미가 된다. 북한의 행동과 한국 정부의 대응이 부정적 상호작용을 거쳐 어떤 문제도 풀 수 없는 수렁에 다 같이 빠지게 된다. 남북회담은 말할 것 없고, 6자회담 무용론도 이런 맥락에서 제기된다. 의장국인 중국이 아무리 중재 외교를 활발하게 펼쳐도 결국 6자회담 재개의 모멘텀을 쌓지 못하는 데는 그 근본에 급변사태론의 인식들이 은연중에 작동하기 때문이 아닌가 추측해볼 수 있는 것이다.

그럼 "철통같은 안보"론, 봉쇄와 제재, '기다림'은 어떤 효과를 거두었는지 일별해보자. 2010년 3월에 발발한 천안함 사건에 의해 우리 안보가 허점투성이였음이 밝혀졌다. 천안함 사태 이후 "철통 안보"를 재삼 다짐했지만 금새 연평도 포격 사건이 발생했을 때 우리 군과 정부가 보여준 모습은 오합지졸이었지 철통 안보와는 거리가 멀었다. 천안함 사태이후 취한 '5.24조치'[34) 로 남북관계가 차단되자 북한은 우리에게 "잃어버린 북한"이 되어버렸고, '한반도 시대'

---

32) 『연합뉴스』, 2009년 6월 13일.
33) 『연합뉴스』, 2009년 7월 23일 참조. 하지만 이 성명에는 북한의 주장들을 나란히 담고 있어 ARF외교가 실패했다는 비판을 받기도 하였다. 예컨대 『중앙일보』, 2009년 7월 24일 참조.
34) 이의 빌미가 된 천안함 사건에 대한 정부의 발표에 대해 우리 국민가운데 신뢰하지 않는다(35.1%)는 비율이 신뢰한다는 비율(33.6%)보다 높다는 여론조사 결과가 있다. 강원택, 「차기 대선과 대북정책」, 서울대 통일평화연구원, 『2011 통일의식조사 발표: 통일의식과 통일준비』, p.104.

는 '남한 시대'로 퇴행하였다.[35]

우리 정부가 인도적 차원의 지원마저 끊고 제재와 압박에 치중하자 북한은 중국에서 돌파구를 찾기에 이르렀다. '조·중 우호 60주년' 기념의 해인 2009년 10월 원자바오 총리가 대규모 사절단을 이끌고 방북하여 장기간 체류하면서 제2의 압록강대교 건설, 특구 개발 등 대북 경제지원을 약속한 바 있다. 답방 형식을 빌어 북한의 고위급 인사들이 빈번하게 중국을 방문하였다. 천안함 사태 와중인 2010년 5월과 8월 김정일 위원장은 두 차례나 중국을 방문하여 북중정상회담을 가졌다. 이런 일련의 북중정상회담 결과 북중간 전략적 상호 소통 및 최고위층의 빈번한 교류 등을 골자로 하는 북중관계의 새로운 준칙이 만들어졌다. 제재하고 압박하면 백기 들고 나올 것으로 인식해온 북한은 중국과 밀착하여 생존책을 구사하고 있다. 우리 국민들 가운데 다수가 염려하듯이 북한은 점차 중국의 자장권으로 빨려들고 있다. 우리가 버리니 중국의 품으로 가고 있는 형국이다. 압박과 제재가 통하지 않는다는 여러 분석가들의 관측이 상당한 근거가 있다고 판단할 수 있는 대목이다.

4. 급변사태 통일론의 오류

제2판 급변사태론자들은 지난 민주정부의 대북정책을 지원에 의한 사실상의 "분단 유지", "연명", "김정일 체제의 생존 유도" 정책[36]으로 폄하하면서 이제부터는 패러다임 전환을 통해 적극적 "통일" 정책을 펼쳐야 한다고 주장한다. 분단 유지로부터 탈피해 통일을 향한 국민적 "의지"를 발휘해야 한다면서 박세일 이사장은 이렇게 주장하고 있다.

"북의 자발적 근대화, 자발적 정상 국가화의 가능성은 점점 멀어지고 있는

---

35) 이수훈, 「잃어버린 북방: 천안함 5.24 조치 1년을 맞아」, 「프레시안」, 2011년 5월 24일.
36) 박세일, 「창조적 세계화론: 대한민국 세계화전략」, p.131; 안병직, 「북한의 붕괴와 재건」; 유호열, 「새로운 대북정책 모색: 포용정책에서 레짐 체인지로」, 「시대정신」, 50호(2011), p.8.

것 같다. 북한의 어떤 식의 개혁과 개방도, 근대화와 정상 국가화를 위한 어떠한 노력도, 김정일 체제 유지에 크게 위협이 된다고 보기 때문이다. 그러면서 핵 실험과 미사일 실험 등 잘못된 선택을 반복하고 시대 흐름을 거스르는 역주행을 하고 있다. 그러면 원하든 원치 않든 북한의 하드랜딩은 불가피할 것이다. 그렇다면 우리는 이에 적극적으로 대비해야 한다. 북한의 급격한 변화가 반드시 한반도의 통일로 연결 되도록 최선을 다해야 한다".[37]

급변사태에 따른 우리 주도의 통일론이다. 급변 통일을 대비해 적극적 '관계–통합전략'을 단호한 행동으로 나타내고 '통일외교'를 강화하여 이웃 이해관계 당사국들을 설득해 우리가 주도하는 통일을 이루어내야 한다고 주장한다. 이 과제를 등한시하면 대한민국의 선진화도 불가능하다고 말한다.

『시대정신』의 북한 붕괴 좌담회에 참여하고 자주 기고를 하고 있는 유호열 교수는 앞에서 인용한 NDI 단행본에도 한 편의 논문을 발표했는데, 급변사태 대비론의 선봉에 서 있다. 그는 "북한에 급변사태가 발생하고 그것이 국가 붕괴를 불러온다면 우리 헌법의 효력을 휴전선 너머 북쪽으로까지 확대하는 통일 작업에 전격 착수할 수도 있을 것"[38]이라면서 급변통일론을 펼치는가 하면, 더 나아가 "김정일 체제의 생존을 유도한 기존의 대북 포용정책에서 단순한 방관으로의 정책 전환을 넘어서 정권의 종식을 촉진하는 레짐 체인지 전략이 모색되어야 한다."[39] 라고 주장하고 있다.

그리고 레짐 체인지 전략에서의 핵심은 북한 내 대안 세력의 형성에 있으며 북한 주민들의 의식 각성 촉진, 체제저항 세력의 활동 공간 확대 등을 제안하고 있다. 이를 실현하기 위해 북한 인권과 민주화를 위한 단체들이 벌이는 대북 방송, 전단 보내기 등의 선전 활동, 탈북자들의 정치 역량 강화를 정부가 적극 지원해야 한다고 강조한다. 북한 인권이나 민주화를 촉구하거나 지원하는 NGO들의 실제 활동들이 바로 대북 방송, 전단 보내기이며, 이 활

37) 박세일, 『창조적 세계화론: 대한민국 세계화전략』, pp.144–145.
38) 유호열, 「정치·외교 분야에서의 북한 급변사태: 유형과 대응 방안」(2007), p.42.
39) 유호열, 「새로운 대북정책 모색: 포용정책에서 레짐 체인지로」(2011), p.8.

동에 대해 정부가 방관하거나 간접 지원하고 있다는 점은 익히 알려진 바 그대로다. 보수담론가들이 급변사태론을 펼치면 정부가 거기에 호응하여 여러 상황에 대응하고, 현장에서 민간단체들이 가담하여 실천에 옮기는 포괄적이면서 유기적 패턴이 잘 드러나 있다고 할 것이다.

제2판 급변사태론자들의 통일론이 근거를 두고 있는 북한 인식에 대해서는 앞 절에서 이미 개괄하였기 때문에 재론이 필요 없다. 만약의 경우를 대비한다는 차원의 급변사태론을 넘어, 실제 가능성이 높고 그 가능성을 현실로 바꾸기 위해 정책을 펼치고 행동에 옮겨야 한다는 대목에 이르면 문제의 심각성이 현저하다. 급변통일론자들은 헌법과 국제법을 자주 인용한다. 그런데 정작 급변통일론은 헌법의 평화통일론에 배치될 뿐만 아니라 평화와 외교적 방법론을 강조하는 국제법 정신에도 크게 어긋난다. 2005년 12월 제정된 '남북관계발전특별법'의 여러 조항과도 충돌하며, '7.4공동성명'을 위시한 여러 남북 간 합의서의 통일론과도 배치된다. 급변통일론은 전쟁 다음으로 가장 과격하고(radical) 위험한 통일론이다. 이렇게 되면 안정과 점진적 변화를 핵심으로 삼는 보수주의 노선과 정면충돌한다. 급변통일론자들은 정체성에 관한 자가당착에 빠진 셈이 된다.

급변통일론이 진정으로 한반도의 통일을 원한다면 그 목표에 다가가기 위한 전략으로서도 심각한 문제점을 내포하고 있다. 북한 체제는 이전보다 "증대된 불안정성"[40]에도 불구하고 엄연히 하나의 체제로서 작동하고 있다.[41] 지도자의 유고와 시스템 붕괴를 주목하는 급변사태론은 2008년 김정일 위원장의 뇌졸중과 그에 따른 장기간의 통제 불능을 말하였다. 그러나 3년이 지난 지금에 와서 당시의 정황을 복기하고, 이후 김정일의 왕성한 현지 지도활동과 공세적인 외교 행보에 비추어볼 때 1994년 김일성 사망 전후에 횡행했던 제1판 급변사태론을 반복하고 있음을 알 수 있다. 과거가 주는 교훈은 급

---

40) 박재규, 「북한의 딜레마와 미래」, p.5.
41) 이상근, 「북한붕괴론의 어제와 오늘: 1990년대와 2000년대의 북한붕괴론에 대한 평가」, pp.93-133 참조.

변통일론 특히 레짐 체인지 전략은 기대와 정반대의 효과를 낳는다는 점이다. 북한 체제를 무너뜨려야 한다고 내세우는 순간 북한 당국은 체제의 내부 결속을 강화하는 조치들을 취하게 되며, 폐쇄성과 적대성을 높이게 된다는 것이 북한 연구자들의 일반적 분석이다.[42]

북한을 '악의 축'의 일원으로 규정하고 레짐 체인지 정책을 구사한 부시 행정부도 온갖 시행착오 끝에 결국 북한이 핵실험을 하고 난 뒤에 그 정책을 폐기처분하고 대화와 협상 정책으로 전환하였다. 미국이 못한 일을 우리가 할 수 있다는 발상은 십중팔구 반북 이데올로기와 적대정서에 함몰되어 북한 동향과 동북아 정세 판단을 객관적으로 수행하지 못한 데서 비롯되었다고 추측할 수 있다.

급변사태에 의한 통일론자들은 주변 국가들과 공조의 중요성을 말하고 '통일외교'를 강조한다. 통일외교를 잘 해야 한다는 데 반대할 사람은 아무도 없을 테지만, 그 주장에는 정작 핵심 당사국인 중국과 미국의 대북한 전략에 대한 이해가 미흡하다는 데 문제가 있다. 북한을 동북아 지정학의 완충지로 취급해온 중국은 미국과의 관계에 불확실성이 남아 있는 한 북한을 "어떻게든 함께 끌고 갈 수밖에 없다."[43]고 볼 수 있다. 또한 경제성장을 지속해야 하는 중국으로서는 이웃 소국들에서 불필요한 분란이 발생하는 것을 피하고자 하기 때문에 중국의 대북한 전략은 그 무엇보다도 급변사태의 예방이다. 2009년부터 현재에 이르기까지 급진전되어온 북중관계의 밀착은 바로 그런 중국의 전략적 이해관계를 바탕에 깔고 있다. 핵실험이후 형성된 북한의 "외교적 고립 심화"[44] 가 완화되어가는 흐름으로 해석할 수 있는 대목이다.

미국의 대북 전략 역시 대량살상무기 확산 방지를 기초로 하는 현상유지 노선에 입각해 있다. 미국은 산적한 자신의 내부 경제 및 국가 재정 문제로 인해 북한 급변사태에 따른 군사적 개입 의사가 없어 보인다. 의사도 없을 뿐더러

---

42) 이상근, 「북한붕괴론의 어제와 오늘: 1990년대와 2000년대의 북한붕괴론에 대한 평가」, p.124 참조.
43) 정재호, 「중국의 부상과 한반도의 미래」 (서울: 서울대 출판문화원, 2011), p.341.
44) 정규섭, 「외교적 고립의 심화」, 박재규 편, 「북한의 딜레마와 미래」 (파주: 법문사, 2011), pp.149-174 참조.

능력도 충분하지 못하다는 점이 글로벌 군사 전략을 구사함에 있어 동맹국에 크게 의존하고 있는 엄연한 현실이 잘 보여주고 있다. 실제 북한의 미사일 시험 발사와 제2차 핵실험 이후 '전략적 인내'라는 애매모호한 태세를 견지하고 있는데, 바로 이런 미국의 사정이 반영된 선택이라고 할 수 있다.

게다가 미국은 중국과 모든 국제적 사안들에 대해 협력해나가야 하는 입장에 놓여 있다. 오바마 행정부는 미국의 세계전략을 펼침에 있어 중국과의 "전략적 협력"을 필수불가결한 구성요소로 인식하고 있으며, 이는 2009년 7월 워싱턴에서 열린 제1차 '미·중 전략경제대화'를 계기로 정립되었다.[45] 전의 미중 간 '전략적 경쟁'에서 '전략적 협력'으로 미중관계의 본질이 바뀌게 된 것이다. 중국과 대립각을 세우면서까지 한반도 전략을 구사할 수 없게 된 미국인 셈이다. 한국 정부가 자신의 구상에 따라 미국에 요구해오니까 북한 개입을 위한 작전계획 따위를 마련할 수는 있으되, 그것이 미국의 한반도 전략이라고 볼 수는 없다. 정말 우발적 상황(contingency)에 대한 극단적 대비책을 마련해 놓는다는 정도에 불과하다.

정책이나 전략은 상대가 있는 법이다. 특히 그 정책이나 전략이 '너를 망하게 하고 그런 연후에 내가 흡수통합 하겠다'고 하는 그런 취지를 내포하고 있는 것이라면, 그것을 절대 공개하면 안 된다. 그것은 말 그대로 전략으로서 숨겨두어야 하며, 국가 차원에서 내밀하게 대비책을 마련해두는 것이 국가 운영의 기본이다. 급변사태는 한반도 전쟁과 별반 다를 바가 없는 상황이 될 가능성이 높다. 그런 엄청난 문제를 최고지도자부터 민간사회 활동가들까지 공개적으로 떠들고,[46] 국책 연구기관이 보고서를 쏟아내고 한다면 전략적 마인드 결여의 결정판이라고 해도 과언이 아닐 것이다.

---

45) 김흥규, 「미·중 전략·경제대화 분석: 한반도 현안에 대한 함의와 더불어」, 『주요국제문제분석』 (서울: 외교안보연구원, 2009) 참조.
46) 천안함 국면에 '전쟁불사론'을 외친 사람들이야말로 급변통일론의 정점에 서 있다고 하겠다.

5. 다시 평화통일과 포용정책으로

한 국가가 국민의 안부를 위해 만전을 기하고 미래를 대비하자는 것에 대해 가타부타 시비를 걸 사람은 아무도 없을 것이다. 여기에 보수나 진보가 다를 바 없고, 심지어 반북이냐 친북이냐 라는 소모적이고 이념적인 입장 차도 끌어들일 틈이 없다. 이 논문에서 검토한 제2판 급변사태론자들도 그런 가능성의 현실에 대해 미리 대비를 해놓자 라는 동기를 갖고 문제 제기를 한 것이라고 말한다. 하지만 그 동기의 순수성을 논외로 하더라도, 일단 급변사태론은 북한 인식에 대한 심각한 오류 위에 서 있기 때문에 유효하지 않다. 당연히 인식의 오류에 기반을 두고 있는 정책이나 대응이 제대로 될 리 없다. 게다가 급변사태론의 종착점이라고 할 수 있는 급변통일론은 한반도의 대재앙적 현실을 염두에 두고 있기 때문에 위험하고 무모한 통일론이다. [47] 이는 가능한 한 피해야 할 통일이고, 급변사태는 예방해야 할 사변이다.

이명박 정부 시기에 활성화된 제2판 급변사태론은 김대중 정부와 노무현 정부 대북정책에 대한 이념적 공격으로서의 일차적 성격이 두드러진다. 게다가 북한에 대한 독특하고 고유한 인식론에 기반을 두고 있다. 그것은 북한 변화불가론, 대량살상무기 딜레마론, 식물인간론을 핵심 내용으로 삼고 있다. 우리는 이 내용들이 모두 오류라는 점을 나름대로 지적하였다. 재정리하자면 이렇다.

첫째, 북한변화불가론은 북한이 체제 위협 때문에 개혁개방과 같은 변화를 시도할 수 없다는 것이다. 북한은 구제불능의 존재가 되는 것이며, 우리가 적극적 변화를 유도해 구제할 수밖에 없다는 식이다. 북한은 변화하지 않았는가? 또 변화하지 않는가? 개인, 조직, 국가를 막론하고 한 존재가 부단

---

47) 2011년 서울대 평화통일연구원이 실시한 통일의식조사 결과에 따르면 우리 국민 다수도 조기통일(9.7%)보다는 점진적 통일을 선호(67%)하는 것으로 나타났다. 서울대 통일평화연구원, 「2011 통일의식조사 발표: 통일의식과 통일준비」, p.33 참조.

히 진화하는 환경 속에서 적절하게 변화하지 않고 어떻게 생존할 수 있는가? 세계적 냉전이 종식됨에 따라 소련이 해체되고 중국이 한국과 수교를 한 나머지 국제적 고립 상태에 빠지고, 연이은 에너지위기와 식량난을 겪으면서도 북한은 나름대로의 생존책을 구사한 나머지 오늘날까지 생존하고 있다. 많은 북한 연구자들의 연구 성과를 인용하지 않더라도 북한의 "내구성"은 나름대로 입증된 바 그대로다. 북한이 개혁개방하지 않고, 할 수도 없다고 주장하는데, 금강산관광이나 개성공단 사업은 개방이 아니고 무엇인가. 이명박 정부의 대북 강경대결 정책에 의해 남북관계가 차단되자, 북한이 중국과 벌이고 있는 여러 가지 접경 지역 경협 프로젝트들은 개방이 아니고 무엇인가. 근래 부쩍 주목을 받고 있는 남·북·러 가스관 프로젝트[48]는 북한의 개방을 전제로 한 사업이 아닌가? 개혁도 마찬가지다. 북한은 생존과 경제회생을 위해 경제운용 시스템에 개혁을 여러 차례 추진한 바 있다. 대표적으로, '7.1경제관리 개선조치'를 들 수 있다. 북한에도 "시장화"가 진전되었고, 지금은 계획경제와 시장경제가 같이 작동되는 "이중 경제구조"를 갖고 있다는 분석[49]을 주목해야 한다.

둘째, 핵무기를 포함한 대량살상무기 개발로부터 비롯된 딜레마를 해소할 수 없기 때문에 무너진다는 것이다. 북한은 미국과의 적대적 관계와 체제 위협 때문에 결코 핵무기를 포기할 수 없으며, 그런 한 미국과 국제사회로부터의 압박과 제재를 견디지 못해 붕괴할 수밖에 없다는 논리다. 북한이 핵실험을 하고 미사일을 시험 발사하는 행동은 동북아의 안정과 한반도 평화의 중요성에 비추어 절대 정당화될 수 없다. 따라서 핵무기를 비롯해 대량살상무기는 폐기되어야 한다. 하지만 이 난제의 해결책이라는 것이 고작 압박하고 제재 제재를 가하면 굴복하고 나올 것이라는 인식이야말로 북한을 몰라도 한참 모르는 데서 비롯된다. 북한의 뒷문이 열리고 북·중 경협이 점증하는 객관

---

48) 이명박 대통령마저도 이 프로젝트에 대해 큰 관심을 보이면서 심지어 미국 방문중에 블룸버그통신과의 인터뷰에서 "한반도를 통과하는 가스관 건설 계획은 실현가능한 사업"이라고 하는가 하면 "이 계획은 경제적이나 산업적인 측면에서 봤을 때 남·북·러 모두가 동참하는 '윈- 윈 사업'이 될 것"이라고 강조하고 있다. 『연합뉴스』, 2011년 9월 23일.
49) 양문수, 『북한경제의 시장화: 양태·성격·메커니즘·함의』 (파주: 한울, 2010), pp.65-102 참조.

적 현실은 봉쇄와 제재가 효과가 없다는 점을 생생하게 증언하고 있으며, 서방의 여러 관측가들도 제재 불통을 지적한 바 있다.[50] 급변사태론자들은 북한이 절대 핵을 포기하지 않는다는 생각에 사로잡혀 있기 때문에 대화와 협상을 통한 해결책을 상상할 수 없는 것이다. 북한을 대화와 협상이 아예 불가능한 존재로 파악하고 있는 마음자세도 한 몫을 한다. 따라서 6자회담도 무망이고 남북대화도 일어나기 어렵게 되어 있다.

셋째, 북한의 정치경제 시스템이 이미 망가졌기 때문에 일종의 식물인간에 비유할 정도인 만큼 외부 지원에 의한 "연명"책을 폐기하고 적극적 통일 정책을 구사해야 한다는 논리다. 이전의 포용정책이 분단 유지 혹은 분단 관리에 그치고 있다고 진단하면서 대북 정책의 패러다임을 바꾸어야 한다고 주장한다. 심지어 "연명"정책은 시간을 허비하고 비용을 높이는 결과를 초래하기 때문에 레짐 체인지 정책을 선택해야 한다고 말한다.

북한의 경제가 피폐하다는 것은 객관적 사실이다. 일인독재 체제가 가질 수밖에 없는 모순을 안고 있는 점도 부인할 수 없는 북한의 현실이다. 하지만 이를 근거로 북한이 "붕괴"되었다거나 "해체 과정"에 들어가 있다고 주장하는 것은 논리적 비약이자 오류다. 포용정책이 그나마 분단 상황을 잘 관리한 정책이라면 그것은 긍정적으로 평가받아야 마땅한 일이지 패러다임 변화의 빌미가 될 수 없다. 이명박 정부 들어와 남북관계는 어떻게 관리되었으며, 남한의 안보는 어떻게 망가졌나를 묻지 않을 수 없다. 잘못된 인식과 대응으로 남북관계가 파탄지경이 되었음은 재론할 필요가 없다. 레짐 체인지 주장이야말로 무모함을 넘어 일종의 언술적 도발 행위에 해당된다. 이것은 우리 헌법, 남북관계발전특별법, 모든 기존의 남북 간 합의의 기본인 상호 인정과 존중의 정신과 충돌한다. 실제 레짐 체인지를 위해 택한 행동들은 소아병적이라고 불러도 무방할 정도로 유치하다.

---

50) 급기야 유엔 안보리 대북제재 위원회 산하 전문가 집단이 작성한 보고서에서도 "대북제재가 별다른 효과를 발휘하지 못했다."는 지적이 제기된 것으로 언론은 보도하고 있다. 『매일경제』, 2010년 07월 19일.

급변사태는 말 그대로 우발적으로 발생하는 상황이기 때문에 북한전문가들이 공론화해서 다룰 문제가 아니다. 그것은 국가가 계획과 그에 따른 종합적 대비책을 마련해 두어야 할 일종의 기밀 사항의 성격이 더 크다. 그리고 급변사태를 제기하는 순간 상대방인 북한을 크게 위협하는 언동이 된다. 북한은 그런 사태를 방지하기 위해 온갖 노력을 다할 것임에 틀림없다. 급변사태론자들이 강조하는 북한의 변화와 개혁개방이 설 자리는 더욱 없어진다. 그리고 화해협력의 토대가 근본적으로 제거된다. 평화정착과 증진의 과정도 무시된다. 급변사태론은 바로 이러한 기초적인 오류들 위에 서 있다.

한반도 통일은 반드시 화해협력과 평화정착 과정을 거쳐야 한다.[51] 그런 과정을 생략한 통일은 하지 않는 편이 낫다. 남북관계의 진전, 통일을 향한 노력, 평화정착을 위한 제반 실행이 상승적 효과를 발휘할 때 평화에도 진전이 일어나고 통일에도 다가가게 된다. 이 과정에서 분단체제론에서 제기한 문제의식인 남북한 사회 각기의 내적 개혁이 동반되어야 하며, 이런 분단 극복 결과로서의 통일이야말로 문명사적 의의를 가질 수 있을 것이다.[52] 그리고 이런 통일 과정은 필연코 동북아협력의 맥락에서 일어날 뿐만 아니라, 결과로서의 한반도 통일은 통합적 동북아 지역 질서 구축에 획기적 기여를 할 것임에 틀림없다.[53]

평화통일에 다가가기 위해 필요한 대북정책은 기본적으로 김대중-노무현시대의 포용정책(engagement)일 수밖에 없다. 이명박 정부 기간에 남북관계가 마치 냉전기처럼 적대와 불신의 관계로 역행했기 때문에 포용정책 도입의 불가피성은 더욱 뚜렷해진다. 말할 것도 없이 이 정책이 과거로의 단순 복귀일 수는

51) 통일과 평화(체제)사이의 연관성에 대해서는 고려대 민족문화연구원·경남대 극동문제연구소 공동 학술회의 (서울, 2010년 9월 9~10일) "한반도 통일론의 재구상"에 발표된 여러 논문들 참조. 정영철, 「평화와 통일: 다르지만 다르지 않은 하나의 과정」, 구갑우, 「한반도 평화체제와 통일」.
52) 백낙청 교수의 여러 글들을 제하고라도 그 외에도 다수의 분석가들이 유사한 취지의 통일론을 보여주고 있다. 정영철, 「평화와 통일: 다르지만 다르지 않은 하나의 과정」; 김형찬, 「통일의 가치와 통일철학의 성찰」, 이수정, 「다문화주의와 통일담론」 (서울, 2010년 9월 9~10일).
53) 이수훈, 「세계체제, 동북아, 한반도」 (서울: 아르케, 2004); 이남주, 「동북아 경제협력과 한반도 경제」, 고려대 민족문화연구원·경남대 극동문제연구소 공동 학술회의 (서울, 2010년 9월 9~10일) 참조.

없고, 포용정책 추진 과정에서 드러난 문제점들을 교정하는 한편, 포용정책을 추진하면서 축적된 경험을 살리고 지혜를 발휘하는 그런 업그레이드된 포용정책[54]이어야 할 것이다.

대북 포용정책은 무엇보다도 이명박 정부 기간에 파탄이 난 남북관계를 개보수하는 데서부터 재가동에 상당한 어려움이 예상된다. 재가동의 동력은 2012년 우리 국민의 비상한 정치적 선택과 압박이 가해졌을 때 생겨날 것이다. 이 우선적 과제에 실패하면 포용정책을 꺼내보지도 못하는 신세가 되기 때문에 우리는 이미 신판 포용정책 정비와 실행을 위한 정치과정에 진입해 있다고도 볼 수 있다.

새 포용정책은 그 핵심 내용에 있어 2005년 6자회담에서 도출된 '9.19공동성명'의 이행과 2007년 남북정상 간의 합의인 '10.4정상선언'의 실천을 통한 한반도 평화체제 구축과 '한반도 경제권'[55]의 형성이 되어야 할 것이다. 이 정책을 실행함에 있어 시민사회[56]뿐 아니라 기업을 비롯한 민간 영역의 참여가 보장되어야 함은 두말할 나위가 없고, 분권화 시대를 맞아 다양한 수준의 지방정부 및 자치단체들이 자신들의 특장과 의지에 따라 교류협력 사업들을 추진할 수 있는 '지방참여형' 포용정책이 되어야 한다.[57]

우리의 대북정책을 상상하고 실천함에 있어 한반도가 직면하고 있는 동북아 지역 질서와의 긴밀한 연관성을 잠시라도 놓쳐서는 절름발이 신세가 될 가능성이 높다. 동북아 지정학이 한반도에 미치는 파급에 대한 전략적 분석은 필수불가결이며, 우리가 어떤 정책을 펼쳐서 한반도에 변화를 일으키는가가 동북아 지

---

54) 백낙청 교수는 "포용정책 2.0"이라는 표현을 사용하는데, 그 핵심 내용은 '시민참여'와 "남북연합 건설을 향한 의식적 실천"이다. 백낙청, 「포용정책 2.0'을 향하여」, 『창작과 비평』, 147호(2010); 박명규 교수는 남북관계가 완전히 다른 두 문명적 차이가 날 정도의 "비대칭성"을 보여준다면서 새로운 남북관계론을 제기하고 있다. 박명규, 「남북관계와 비대칭적 분단국체제론」, 『통일과 평화』, 창간호(2009), pp.3~28.

55) 이 개념에 대한 상세한 논의로 양문수·이남주, 「한반도경제 구상: 개방적 한반도경제권의 형성」, 한반도사회경제연구회, 『한반도 경제론: 새로운 발전모델을 찾아서』, (파주: 창비, 2007).

56) 조대엽, 「시민사회 통일론의 전망」, 고려대 민족문화연구원·경남대 극동문제연구소 공동 학술회의 (서울, 2010년 9월 9~10일) 참조.

57) 2011년 9월 19일 경남 창원에서 열린 '한겨레-경남포럼' (경남발전연구원·경남대 극동문제연구소·한겨레평화연구소 공동주관) "분권화 시대의 남북교류협력: 남북관계의 전환과 지자체의 대북 사업을 위한 새로운 모색"에서 이런 입장에 선 토론이 열렸다.

역 질서의 성격에 적잖은 영향을 미친다는 복합적인 사고가 필요하다. 2010년 천안함 사태를 보면 이 점이 분명해진다. 우리하기 나름으로 미중관계의 성격마저 영향을 받을 수 있다는 것이다.

동북아 지역 질서가 협력의 확대를 통해 통합의 방향으로 전개되고 있는 현실은 거스를 수 없는 대세다. 우리는 이 같은 흐름에 편승하는 데 그치지 않고, 이런 통합의 흐름을 남북관계 발전의 우호적 외부 환경으로 활용할 줄 아는 사려가 요구된다. 심지어 그 과정을 한층 발전시키는 데 남북관계가 결정적 지렛대가 될 수 있다는 생각도 가능하다. '9.19공동성명'의 이행은 당면한 북핵문제 해결을 위해서도 불가피하며, 한반도 평화체제 구축과 동북아 안보협력 메커니즘 구축과도 결부되어 있다. 비핵, 한반도 평화체제, 동북아 협력이 동시 병행적이되 잘 조정된 방법론을 통해 모색되어야 한다.

3장 천안함 이후 한반도와 동북아 정세*

1. 머리말

천안함 사태와 관련하여 이명박 대통령은 5월 24일 대국민 담화에서 남북 관계의 전면 중단을 선포하였다. 노태우 정부의 북방정책 실시 이후 20여 년에 걸친 남북 화해협력의 성과를 한순간에 허무는 결단이었다. 대통령의 담화 발표 이후 유관 부처들이 발표한 후속 조치들—남북 간 교역·교류의 전면 중단, 북한 선박의 남쪽 해역 통과 봉쇄, 확성기 및 전단 살포를 통한 심리전 재개, 서해상에서의 한미합동군사훈련, 유엔 안보리 회부, PSI 역내 참단 훈련 참여—은 대북 봉쇄, 한미공조, 국제사회로의 문제 확대로 요약할 수 있는 바, 한국 정부가 취해서 어떤 득실이 있을지 궁금증을 불러일으키는 조치들이라고 할 수 있다. 한반도에 불필요한 긴장 고조를 초래하고 동북아 안보환경을 우리에게 불리하게 만드는 조치들일 가능성이 높기 때문이다.

이제 남북관계는 돌이키기 힘든 상태로 악화되어 버렸을 뿐더러 군사적 대결 태세로 전환되어 무력 충돌 가능성이 상존하게 만들어버렸다. 대화 채널은 닫히고 경협 사업은 결정적 타격을 입은 가운데 개성공단 사업이 겨우 명맥을 유지하고 있는 실정이다. 이제 북핵문제 해결 같은 큰 과제는 정책의 대상에서 사라지고 냉전기의 긴장과 적대가 남북관계를 억누르고 있다. 북핵문제는

---

* 『광장』 2010년 제8호.

동북아 공동의 미래를 생각한다

어떻게 되며 6자회담은 언제 여나?

남북관계가 악화일로를 걷고 단절에 이르자 북한은 퇴로를 대륙에서 찾고 있다. 지난해 조·중 우호의 해 60주년을 기념해 원자바오 총리가 대규모 대표단을 이끌고 북한을 방문하여 우의를 한껏 과시하였고, 북·중 대규모 경제 협력 및 지원을 약속하였다. 천안함 사태가 한창 진행 중인 5월 초 중국은 한국을 무시라도 하듯 김정일 국방위원장을 초청하여 극진히 대접하였다. 북·중 간 새로운 관계의 준칙도 재정립하였다.

이명박 정부의 한미동맹 강화라는 정책 기조가 결국 남북관계를 최악으로 몰아간 측면이 있다. 동북아에서 우리가 결코 소중하게 다루지 않으면 안 되는 중국에다 천안함 외교에 한국 편을 들라고 공개적으로 압박하고 심지어 미국 대통령이 이에 가세하는 듯한 발언도 있었다. 그러나 중국은 "안정과 평화"만을 천명할 뿐 바위처럼 입장 변화가 없다. 조사단을 보낸 러시아마저 메데브데프 대통령이 직접 나서서 "과학적이고 객관적인 진실"을 찾을 때까지 누구의 소행으로 몰아갈 수 없다는 자세를 보였다. [1] 역외 균형적(balancing) 역할을 모색하고 있는 러시아와도 매우 불편한 관계가 조성되고 있는 것이다. 이명박 정부는 한미공조를 강조한 나머지 동북아의 주요 세력들인 중국과 러시아로부터 협력의 자산을 잃어버렸다. 한중, 한러관계가 겉은 멀쩡한데 속은 골병이 들대로 들었다는 것이 전문가들의 분석이다.

2010년 7월 현재 한반도 주변은 4강이 각기 개입된 대립적 성격의 군사 훈련장으로 변하였다. 한반도에 가장 나쁜 정세가 진전되고 있는 것이다. 서해상 한미연합훈련 계획이 동중국해상의 중국 인민해방군 "실탄" 군사 연습을 초래했을 것이라는 분석에 일리가 있다고 본다. 천안함 사태 이후 우리 정부가 취한 조처 가운데 서해상 한미연합훈련은 북한 봉쇄의 시급성에도 불구하고 한반도 주변에 대한 종합적 판단이 아니라 일시적 상황 대비 논리에 기

---

1) 또한 러시아 조사단의 결과 보고서에는 " '1번 어뢰'를 천안함 침몰의 '범인'으로 볼 수 없다"는 결론이 포함되어 있다는 언론 보도가 있었다. 「한겨레신문」, 2010년 7월 9일.

초를 두고 있다는 인상을 강하게 풍기고 있다. 중국의 반대가 드센 가운데 아직도 미국이 입장을 분명하게 정리하지 못한 태세를 보이고 있다. 강대국들이 우리 해역에 들어와 군사적 대결 태세가 조성되는 것은 한국의 안보전략상 최악의 전략구도라고 할 수 있는데, 우리가 빌미를 제공하여 그런 구도를 야기시키는 형국이 진전되고 있다.

이명박 대통령이 '5.24 대국민 담화'를 발표할 시점에 중국 베이징에서는 제2차 '미·중 전략경제대화'가 열렸다. 양국의 외교장관과 국방장관이 참석하는 중요한 대화였다. 우리 정부가 미국에 기대고 중국을 압박하면서 천안함 사건에 함몰되어 있을 때 한반도의 운명을 가를 수 있는 두 강대국은 자신들의 전략적이고 경제적인 이해관계를 조율하기 위한 포괄적 대화를 나누고 있었던 것이다. 상대적 약소국이 두 강대국 사이에서 휘둘리는 '변방외교'를 펼치는 전형이 바로 천안함 외교라고 하기에 부족함이 없다. 게다가 G20 정상회의에 참석한 이명박 대통령과 오바마 대통령은 6월 26일 토론토 현지에서 한미정상회담을 갖고서 느닷없이 2012년 4월 17일자로 예정된 전시작전통제권 전환을 3년 7개월 연기하고 한미FTA를 재논의 한다는 합의를 발표하였다. 이는 정상외교 절차나 내용 모두에서 하자 투성이로 이미 우리 사회 내부에 격한 갈등과 국론분열을 야기하고 있다. 천안함 사태에 대내외적으로 모든 것을 걸어버린 이명박 정부가 자초한 한반도 정세이자 동북아 전략구도이기도 한다.

2. 한미동맹 강화와 남북관계의 역진

이명박 정부 들어 유달리 부각된 외교안보 분야 정책 노선이 한미동맹 강화이다. 한국 외교안보의 다른 과제들은 모두 이에 부차적이거나 종속변수로 다루어지고 있다. 남북관계를 한미동맹의 종속변수로 다루는 데서 이 노선의 의미를 선명하게 읽을 수 있다. 한미동맹만 굳건하면 북한문제에도 대처할 수 있고 다른 양자 관계들도 순탄하게 관리해나갈 수 있다는 인식이 깔려 있는 것이다. 지난 2년 반 동안 진화를 거듭해온 이 노선은 한미동맹을 이전 보다 한 단계 "격상"시켜 "전략 동맹"이라 불리게 되었는데, 천안함 사태를 맞아 그 일면을 안팎에 과시하게 되었다. 긴밀한 공조의 표시로 보기에는 미국이 한국의 천안함 외교에 지나칠 정도로 친절한 행동을 보여왔다. 이 상태만 놓고 보면 한미동맹 강화책이 성공적이었다는 평가를 해줄 수 있다. 천안함 사태를 빌미로 밀어붙인 전시작전통제권 전환(transfer) 연기 요청에도 쉽게 합의해 주었다. 한미FTA도 '재논의'하기로 합의하였다. 금년 들어와 북핵문제와 6자회담 재개 등의 중요한 사안들을 두고 오바마 행정부는 한국이 하자고 하면 무조건 동승한다는 태세를 보여왔다. 미국의 주도적 노력이나 역할은 사라졌고 한국 정부가 요구하는 방향에서 역내 핵심 쟁점들이 다루어져왔다. 한미공조가 찰떡같이 굳건한 모양새를 보였다.

'5.24 대국민 담화'를 통해 이명박 정부는 남북관계의 전면 중단을 천명하였는데, 돌이켜보면 천안함 사태가 아니더라도 남북관계는 이런 상태로 빠져들 운명이었다. 남북관계가 파탄 나고 노태우 정부 이전 상태로 역진한 데는 이명박 정부의 '비핵 · 개방 · 3000'이라는 대북정책 구호를 포함한 여러 요인들이 작용하였을 것이다. 그런데 핵심적으로 남북관계가 꼬이고 악화일로를 걸어 결국 파탄 지경으로 간 것은 한미동맹 강화라는 외교안보 정책노선에서 비롯되었다고 보아야 할 것이다. 실제로 한미공조를 통해 북핵문제의 해결이나 6자회담 재개 등에 대해 미국이 전향적인 태세를 보일 때 한국 정부가 이를 저지하는 데 성공했다는 정황이 보인다. 6자회담을 재개하기 위해 활발한 외교 행보를 하던 미국 정부로 하여금 '선 천안함, 후 6자회담' 전략에 동승하게 만든 것도 한국정부였다.[2] 남북관계를 순식간에 남북기본합의서 체결 이전으로 역진시킨 정부

---

2) 『한겨레신문』, 2010년 4월 26일.

와 보수층은 여전히 북한의 개방과 핵무기 포기를 주문하고 있다. 북한을 봉쇄하면서 개방을 요구하고, 미국과 중국에게도 뚜렷한 답이 없는 북핵 포기를 주문하는 자가당착과 무모함을 드러내고 있다. 헌법과 남북관계발전기본법에 명시되어 있는 점진적이고 평화적인 통일 방안을 일순 망각하고, 직접적 대북 압박과 더불어 국제적 봉쇄를 통해 북한 문제를 접근하겠다는 발상은 아마도 북한 붕괴에 따른 남한의 흡수통일을 염두에 두었을 가능성이 높다. 평화담론을 실패로 규정하는 대신 그를 대체해 급진적 혹은 우발적 통일 담론을 유발하고 확산시키고 있는 정부의 정책도 그렇고, 실제 보수 전문가들이 공론의 장에서 펼치고 있는 내용을 미루어보아도 그런 추론이 가능하다.

북한 붕괴에 의한 흡수통합은 우리의 헌법, 남북관계발전법, 모든 통일 방안, 남북기본합의서를 포함한 여러 남북합의서와 충돌한다. 게다가 실질적으로 우리가 감당할 아무런 준비나 능력이 부재한 그런 재앙적 사태라고 해야 마땅하다. 다수의 북한 전문가들도 북한 체제의 내구성을 강조하지 급변사태를 신중한 학술적 분석의 대상으로 여기지 않는다. 그리고 이 사안에 직접 이해관계가 걸려 있는 미국과 중국의 동북아 전략 속에 하나의 개념으로서 존재할 수는 있으나 그들에게 말끔히 정리된 전략의 대상이라고 볼 아무 정황 증거가 없다. 미국은 큰 관심이 없고, 중국은 결사적으로 예방하고자 하는 시나리오이기 때문에[3] 이는 오직 우발적 개연성의 영역에 속한다. 따라서 이 과제는 중장기적 국가전략에 속한다고 볼 수 있고 그런 차원에서 대비할 문제이지 공개적으로 논의할 사안이 아니다. 미국과 중국이 자신의 동북아 전략 틀을 정립하고 그 속에서 한반도 문제에 대한 접근법을 구축할 때까지 현상유지가 대세일 가능성이 높다. 그렇다고 우리가 손을 놓고 미국과 중국의 전략 수립을 기다리자는 말은 아니고, 그들의 처분을 기다리자는 말은 더 더욱 아니다. 동북아 정세가 유동적일 수록 우리의 자주적 운신 폭이 확대되고 효과도 클 가능성이 높은데, 남북관계를 파탄 냈으니 주도성을 갖고 움

---

3) 이희옥, 「한국에서의 중국 부상의 성격: 시각과 실제」, 『한국과 국제정치』, 제 25권 제4호(2009) 참조.

동북아 공동의 미래를 생각한다

직일 수 있는 소지와 지렛대를 스스로 걷어차 버린 모양이 되었다는 점을 지적하고자 하는 것이다.

3. 늘어나는 중국 채권과 미국의 무(無)대책

동북아에서 날로 높아지는 중국의 위상과 그에 따른 영향력 증대는 이미 많은 분석가들에 의해 지적된 바 있다. 2008년 미국발 금융위기 이후 이 같은 추세는 한층 분명한 모습으로 나타나고 있다. '미 · 중 전략경제대화'의 설치라던가 '한 · 중 · 일 3국정상회의'의 제도화가 이를 웅변 해주고 있다. 이제 미국이 중국의 협력 없이 동북아 역내 사안이건 글로벌 수준의 이슈이건 제대로 대응해나갈 수 없는 질서가 만들어져가고 있다. 흔히 사용되고 있는 'G2'라는 말은 개념적 정확성과 무관하게 점차 국제질서에서 통용되는 용어로 자리 잡고 있다. 필자는 기왕에 동북아 지역 질서가 다극성의 성격을 띠고 있다는 분석[4]을 제시한 바 있다. 동북아 지정학에 질적 변화가 일어난 것이고, 이 변화의 핵심은 미중관계의 성격이라고 할 수 있다.

2008년 금융위기 이후 중국은 동북아 지정학에서 채권을 차곡차곡 쌓아왔다. 6자회담의 의장국으로서 북핵문제 해결에 유일하게 중국이 활발한 전향적 외교 활동을 보였다. 북한과의 대화와 교류도 주로 중국이 담당하였다. 남북대화가 끊기고 대화 채널이 차단됨으로써 우리 외교는 북한 지도부의 의사를 파악하기 위해 중국에 구걸해야 하는 경우가 늘어났다. 미국도 적극적인 외교 행보가 없었기 때문에 중국과 협력해 나갈 수밖에 없었다. 중요한 점은 북 · 중 양자 관계의 재정립이라고 할 수 있다. 김정일 국방위원장의 5월 초 방중으로 인해 북 · 중 간 "전략적 상호소통" 등을 포함한 새로운 관계의 준칙이 세워졌다. 북 · 중 대규모 경제협력 역시 간과할 수 없는 내용이다. 우리가 천안함 사태

4) 이수훈, 「탈냉전·세계화·지역화에 따른 동북아 질서 형성과 남북관계」, 『한국과 국제정치』, 제25권 제3호 (2009) 참조.

에 빠져있을 때 진전된 일들이다. 대북문제, 북핵문제, 6자회담 등에서 중국의 채권이 너무나 비대칭적으로 증가하였다.

그에 반비례적으로 미국 오바마 대통령은 대선기의 화려한 수사와 공약과는 상당한 거리를 갖는 경향을 보임으로써 북핵문제, 6자회담, 아시아 집단안보체제 등등의 과제들에 있어 거의 무대책임을 보여 왔다. 지난 해 여름 빌 클린턴 전 대통령의 방북으로 마련된 기회를 놓치더니 2009년 12월 보스워스 대북특사 평양 방문을 끝으로 이후에는 어떤 외교적 주도성을 보이지 않았을 뿐만 아니라 이런 저런 언설 외에 구체적 행동이 없다. 그마저 언설에 일관성이 없고 얻고자 하는 효과가 뭔지도 이해할 수 없는 외교 행태를 보여주고 있다.

오바마 행정부는 미국의 세계전략을 펼침에 있어 중국과의 "전략적 협력"을 필수불가결한 구성요소로 인식하게 되었는데, 이는 2009년 7월 워싱턴에서 열린 제1차 미·중 전략경제대화를 계기로 정립되었다.[5] 종전의 미·중 간 '전략적 경쟁'에서 '전략적 협력'으로 미중관계의 본질이 바뀌게 되었던 것이고, 천안함 사태 와중에 베이징에서 열린 제2차 대화에서 더욱 공고화되었다. 이번 베이징 대화는 경제 문제가 주류를 이루었지만, 미국 대외 정책의 최대 이슈인 이란 문제에 대한 양국 간 협조가 심도 있게 다루어졌다는 점에서 '전략적 협력' 관계가 두드러졌다고 할 것이다.

4. 과욕의 천안함 외교가 부를 후과(後果)

MB정부는 남북관계를 '국제화'해왔다. 남북관계의 잠정성과 특수성을 부정하고 이를 '정상화'한다면서 남북 간 문제를 국제사회로 옮겨가서 다루어왔

---

5) 김흥규, 「미·중 전략·경제대화분석: 한반도 현안에 대한 함의와 더불어」, 『주요국제문제분석』 (서울: 외교안보연구원, 2009) 참조.

다. 금강산관광객 피살 사건을 ARF(아세안지역안보포럼)로 가져간다든지 개성공단 우리 종사자 억류 사건을 중국이나 유럽 국가 외교 채널을 동원해서 접근한다든지 하는 사례에서 잘 드러난다.

그 압권이 바로 천안함 외교라고 할 수 있다. 천안함 사건은 기본적으로 우리 해역에서 발생한 남북 간의 문제다. 정부 발표에 따르면 북한 잠수정이 어뢰 공격을 해 우리 초계함이 침몰한 그런 서해상 남북 간 군사 사고였다.

MB정부는 이런 남북 간의 문제를 곧바로 국제화시켜서 남북축을 무시했음은 말할 것 없고, 결과적으로 불안하게 명맥을 유지해오던 남북관계를 총체적 단절로 내몰고 말았다. '5.24 대국민 담화'에도 불구하고 일단 우리 사회 내부에서 객관적 진실에 대한 공방이 끊이지 않는 가운데 내홍을 겪고 있다. 우리 내부가 이런 지경인 데 외교가 의도대로 이루어질 리 없다는 점은 자명하다. 유엔 안보리에 회부하여 대북 제재 결의안을 끌어낸다는 애초의 야심찬 목표는 표류를 거듭한 끝에 결국 상징적 조치 이상의 의미를 담지 못한 '의장성명'으로 귀결되었다.

천안함 외교의 과욕은 한반도 주변 강대국들을 불편하게 만들거나 당혹스럽게 만들어 어떤 후과가 있을지 알 수 없는 형국을 초래하였다. 중국에 대해 외교적 관례를 무시한 요구를 해서 중국 외교부가 대변인 성명을 통해 노골적으로 기계적 맞대응을 하는 사태가 벌어졌다. 여기에는 우리 통일부장관까지 동원되는 미숙함이 드러났다. 한중 간 경제적 밀도와 차후 북핵문제나 6자회담 등에서 우리가 받아야 할 협조를 감안한다면 도저히 이해할 수 없는 행태다. 우리가 미국 정도 된다면 중국에게 정중하게 어떤 문제 해결에 대해 "책임 있는 역할을 해달라"라는 주문을 할 수 있을지 모르겠다. 그런데 우리 정부와 언론이 나서서 중국을 압박해대니 중국 정부가 한국을 어떻게 인식하겠는가. 어떤 후과가 있을지를 검토하면서 외교를 벌여야 하지 않을까 한다. 대책 없는 과욕이 감당 못할 후과를 초래할 수도 있기 때문이다.

중국에게 무모할 정도의 대립각을 세웠다면 미국과는 찰떡같은 공조로 일관하였다. 앞서 지적한 대로 미국은 북핵문제와 6자회담을 후순위로 돌리고 한국의 천안함 외교에 동승하였다. 국무성은 말할 것 없고 토론토 G20정상 회의에서 오바마 대통령이 직접 나서 중국에게 대북제재 동참을 요구하게 되는데, "북한이 선을 넘은 사례라는 점을 후주석이 인정하기를 바란다", "북한의 추한 도발에 대해 머뭇거리며 회피하려는 것은 악습이다"라고 말할 정도였다. 그리고 이명박 대통령의 노력, 특히 "자제력"을 칭찬했다. 중국에게 엄청난 채무가 있는 자신의 처지를 일순 망각한 상태에서 나온 발언이라고 볼 수도 있겠지만, 오바마 대통령이 '미·중 전략경제대화'에서 양국이 정립한 전략적 협력 관계를 온통 무시할 정도의 지도자는 아닐 것이라는 점에서 우리가 미국의 행동으로부터 위안을 받고 만족할 계제는 아니다.

오바마 대통령이 칭찬한 "자제력", 즉 한반도에서 더 이상의 추가적 안정 파괴 행동을 하지 않은 점을 주목할 필요가 있다. 중국 정부는 천안함 사태에 대해 일관되게 한반도의 평화와 안정을 되뇌었다. 후진타오 주석도 토론토에서 "한반도의 평화와 안정을 파괴하는 어떠한 행위도 규탄하고 반대한다"라고 응대했다. 예의 미·중 간 '전략적 협력'이 아무런 손상을 받지 않고 작동하고 있었다는 사실을 보여준다. 미국은 한국을 달래는 한편 북한에게 추가 도발을 하지 말라는 정도의 수사로서 자신의 이해관계에서 한 치도 벗어나지 않았고, 중국도 한반도에서의 불필요한 소요 사태를 예방하고 현상을 일정기간 유지한다는 자신의 전략적 이해관계에 충실하였던 것이다.

토론토에서 가장 주목해야 할 일은 6월 26일 한미정상회담에서 2012년 4월로 예정된 한미 간 전시작전통제권 전환을 3년 7개월 연기한다는 합의다. 한국 대통령이 "요청"하여 오바마 대통령이 연기를 반대하는 펜타곤을 설득한 노력 끝에 연기에 응했다고 한다. 전작권 연기를 주장해온 사람들은 천안함 사건을 구실로 삼곤 했지만 이번 회담 결과 전작권 전환과 천안함 사건과는 관련이 없었음이 입증되었다. 연기 결정은 밀실에서 이미 결정되었고, 금년 초부터 연기를 위한 양국 간 물밑 외교가 진행되고 있었던 것이다. 미국 국방부는 자신의 전 세계적 군사운용 전략을 엉키게 만드는 한미 간 전작권 전환 문제를 왜 양보했을까? 한국사회 내부에 이미 격론이 일고 있는 바이지만, 필자는 미국에게 상당한 대가를 치러야 할 것이라는 주장[6]을 제기한 바 있다.

한미 간에 대가에 관한 이면합의가 없었다 하더라도 향후 미국이 한국 정부에 내밀 청구서는 고비용일 것으로 전망할 수 있다. 크게 경제적 비용과 군사적 비용일 가능성일 생각은 누구라도 할 수 있다. 한미FTA를 논외로 하고서라도 한·미 군사동맹 내에서만 따져볼 때, 경제적 비용으로 기지 이전 비용, 무기 구매, 방위비 분담금 따위를 예상해볼 수 있을 것이고, 군사적 비용으로 추가 파병이나 장기 파병, 주한미군의 전략적 유연성 행사 등을 생각할 수 있을 것이다. 또한 매사가 그렇듯이 하던 일을 연기하면 자연발생적으로 부수적 추가 비용이 발생하는 데 이 역시 우리 국민의 세금으로 메꾸어야 할 일이다.

5. 이념 외교의 탈피와 남북관계 복원 과제

천안함 사태를 맞아 이명박 정부가 보여준 외교안보 행위는 이념에 기반을 두고 있으며 정치적 동기에 얽혀있다는 인상을 강하게 풍긴다. 이념이란 북한에게만 그치고 마는 문제가 아니라 한국의 현대사적 특성상 미국에게도 해당된다. '반미', '친미'라는 말이 흔하게 사용되고 있는 현실이 그것을 반증한다. 이념은 대상이 무엇이건 관계없이 절대시하는 한편, 객관화하는 데 실패하는 데서 출발된다. 사람을 예사로 '친북좌파'로 몰아세우는 정치사회적 분위기는 고위 정책결정자들이 자신도 모르는 사이에 조성되는 정치적 환경과 깊은 관계가 있다. 나중에는 양자가 상승적인 관계를 만들어 외부 소통이 불가능한 폐쇄회로를 구축한다. 현재 이명박 정부의 외교안보 노선은 출범 때 내세운 "창조적 실용주의"와는 거리가 멀다. 오히려 그 정반대가 아닐까에 대해 분석적

---

6) 『한겨레신문』, 2010년 6월 26일, 이수훈 칼럼 참조.

검토가 필요하다고 본다.

천안함 사태에서 얻을 한국 외교안보의 교훈은 한미동맹 일변도의 외교 기조로는 동북아 정세에 대한 적절한 대응은 차치하고 한반도 문제도 제대로 관리할 수 없다는 점이다. 이는 보수적 국제정치학자들도 동감을 표시하고 있는 입장인데, 정부는 이들에게도 귀를 막고 있는지 도무지 소통이 불통인 듯하다. 근년에 중국 구상을 강조하는 전문가들이 늘어나는 추세를 보이고 여론주도층에서도 그런 경향이 엿보인다. 앞서 지적했듯이, 천안함 외교에서 한국 편에 가담한 것 같은 미국도 철저한 자신의 전략적 이해관계를 추구하였다. 지역적이고 글로벌한 수준에서 미국과 '전략적 협력'을 공언하고 있는 중국도 자신의 전략적 이해관계를 도모하였다. 우리는 천안함과 더불어 함몰되어 우리의 진정한 이해관계가 무엇인지를 일순 놓치지 않았는지 되돌아볼 필요가 있다고 본다.

한국 외교안보의 출발은 남북관계다. 다음에 한미동맹이 소중하고 이런 저런 양자 관계 및 지역적 글로벌 차원의 이슈들이 있다. 여기에 우선순위가 바뀌면 그 순간부터 전반적 틀이 흔들리고 아귀가 맞지 않는다. 호불호를 떠나 남북관계의 끈을 쥐고 있을 때 한국의 외교적 가치와 지렛대가 생긴다. 따라서 전반기를 마감하고 후반기로 들어가는 이명박 정부는 우리 외교안보상의 전략적 이해관계를 객관화하여 점검한 뒤에 새로운 대외전략을 짤 필요가 있다.

다음으로 전문가 집단과 시민사회가 담당할 몫이 크다.[7] 천안함 사태를 맞아 우리 사회에서 '전쟁'이라는 말이 부쩍 부각되었다. 물론 이 현상에는 6.25 한국전쟁 발발 60주년과 연관된 행사들이 한 몫을 했을 것이라고 짐작된다. 그런데 천안함 사태를 맞아 여론주도층 가운데 전쟁을 불사해야 국가가 바로 선다는 취지의 언설이 적잖이 나왔다. 북한의 소행이 분명하다면 보복 대응을 할 수 있어야 한다고 대통령을 추궁하는 언론 칼럼들이 있었다. 이 대목에서 오바마 대통령이 칭찬한 이명박 대통령의 "자제력"이 어떤 의미를 품고 있는지 상기

---

7) 급기야 6월 17일 종교계 원로들로 구성된 '민족의 화해와 평화를 위한 종교인 모임'은 프레스센타에서 기자회견을 열어 남북정상회담을 열 것을 촉구하는 한편 "남북 교류 협력 및 인도적 대북지원 전면 중단 정책을 즉시 철회해야 한다"고 강조했다.

할 필요가 있다. 같은 맥락에서 후진타오 중국 주석이 "한반도의 평화와 안정을 파괴하는 어떠한 행위도 규탄하고 반대한다"는 발언은 어떤 의미를 띠고 있는지도 되새겨볼 필요가 있다. 우리야 북한을 염두에 두었을 것이라고 당연시하겠지만, 냉정하게 보면 중국으로서는 남한도 포함시켜 말하고 있음을 읽을 수 있다. 유엔 안보리의 의장 성명도 비슷한 맥락에서 해석할 소지를 크게 담고 있다.

천안함 사태 이후 우리 사회에서 안보에 관한 분위기가 많이 변하고 북한의 도발 가능성에 대한 관심이 부쩍 늘어났다. 그런가 하면 북한은 남한이 미국과 보조를 맞추어 자기들을 흡수통합할 것이라고 주장한다. 그래서 우리가 선의로 사용하는 "개혁개방" 같은 표현에도 알레르기 반응을 나타낸다. 미국은 한국의 "자제력"을 지지하고 중국은 "한반도의 평화와 안정"을 내세운다. 한반도 주변의 동북아 두 강대국이 한반도에서 평화와 안정을 요구하는 데, 정작 당사자인 남과 북이 냉전기로 돌아가 대결하고 비방하고 관계를 서로 차단하고 있다. 약소국이 강대국들의 틈새에서 택해야 할 책략 가운데 가장 하책을 선택하고, 그것에 집착하고 있는 것이다. 남북관계를 단절하고 대결과 적대로 몰아가는 것은 주변 강대국들의 이해관계에는 해롭지 않을 수 있어도 당사자들에게는 치명적 피해를 초래할 수 있다. 남북관계를 복원하는 데 정부의 노력은 물론이고 시민사회도 지혜를 모을 때이다. 어떤 의미에서 천안함 사태가 현재진행형이라고 하더라도, 유엔 안보리 의장 성명이 나오고 중국과 북한이 6자회담을 비롯한 대화를 주문하고 있는 만큼 우리 정부도 객관적 정세 파악에 기초하여 대화에 적극적으로 임하겠다는 '모드' 전환이 시급하다.

제3부.

동북아 공동의 미래와 한국의 선택

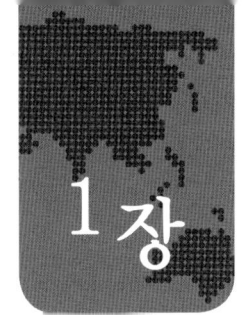

1장 헤게모니 퇴조와 동북아 지역정치*

1. 머리말

드디어 동북아 주요 국가들에 앞으로 짧아도 4년, 길게는 10년을 책임질 새로운 정부들이 출범을 마쳤다. 온갖 축복과 충만한 기대를 받고 출범한 새 지도자와 정부들이 마주친 동북아의 기상도는 온통 먹구름이요, 어쩌면 폭풍전야라고 해도 지나치지 않을 지경이다. 지금의 상황으로 말하자면 적어도 두 개의 이슈가 두드러지는데 하나는 북한과 관련된 것이고, 다른 하나는 영토 분쟁, 특히 센카쿠 열도(중국명 댜오위다오)를 두고 중국과 일본이 벌이는 위태로운 대치를 꼽을 수 있다.

새 지도자와 정부의 입장에서는 이 상황이 예외적으로 어렵고 심지어 불운하다고 받아들여질 수도 있을지 모르겠다. 그런데 과거를 돌아보거나 중기적 전망을 시도하려고 할 때 2013년 초의 동북아 현실이 그렇게 예외적이거나 특이하다고 볼 수도 없다. 가령 10년 전인 2003년 초에도 북핵위기가 있었고 미사일 위기도 진행형으로 존재하였다. 20년 전인 1993년에 북핵문제가 본격적으로 개시되어 미국의 북한 폭격 위험도 있었다. 물론 당시의 북핵위기 양상과 세 차례에 걸친 핵실험을 마친 작금의 양상은 양적으로나 질적으로 차이가 없지 않지만, 북핵문제의 본질은 대체로 하나의 궤적을 그리면

---

* 『한국과 국제정치』 2013년 봄 특집호.

서 경로 의존성을 보여주고 있다. 또한 10년 전에 한·중·일 3국 간의 영토 갈등도 현재와 못지않은 심각한 긴장상황을 빚어냈던 것이다.

미래를 예단할 수 없지만 10년이 지난 2023년에는 동북아 현실이 지금보다 나아져 보다 평화적이고 공존적으로 발전할 것인가? 아니면 현재의 긴장 상황들이 악화된 패턴을 만들고 그것이 전화하여 정부 행위자들의 개입 혹은 통제 노력이 통하지 않는 어떤 파국적 경로로 진입할 것인가? 그리고 이 두 가지 특별한 경로 외에 그 중간에 수많은 경로들이 있을 법하다. 현재의 상황들을 슬기롭게 관리해 평화와 안정을 유지하는 일도 중대한 과제이고, 10년이 지난 뒤 우리가 어떤 현실 속에 있을지를 전망하는 일도 의미가 있을 것인데, 가장 기초적 과제는 우리가 지금 어떤 시간대에 진입해있고, 어떤 상황에 처해 있는가를 명확하게 분석하고 해석하는 것이다.

이 논문은 세계체제론(world-system analysis)의 '헤게모니 순환'[1] 개념을 중심으로 그 분석을 시도하고자 한다. 따라서 이 분석은 세계체제론이라는 하나의 시각이 갖는 전제들이 수용될 때 타당성을 갖는다. 당장 '헤게모니'라는 용어부터 세계체제론에서의 정의와 일반적 국제정치학에서의 용법이 다르다. 그에 따라 이 논문은 자본주의 세계체제의 헤게모니 순환 속에서 현 지점의 미국 헤게모니 퇴조(decline)에 유념하는 동시에 급부상해온 중국을 주목할 것이다. 오늘날 미중관계는 국제정치학자들에게 가장 매력적이고 유행과도 같은 분석 주제인데, 이 논문에서는 동일한 주제를 자본주의 세계체제의 주요한 프로세스 가운데 하나인 헤게모니 순환이라는 관점에서 접근할 것이다. 이는 미국 헤게모니 순환을 마감하고 새로운 헤게모니 순환의 등장을 개시하는 시기, 즉 이행기의 정치에 대한 논의로 연결될 것이다. 이행기의 정치 논의에 이어 논의의 수준을 낮추어 동북아 역내의 핵심적 이슈 몇몇이 왜 심각한 이슈가 되었는지를 중심으로 살펴보고자 한다.

---

1) Arrighi, Giovanni, *The Long Twentieth Century; Money, Power and the Origins of Our Times*, (London: Verso, 1994); Wallerstein, I., "Three Instances of Hegemony in the History of Capitalist World-Economy", chapter 4 in Wallertein, I., ed., *The Politics of the World - Economy*, (Cambridge: Cambridge University Press, 1979) 참조.

2. 헤게모니 순환과 미국 헤게모니 퇴조

'헤게모니'는 농업/산업, 상업, 금융 3대 경제 영역에서 압도적 우위를 보일 뿐 아니라 그것을 토대로 삼아 자신의 규칙과 의도, 전략 목적을 광범위한 분야들에 관철시킬 수 있는 역량을 가진 상황을 뜻한다.[2] 헤게모니는 국제정치학 개념인 '세력 균형', 즉 여러 권력들이 힘의 균형을 가진 상황의 다른 대척점이라 볼 수 있지만, 그렇다고 해서 전지전능한 절대 권력을 뜻하지 않는다. 헤게모니는 질서와 평형상태(equilibrium)에 더 가깝고, 순환의 퇴조기나 특히 종점에 달하면 격렬한 권력 경쟁, 무질서, 비평행 상태가 주조를 이룬다.

'헤게모니 순환'이란 세계체제 내에서 작동하는 중요한 과정들 가운데 하나이며, 자본주의 세계체제의 주된 작동 원리인 끊임없는 자본 축적과 긴밀한 관련을 갖는다. 그것은 세계체제 내에서 어떤 특정한 단일 권력 혹은 국가가 상승, 정점, 퇴조라는 일종의 순환을 보여주는 양태를 가리킨다. 헤게모니는 상대적 질서 유지를 통해 무질서로부터 발생할 수 있는 인프라의 파괴라든가 자본과 상품의 부자유스런 이동을 방지하는 기능을 한다. 헤게모니는 또한 헤게모니국가, 그 관할권 내의 기업가들, 그리고 국민에게 중요한 혜택들을 제공한다. 바로 이 같은 특혜 유지를 위해 헤게모니국가는 세계체제 전반적 질서의 유지, 그리고 자신에게 유리한 지정학의 조성과 유지에 상당한 비용을 지불해야 하는 데, 헤게모니가 되는 바로 그 정점에 자해(自害)적 과정이 잉태된다는 점이 아이러니다.

근대 세계체제의 역사에서 세 번의 헤게모니 순환이 있었다. 17세기 중엽 네덜란드(연합주) 순환, 19세기 중엽 영국 순환, 20세기 중엽 미국 순환이 있었던 것이다.[3] 네덜란드 헤게모니는 1625~1672년 기간, 영국 헤게모니는

---

2) Wallerstein, I., "Three Instances of Hegemony in the History of Capitalist World-Economy" 참조.
3) 역사적인 헤게모니 사례에 대해서는 세계체제론자들 사이에서도 의견이 다른 데, 월러스틴은 네덜란드, 영국, 미국을 꼽는 한편, 아리기는 네덜란드 이전에 제노아를 첨가하기도 한다. Arrighi, 위의 책(1994), 참조; 네덜란드의 경우에도 당시 세계체제에서 군사 강국이 아니었다는 특징 탓인지 국제정치학자들은 헤게모니 국가로 꼽는 데 주저하는 경향을 보인다. Wallerstein, I., "Three Instances of Hegemony in the History of Capitalist World-Economy" 참조.

1815~1873년 기간, 미국 헤게모니는 1945~1968/73년 시기에 각각 그 정점을 이루었다. 구체적인 시기에 대해서는 의견이 분분한 실정이며, 어떤 요소를 중시하는가에 따라 시기 구분이 달라진다. 특히 미국 헤게모니 정점과 그 퇴조에 대해서는 어떤 이론적 관점에 서느냐, 어떤 정치적 입장을 견지하느냐에 따라 평가와 분석이 전혀 달라진다. 아직도 미국의 국력이 쇠퇴하지 않았다고 주장하는 사람들도 있는데, 2012년 9월 미국 민주당 전당대회에서 조 바이든 (J. Biden) 부통령은 그의 후보 지명 수락연설 말미에 "미국은 쇠퇴하지 않았어요"라고 역설하는 것은 시사하는 바가 크다. 미국은 단연코 세계 최강국으로 남아 있지만 한때 그랬던 것처럼 헤게모니국가는 아니라는 불편함이 묻어나는 정치적 레토릭인 것이다. 이후 전개된 캠페인 기간에 오바마와 롬니 두 후보가 보인 '중국 때리기'는 애국주의에 다가가 득표하고자 하는 선거 전략상의 의미가 있지만 다른 한편 부지불식간에 중국 지배적 세계—혹은 적어도 동북아 지역—의 도래에 대한 두려움을 나타낸 것이 아닐까?

정점을 이룬 이후부터 헤게모니 순환의 완료와 이행이 일어났으며, 이행기에는 예외 없이 헤게모니 도전 권력들 간에 전쟁을 포함한 격렬한 권력 경쟁이 발생하였다. 네덜란드 헤게모니 이후 영국과 프랑스가 헤게모니 계승 투쟁을 벌이면서 영토, 동맹, 시장, 자원, 식민지 등을 두고 끊임없는 전쟁들을 치렀다.[4] 동맹, 시장, 자원, 식민지 등을 두고 끊임없는 전쟁들을 치렀다. 영국 헤게모니 이후에는 독일과 미국 간의 헤게모니 계승 투쟁이 제1, 2차 세계대전을 포함한 "30년 전쟁"을 치른 후에 마감되었다. 말할 것도 없이, 퇴조하는 헤게모니국가도 도전 권력들과 경쟁을 벌이기는 마찬가지였다. 이런 이행의 정치가 완료되면 새로운 헤게모니국가의 주도로 자신의 이익에 부합되도록 상대적 안정을 보장해주는 위계질서의 재편이 일어났다.

---

4) Wallerstein, *The Modern World-System II: Mercantilism and the Consolidation of the European World-Economy, 1600-1750*, (New York: Academic Press, 1980), p.246.

지금은 미국 헤게모니 순환의 완료기에 속하며, 헤게모니국가인 미국 권력이 퇴조하는 시기다. 미국 헤게모니의 절정기에는 실물적 팽창이 대규모로 발생했으며 그것을 미국이 주도하였다. 농업/산업, 상업, 금융을 망라해 미국의 우위가 절대적이었다. 영국 헤게모니 시기인 19세기 중반(1848~75)을 홉스봄은 "자본의 시대"라고 했는데, 비유적으로 이 시기를 "자본주의의 황금기"[5] 라 부르는데 아무 무리가 없었다. 미국이 주도하여 구축된 세계체제의 제도들은 가동에 문제가 없었다. "중도 자유주의"[6] 이념이 널리 확산되었으며, 이에는 진보에 대한 믿음과 발전에 대한 확신이 담겨 있었다. 탈식민화를 통해 자유무역체제의 경계선을 확장하였고, 냉전체제하에 소련을 하위 파트너로 삼았다.

이 같은 절대적 우위의 퇴조를 논하는 데는 다양한 접근이 있을 수 있는데 길핀은 미국 헤게모니의 '초석'으로 세 요소들, 즉 달러의 국제적 지위, 핵 우위, 초국적기업을 꼽은 바 있다.[7] 초국적기업은 세계화의 물결 속에 이미 그 의미를 잃었다. 초국적기업은 1970년대 이미 서독과 일본의 부상에 따라 광범위한 현상이 되기 시작했으며, 미국 기업 혹은 조직의 효율성과 세계경제의 실물적 측면에서의 미국 우위는 당시부터 서독과 일본에 의해 심각한 양상의 도전에 직면하였다.

이에 비해 달러와 핵무기는 양상이 한층 복잡하였다. 근년에 미·중 양자관계에 있어 위안화 평가절하 문제가 가장 첨예한 이슈가 되어왔던 점은 대단히 시사적이다. 게다가 미국이 핵확산 방지를 안보 전략의 최우선 순위에 놓으면서 북핵문제를 두고 보이는 행동(혹은 요란한 언술 뒤의 비행동) 역시 매우 시사적이다. 첫째, 세계경제 기축통화이자 브레턴우즈 체제의 근거였던 달러의 국제적 위상은 1968~73년 시기 유로달러 또는 유로통화 시장의 폭발적 팽창으로 말미암

---

5) Marglin, Stephan and Juliet Schor, eds., *The Golden Age of Capitalism*, (Oxford: Clarendon Press, 1991) 참조.
6) Wallerstein, I., *The Modern World-System IV: Centrist Liberalism Triumphant, 1789-1914*, (Berkeley: University of California Press, 2011) 참조.
7) Gilpin, Robert, *U.S. Power and the Multinational Corporation*, (New York: Basic Books, 1975), p.140.

아 타격을 입었다.[8] 즉 주요 국가 통화들과 미국 달러 사이의, 그리고 미국 달러와 금 사이의 고정비율 체제가 폐기되고 변동환율 체제가 자리 잡았다. 아리기가 말하는 "금융화"가 개시되었던 것이고, 이에 따라 금태환제 및 고정환율제가 폐기되고 연방준비제도가 아니라 시장이 지배하는 국면으로 나아가게 되었다.

흔히 강조되는 미국의 군사력은 아직도 압도적 우위에 있지만 그 기반은 전략 무기의 독점에서 비롯되었다. 그러한 전략 무기의 독점은 소련, 프랑스, 중국 등이 핵무기를 보유함으로써 냉전기에 이미 과점 체제로 바뀌었다. 미국의 군사력이 시험대에 오른 결정적 계기는 바로 이 시기(1968~73)에 있었던 베트남 전이었다. 미국은 베트남전에 참전하여 심각한 곤욕을 치른 나머지 지배력에 있어 실질적 한계를 보였을 뿐더러 이데올로기적으로 보편적 가치 전파자로서 정당성에 심각한 훼손을 당하였다.

3. 이행기의 정치

현 시기는 헤게모니 이행기에 속한다. 앞서 분석한 바 있는 미국 헤게모니의 가파른 퇴조에 맞닿아 새로운 잠재적 헤게모니 권력이 급부상하는 시기인 것이다. 이행기의 정치는 격렬한 권력 경쟁을 주된 성격으로 한다. 현 시기 권력경쟁의 중심 무대는 동북아 지역이다. 과거 이행기 사례에도 그랬듯이, 동북아 역내에는 영토, 동맹, 자원, 무기, 무역, 환율 등등의 이슈들이 등장하여 갈등과 분쟁이 빈번하게 발생하고 있으며, 현재의 불안정뿐만 아니라 미래에 대한 불확실성이 높다. 중동 지역의 정정이 불안정한 경우를 제하고 나면 세계 어느 지역도 동북아와 같이 국가주의와 민족주의, 그리고 안보, 적,

---

8) 아리기는 축적체제 순환에서 금융적 팽창을 주목하였는데, 실물적 팽창 결과 발생한 잉여자본이 다시 실물 영역으로 재투자되지 않고 "금융화"하는 현상이 매 축적체제마다 발생하였음을 규명하였다. 그리고 바로 이 시기 미국 헤게모니 이후 금융화 현상이 개시되었다고 본다. Arrighi, Giovanni, *The Long Twentieth Century: Money, Power and the Origins of Our Times* 참조.

방위 같은 군사전략적 어휘가 사회 전반에 위력적으로 작동하는 곳이 없다. 그런 점에서 동북아는 대단히 예외적인 지역인 데 이행기의 정치를 펼치는 주역들이 전략적 이해관계를 관철해야 하는 전략적 공간이기 때문이기도 하다.

이행기의 정치를 구성하는 주된 두 요소는 퇴조하는 헤게모니국가의 적응과 수용이 하나요, 새로운 도전 권력의 경향성이 다른 하나다. 이는 네덜란드에서 영국, 영국에서 미국으로의 헤게모니 이행기 정치에서 잘 드러난 바다. 즉, 이들 역사적 이행들에서는 기존의 헤게모니국가가 자신의 퇴조에 대해 '저항적'으로 대응했으며, 새 도전 권력이 '공세적'으로 상호작용한 나머지 파국적 이행 패턴을 만들었다. 그 결과는 대규모적이고 장기적인 전쟁이었다. 전쟁은 불가피했던 사건이 아니라 이행기 정치에서 권력 경쟁 양상이 저항적이고 공세적인 두 충동의 상호작용이라는 최악의 조합 때문이었다.

앞서 분석한 미국 헤게모니 퇴조에 대해 미국의 적응과 수용 태세는 어땠는가를 살펴보자. 1989년에 소련이 붕괴되었고, 동구 사회주의 국가들이 해체되었다. 이는 미국에게 단연코 명백한 헤게모니국가의 지위를 부여했던 것으로 간주되었다. [9) 아버지 부시 행정부는 걸프전을 강행하였고 미국은 무소불위의 권력을 행사할 수 있는 국가로 행세하였다. 그러나 미국은 이미 부의 축적이라는 차원에서 심각한 문제를 내재하고 있었는데, 쌍둥이 적자가 그 상황을 잘 대변해주었다. 1990년대 초에 집권한 클린턴 행정부는 이른바 '신경제' 붐덕택에 중국의 부상으로 인한 충격을 상대적으로 덜 심각하게 받아들인 시기였다고 볼 수 있다. 쌍둥이 적자가 구조화된 미국 경제에서 재정균형을 이루어내기도 했다. 그러나 집권 말기에 신경제 거품이 꺼졌다. 그리고 아들 부시 행정부가 들어서고 2001년 9.11의 충격이 왔다.

그 충격은 미국의 헤게모니 퇴조에 대한 적응과 수용을 "저항적"으로 만드는 데 쐐기를 박도록 작용하였다. 미국은 테러와의 전쟁을 천명하고 아프가니스탄

---

9) 세계체제론에서는 1989년의 사태마저 독특한 해석을 제시하였는데, Wallerstein, I., *After Liberalism*, (New York: The New Press, 1996) 참조.

전쟁을 감행하여 헤게모니 역할을 자임하였다. 일반적으로 분석가들이 미국이 다시 헤게모니 역할을 하는 것으로 진단하였다. 하지만 부시 행정부 8년간 미국은 회복할 수 없는 추락을 겪었다. 부시 행정부가 감행한 이라크전쟁은 감내할 수 없는 과잉 군사팽창이었으며, 미국의 지도력에 대한 다각적인 의구심을 자아내게 만든 중대한 전쟁이었다.[10] 과잉 군사팽창은 미국 정부 적자재정의 구조화를 초래하였고, 누적된 재정 부담은 2008년 금융위기의 한 요소였다.

오바마 행정부는 자해적으로 평가된 부시 행정부의 저항 정치를 마감하고 '축소의 정치'를 펼치게 되었다.[11] 특히 대공황에 버금가는 2008년 경제위기를 배경으로 집권하였기에 저항 정치 대신 축소의 정치를 펼칠 수 있는 안팎의 분위기가 조성되었다. 축소의 정치는 세계 여러 지역들에 대한 공약의 축소, 이라크전 철군 완료, 동맹 네트워크 강화, 다자간 협력주의 제고, 아시아로의 선회 등을 통해 구체화되었다. 특히 심각한 재정적자로 인해 오바마 행정부 들어 국방비 삭감이 일어나다가 2012년 초에는 향후 10년간에 4,879억 달러의 국방비 감축을 골자로 하는 '신국방전략'[12]이 발표되기에 이르렀다. 헤게모니 퇴조 관리 정치의 요체랄 수 있는 전략이다.

현 시점에서 헤게모니 이행을 말할 때 신흥 도전 권력이 중국이라는 데 의견을 달리할 분석가는 거의 없다. 오늘날에는 중국의 미래에 대해서도 비관적이기보다는 낙관적인 예측이 대세를 이루고 있다. 한국 학계에서도 이제는 '중국붕괴론'[13]이 위력을 잃었다. 그런데 우리가 20년 정도만 되돌아가더라도 이런 현실 진단과 예측을 했을까? 무엇보다도 당시에 "동아시아의 기적"이라는 담론이 성행하였고, 그 중심에는 일본이 있었다. 일본은 1990년대 초 거품이 꺼지기 전만 하더라도 미국과 '플라자 합의'를 해줄 정도였고, 축적이

---

10) 이라크전의 폐해에 대해 Baker, III, James and Lee Hamilton, *The Iraq Study Group Report*, (New York: Vantage Books, 2006) 참조.

11) MacDonald, Paul and Joseph Parent, "Graceful Decline?: The Surprising Success of Great Power Retrenchment", *International Security*, Vol. 35, No.4, (2011), pp.7-44 참조.

12) Department of Defence, *Sustaining U.S. Global Leadership: Priorities for the 21st Century Defence*, (Washington D.C.: Department of Defence, 2012) 참조.

13) 이희옥, 「한국에서의 중국 부상의 성격: 시각과 실제」, 『한국과 국제정치』, 제25권 4호 (2009), pp.1-29 참조.

너무나 많아서 은유적으로 말해 "미국을 사자"고 나서기도 하였다.

　20년이 지난 지금 중국이 일본을 대체하여 새로운 도전 권력이 되었다. 지난 30여 년간 중국은 미국 헤게모니 퇴조와는 반비례적으로 상대적 권력을 확장해왔다. 중국은 "글로벌 공장"이라는 수사가 붙을 정도로 두드러진 경제 팽창을 보여 왔다. 중국은 금융적 차원에서도 괄목할 만한 면모를 보이고 있는데, "세계의 금고"로 불릴 만큼 금융자산이 많다. 이는 경상수지 흑자, 외환보유고, 금 보유고, 투입가능한 화교자본 규모 등등에서 잘 입증된다. 중국 통계에 따르면, 2012년 교역 규모에서도 중국은 미국을 추월하였다고 한다. 중국에 쌓인 천문학적 돈은 미국 국채와 재무성 채권을 매입하는 데 투입되어왔다. 이 같은 중국은 기존의 국가간체제를 "전복적"으로 변화시켰다. 2008년 8월 8일 저녁 8시 베이징 하계올림픽 개막식은 세계만방에 변화된 중국의 위상을 상징적으로 보여주었다. 이는 연이어 발생한 미국발 금융위기와 묘한 대비를 이루었는데, 미중관계에도 중대한 변화가 일어나 우리 학계에서도 큰 관심을 불러일으켰다.[14]

　즉 새로운 도전 권력이 공세적인지 아닌지에 따라 이행기의 정치가 달라질 수 있다. 말할 것도 없이 중국이 공세적인지 아닌지를 판별하기는 실로 어려운 과제인데, 특히 퇴조하는 헤게모니국가인 미국에게 있어 객관적 인식은 더더욱 어려운 일이다. 지난 10년간, 즉 후진타오 리더십 아래의 중국은 공식적으로 '평화발전'[15] 과 '조화세계'라는 대외정책 노선을 견지해왔다. 중앙 당교 상무부교장을 지낸 쩡삐젠은 평화발전을 두고 "부상을 위해 노력하면서도 평화를 견지하고, 패권을 추구하지 않는 길"을 뜻하며 '중국부상 위협론'과 '붕국붕괴론' 담론에 대한 "정중한 문제제기"를 가리킨다고 하였다.[16] 2011년 4월 보하오 포럼 개막식에서 후진타오 주석은 "조화로운 아시아 만들기"

---

14) 백창제, 『미국 패권 연구』(고양: 인간사랑, 2009); 임혜란, 「대변환기의 국제정치경제질서: 패권과 신자유주의 질서의 변환」, 『한국과 국제정치』, 28권 1호(2012), pp.1–45; 전재성, 「2008년 경제위기와 미중관계의 변화, 한국의 전략」, 『한국과 국제정치』, 28권 1호(2012), pp.123–153 참조.
15) 후진타오 집권 초기에는 '和平崛起'라는 용어가 사용되었다.
16) 쩡삐젠 저, 이희옥 역, 『중국 평화부상의 새로운 길』(서울: 한신대학교 출판부, 2007), p.16.

를 추진한다면서 이웃과의 관계 증진, 지구적 조류에 맞게 국내 부문을 조화시키는 것, 지역 협력 심화 등을 제안한 바 있는데 '조화세계'의 목표를 엿볼 수 있다. 후진타오 말기에 제기된 '책임대국'이나 '유소작위'(有所作爲)개념은 여러 맥락에서 점차 쓰임새를 늘려가고 있지만 아직도 국가의 공식적 위상을 획득하지 못한 상태다. 따라서 아직까지 중국의 공식적 대외 전략은 평화발전과 조화세계라는 두 관념으로 축약된다.

이들은 중국 대외 정책의 전반적 노선이고, 우리 역내 중국 주변 국가들에 대한 메시지이기도 하며, 미국을 향한 메시지 성격도 갖고 있다. 자신의 10년 통치 말미인 2011년 1월 워싱턴을 방문한 후진타오 주석은 미·중 정상회담을 통해 '상호존중과 호혜공영의 협력자 관계'를 공식화하였다. 다른 한편, 중국이 자국의 핵심 이익의 확대, 세계적이고 지역적인 차원에서의 영향력 확장, 공공 외교를 포함한 적극적인 외교정책 구사, 군비 증강 등등을 추구한다는 점을 주목하면서 중국의 대외노선이 종래의 방어적인 태도에서 공세적으로 바뀌고 있다는 진단도 있다.[17] 하지만 한 세력이 엄청난 규모의 부를 축적하고 권력이 날로 확대되는 데 무한정 방어적일 수는 없는 노릇이다. 오히려 자신의 핵심 이익을 늘리고, 영향력을 넓히고, 상황들에 적극적으로 임하며, 이익을 지키기 위한 수단을 증강하는 것은 불가피하고도 자연스러운 일일 것이다. 중국의 5세대 지도자가 된 시진핑 부주석은 2012년 7월 세계평화포럼의 개막연설에서 "선진국이 되어도 결코 패권을 추구하지 않을 것"임을 선언하였다.[18] 이 천명은 정치적 수사로 볼 수도 있겠지만 향후 10년 동안의 중국 대외 노선을 예견할 수 있는 단초인 측면도 없지 않다.

17) 이희옥, 「중국의 부상과 한중관계의 새로운 위상」, 「한국과 국제정치」, 제 28권 4호(2012) 참조.
18) 이희옥, 「중국의 부상과 한중관계의 새로운 위상」, p.10.

4. 동북아 지역정치의 양상

이행기는 불확실성이 지배하는 시기이자, 미래를 예측하는 일도 불가능한 시기다. 퇴조하는 헤게모니국가와 새 도전 권력 사이에 격렬한 권력 경쟁이 벌어지는 시기인 탓에 불안정과 무질서에 버금가는 상황들이 수면위로 등장한다. 현 시기가 다른 역사적 헤게모니 이행과 다른 점은 앞서 두 이행들이 유럽을 주 무대로 펼쳐졌다면 이번에는 동북아 지역을 주된 무대로 삼는 데 있다. 또 다른 하나의 특징은 해당 권력들, 즉 미국과 중국이 국민국가라기보다는 오히려 두 개의 거대한 대륙, 혹은 어떤 문명적/문화적 표상에 더 가깝다는 점이다. 헨리 키신저는 "대륙적 표출물"[19]이라고 불렀다. 이것이 갖는 함축은 단순한 권력의 규모도 중요하지만 그에 못지않게 위신, 명분, 체면, 가치와 같은 무형의 요소들이 중요하다는 것이다. 따라서 동북아에서 일어나고 있는 이행의 정치는 매우 장기적[20]이고 점진적일 수밖에 없고, 실질적인 권력 경쟁 못지않게 담론 투쟁의 성격을 띨 것이라고 추론할 수 있다. 미국과 중국은 그 덩치 때문에 행동 대 행동의 격돌에 나서기가 어렵기에 말의 교환에 통한 쟁투를 벌일 이유가 훨씬 더한 탓이다.

실제 근년에 미·중 간에는 군사적 조치가 불가피할 것이라고 생각할 수 있는 엄중한 군사안보적 사건이 없지 않았다. 1999년 5월 세르비아에 있는 중국 대사관을 미군이 폭격한 사건이 발생했을 때 중국은 격렬하게 맹비난을 했지만 군사적 대응 행동을 취하지 않았고, 미국 역시 '오폭'을 인정하고 공식 사과하는 것으로 마무리되었다. 2001년 4월에는 미군 정찰기가 중국 전투기와 충돌하여 중국 하이난도에 비상 착륙하는 사건이 있었다. 중국은 미군을

---

19) Kissinger, Henry, On China.(New York: The Penguin Press, 2011) 참조.
20) 헨리 루스(H. Luce)의 말마따나 "미국의 세기"라 할 수도 없고, 그렇다고 "중국의 세기"라고 규정할 수도 없는 시간대라는 의미에서 그렇다. 그것은 두 개의 세기들이 중첩되어 있는, 월러스틴이 고안한 "중첩적 장기 시간대"(Wallerstein, I., *The Modern World-System IV: Centrist Liberalism Triumphant, 1789-1914*, p.7) 개념뿐만 아니라, 아리기가 말하는 "장기 20세기"(Arrighi, Giovanni, The Long Twentieth Century: Money, Power and the Origins of Our Times, London: Verso, 1994) 개념과도 맞닿아 있는 것"이다.

동북아 공동의 미래를 생각한다

억류했고 부시 행정부는 사건 초기 중국을 공습할 기세로 나갔지만 결국 부시 대통령이 나서 사과하면서 미군이 송환되고 사건이 일단락되었다. 상호 간에 분명한 행동을 보였어야 할 사건이 말들의 교환에 그치고 말았던 것이다. 최근 북한의 제3차 핵실험에 대한 국제적 대응책을 놓고 미·중 간에 상당한 밀고 당기기가 있었다. 이전 북핵 상황들마다 미국과 중국 사이에 유사한 밀고 당기가 있었을 뿐 실질적 행동은 없었다.

2012년 미국 대선 TV 토론에서 공화당 미트 롬니 후보는 물론이고 재임 기간 중 미·중 협력을 한껏 강조해왔던 오바마 대통령마저 "중국 때리기"에 열성을 보였다. 일자리를 뺏어가는 나라, 일방적인 흑자만 챙겨가는 나라, 민주주의와 인권이 미흡한 국가, 국제적 역할을 제대로 하지 않는 국가, 환율 조작국 등등이 도마에 올랐다. 이를 선거판에 동원하는 '정치적 수사'로 치부할 수 있을 것이다. 하지만 근년에 미·중 간에 오고가는 언술 싸움은 그 자체로 중요한 의미를 갖는다고 보아야 한다. 즉 이행의 정치의 일환이라는 것이다. 바꾸어 말하자면, 어느 일방이 상대방에 대해 모종의 행동을 나타내야 하는데 실질적 행동을 취할 수 없고 말이라도 주고받아야 하는 그런 관계에서 비롯된 정치라는 것이다. 미국에서 유행하는 '중국봉쇄' 담론[21]이 여기에 해당되고, 국제정치학자들이 "공세적 현실주의"[22]라고 부르는 중국의 행태가 이에 속한다.

둘째, 동북아 역내 가장 중대한 안보 현안인 북핵문제는 지역 정치에서도 핵심 이슈라고 할 수 있다. 2013년 2월 12일 북한이 제3차 핵실험을 강행했다. 북한 당국에 의해 여러 차례 예고된 사건이었지만, 이번 핵실험이 갖는 파장은 이전에 실시된 두 차례의 핵실험에 비해 매우 컸다. 말할 것도 없이, 이번 핵실험의 위력과 의미는 불과 두 달 전인 2012년 12월 초, 특히 남

---

21) 2008년 금융위기 이후 미중 간 담론에 대한 보다 구체적이고 세세한 분석은 전재성교수의 논문(전재성, 「2008년 경제위기와 미중관계의 변화, 한국의 전략」)을 참조할 만하다.
22) 전재성, 「2008년 경제위기와 미중관계의 변화, 한국의 전략」; 이희옥, 「중국의 부상과 한중관계의 새로운 위상」 참조.

한의 대선을 코앞에 두고 북한이 발사 성공한 장거리로켓 '은하 3호'와 결합되면서 차원이 달라졌다. 그것은 북한이 사실상 WMD 보유국이 되었다는 점 때문이다.

WMD 보유국이 되었다는 것은 어떤 지정학적 의미를 갖는가. 이전까지의 북핵 프로그램이 미국을 상대로 자신을 세계체제의 정상적 일원으로 인정해달라는 '시위' 혹은 '농성'용의 성격이 강했다고 한다면 이제는 자신도 순전히 자력으로 세계체제의 정상적 일원으로 행세하겠다는 선언을 했다는 의미를 띤다. 이것은 미국에게 두 가지 '현실' 가운데 하나를 선택하라는 의미를 갖는데, 하나는 대단히 위협적인 핵무기를 가진 불량국가 북한과 세계체제의 게임을 같이 하는 현실, 아니면 관계 정상화를 하여 북한이 정상적 일원이 되는 현실인 것이다. 북한은 미국에게 어떻게 이런 강경책을 구사할 수 있었을까. 북한은 로켓이건 핵실험이건 어떤 도발적 행동을 하더라도 미국이 아무런 군사적 행동을 감행할 수 없을 것이라는 전략적 계산을 할 수 있었기 때문이다. 그리고 북한이 이런 전략적 계산을 한 것은 앞서 두 차례 핵실험에서의 경험도 작용하였겠지만, 동북아 지정학이 이행기에 들어있었기 때문에 가능하였다는 해석을 할 수 있다.

세 번째로, 역내 영토 분쟁을 들 수 있다. 여러 영토 분쟁들이 있지만 중·일 간에 센카쿠(중국명 댜오위다오) 열도를 둘러싼 분쟁은 이미 물리적 충돌 상태로까지 악화되고 있다. 영토와 해양영유권 분쟁은 헤게모니 이행들에서 예외없이 나타났는데, 일단 그 자체로 헤게모니 체제 해체의 일환인 성격이 강하다. 그리고 그것이 이행기의 정치를 구성하는 하나의 특징적 요소였음은 앞서 논급한 바 있다. 동북아 역내 분쟁의 대상이 된 영토들은 예외 없이 영국 헤게모니 순환이 "30년 전쟁"을 기점으로 완결되고 미국 헤게모니 순환이 본격적으로 가동되던 시기에 미국의 주도로 관할권이 "규정된" 곳들이다. 한일 간에 분쟁 지역으로 전화되어버린 독도와 더불어 센카쿠 열도는 미국 헤게모니 시기였던 1951년 샌프란시스코 미일강화조약에서 관할권이 "정해진" 섬들이다. 마침 1951년은 한국전쟁 중인 때인데, 한국은 전쟁 중이라 미일 간의 세세한 협상 내용을 챙길 여력이 없었고 중국은 이제 겨우 국가를 출범시킨 직후로 사정이 별반 다르지 않았다. 작금의 동북아 지정학적 현실은 1950년대를 내포하고 있으면서도 동시에 그것과 거대한 충돌이 불가피하게 변해버렸다. 미국이 그린 동북아 지도가 퇴색되어 새로운 지도를 요구받게 되었다.

마지막으로, 동맹 이슈를 꼽을 수 있다. 과거 헤게모니 이행들에서 전쟁기는 말할 것도 없고 그 전후에 동맹들의 이합집산이 일반적이었다. 미국은 축소의 정치를 펼치면서 동맹 강화 및 네트워크 구축 전략을 구사하고 있다. 미국은 동북아에서 자신의 영향력을 유지할 수 없게 되거나 날로 증가하는 경제적 상호의존성으로 말미암아 한국과 같은 자신의 동맹국이 중국의 파트너로 변해가는 현실을 수용하지 않는다. 중국은 한국이 미국의 동맹국으로 대중국 견제의 전면에 포진하거나 MD와 같은 군사적 아키텍처에 가담하는 것을 반대한다. 한국의 자율성을 높이기 위해 동맹 재조정에 대단히 적극적이었던 노무현 정부는 바로 이런 지정학적 배경을 뒤로 하고 있었고, 심지어 "동북아 균형자"론을 제기하기까지 하였다. 이명박 정부 들어 거대한 반작용에도 불구하고 전시작전통제권이 2015년 말에 한국으로 전환된다는 사실은 동맹과 동북아 지역정치에 있어 시사 하는 바가 크다. 비록 좌절되었지만 일본의 하토야마 내각이 내세운 미일동맹의 "평등화"도 맥락을 같이 한다고 볼 수 있을 것이다.

5. 맺음말

이상으로 '헤게모니 순환'이라는 개념틀을 통해 동북아 지역정치를 논의하였다. 이에 따라 이 논문은 우리가 헤게모니 이행기, 즉 미국 헤게모니 순환을 마감하고 새로운 헤게모니 순환의 등장을 개시하는 시기를 맞고 있다고 보았다. 미국 헤게모니가 퇴조하고, 새로운 도전 권력인 중국의 급부상을 주목하였다. 이행기의 정치를 두 세력 간의 격렬한 권력 경쟁이라는 차원에서 논의하였다. 특히 퇴조하는 헤게모니국가인 미국의 적응과 수용을 중시하고, 그것이 "저항적"인 시기와 그렇지 않는 시기로 나누어 검토하였으며, 오바마 행정부는 '축소의 정치'를 구사한다고 해석하였다. 축소의 정치는 세계 여러 지역들에 대한 공약의 축소, 이라크전 철군 완료, 동맹 네트워크 강화, 다자간 협력주의 제고, 아시아로의 선회, 신국방전략 등을 통해 구체화되었다. 중국은 평화발전과 조화세계라는 관념을 통해 '공세적'이라기보다는 현 상황에 적응해나가는 노선을 견지할 것으로 보았다.

동북아 지역은 미·중 간의 거대한 권력 경쟁을 배경으로 여러 이슈들을 놓고 강력한 충동들이 표출되고 있으며, 그 정치적 이슈로 미·중 간 담론 싸움, 북핵문제, 영토 분쟁, 동맹 문제 등이 등장해있다고 보았다. 물론 이 밖에도 여러 이슈들이 있지만 논의를 제한하였다.

결론적으로 이 논문이 시사 하는 바는 다음과 같다. 2013년 벽두에 진단해보는 동북아 지역 상황은 결코 낙관을 불허할 정도로 불안하다. 비록 불확실성과 불가지성이 이행기의 특징이라고 하더라도 향후 10년 기간에 동북아 지정학을 조심스럽게 전망해볼 수 있을 것이다. 첫째, 미국과 중국은 상호 간에 실질적 군사 행동을 취하기가 너무나 어렵기 때문에 향후 10년 정도는 정치적 수사의 교환에 의한 언술 싸움을 계속할 것으로 전망하지만, 힘의 균형추가 점차 중국으로 기울일 것이기 때문에 그 내용이 지금과는 사뭇 다를 것이다. 예컨대, "중국 봉쇄" 담론은 사라질 것이다.

둘째, 북핵문제는 해결될 가능성이 거의 없다고 전망할 수 있다. 북한은 2012년 12월 장거리 로켓 발사 성공과 제3차 핵실험으로 인해 사실상 핵보유국이 되었다. 북한으로서는 미국과 관계정상화에 눈에 띄는 진전이 없는 한 핵 포기란 있을 수 없다. 미국은 북한과 관계정상화에 나설 동기가 없다. 게다가 현재 6자회담은 사실상 붕괴되었으며, 그것을 되살릴 동기를 어디에서도 찾을 수 없다. 따라서 "한반도 비핵화"는 정치적 수사에 그칠 공산이 크다. 이제 비핵화란 공동의 목표를 유지하는 동시에 핵을 가진 북한과의 공존에 대해 심각한 정책적 고민을 해야 할 지점에 있다. 이런 상황이 상당 기간 계속될 것인데, 이는 역내 다른 국가들로 하여금 핵 보유 동기를 키울 것이다. 일본과 한국이 핵무기를 보유하는 상황까지도 생각해볼 수 있다. '공포의 균형' 시나리오가 현실이 될 수도 있는 것이다. 다만 미국에 의한 통제와 국내 정치적 반대에 의해 이 시나리오가 실현될지는 부정적이지만, 역내 군비 증강은 한층 속도를 낼 것이다.

다음으로, 영토 분쟁과 동맹 문제는 향후 10년 기간에 더욱 첨예한 이슈가 될 것이다. 부의 축적을 기반으로 한 중국의 실질적 권력이 증대될수록 일본과 한국은 전략적 선택을 강요받게 될 것이다. 여기에는 일본과 한국 두 나라의 노선과 정책이 중요한 변수가 될 것이다. 일본에는 강경보수파가 향후 상당 기간 지배할 수 있는 정치지형이 공고화되고 있고, 한국에도 2012년 대선에서 보수세력이 승리하면서 경제민주화, 복지, 평화 세력의 집권을 좌절시켰다. 게다가 복지평화 세력이 5년 뒤인 2017년에 2012년 정도의 응집력을 만들어낼 전망 역시 밝지 않다. 동북아 불안정과 불확실성 속에서의 개별 국가 내부 국민들의 정치적 선택이 수세적이고 방어적으로 내려진 결과다. 이 정치적 선택은 통합이나 공동체가 아니라 국가지향성을 띠게 마련이기에 영토나 동맹 같은 이슈들이 과잉 부각될 수 있는 토대를 제공할 것이다. 당분간 이 이슈들을 두고 역내 국가들 간에 갈등과 대립이 더욱 빈번해질 것으로 전망할 수 있는 이유다.

지금과 같은 상황들이 하나의 패턴을 만들고, 또 그것이 일정한 궤적을 구조화한다면 동북아의 미래는 파국적일 가능성이 높다. 이행이 구조적으로 불가피하다고 했을 때, 그 이행을 비파국적인 경로로 끌어가야 하는데 현재 동북아 지역 정치는 파국을 자처하는 양상을 보이고 있다. 동북아를 공존과 공동번영의 지역으로 전환시킬 수 있는 압력과 역량을 만드는 일이 시급하다. 그 압력과 역량을 만드는 데 있어 분석가의 몫은 불편하더라도 현실을 제대로 볼 수 있도록 토대를 제공하는 데 있다.

　마지막으로, 동북아 지역 정치를 분석한다고 해서 국민국가가 유일한 단위라든가 국민국가가 무엇보다 중시되어야 한다와 같은 주장은 성립할 수 없다. 세계체제론에서는 오히려 그 정반대 전제를 옹호하는 편이다. 이 같은 취지에서 보자면, 동북아 지역은 아무리 시간이 지나고 통합의 노력을 할지라도 유럽과 같이 국가연합이 거의 불가능한 특징을 갖는지 모르겠다. 그 전제를 받아들인다면 오히려 국가의 통제와 간섭을 최대한 줄이면서 사람과 재화의 자유로운 왕래와 교류가 보장되고 문화적 소통이 원활하게 이루어지는 '동북아 지역시스템'을 구축하는 과제가 한층 현실성을 띠게 될 것이다. 이 문제를 차후의 과제로 제기하면서 논문을 맺고자 한다.

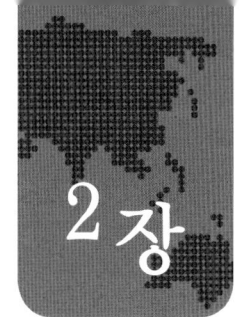

2장 　동북아 공동의 미래를 위해*

1. 머리말 : 다시 동북아로

필자는 2007년 초에 바로 이 지면에 "동북아 미래와 한국의 진로"라는 주제의 권두언 기고문에서 다음과 같이 우리의 진로를 제시한 바 있다.

"동북아 질서를 대결적이 아니라 통합적으로 만드는 데 주도적 역할을 해낼 수 있다는 비전을 가져야 한다. 그 비전을 실현하고자 노력하는 과정에서 남북관계 개선을 통한 한반도 평화를 증진시키고, 그 바탕 위에서 동북아 지역 전체 평화를 높여나갈 수 있을 것이다. 동북아 국가들은 세계적 강대국들이기 때문에 결국 동북아에 평화가 없는 한 세계평화도 성립되기 어렵다는 유추가 가능하다." [1]

정확하게 4년이 지난 지금 동북아 질서와 남북관계는 필자의 바람과는 매우 다른 방향으로 전개되었다. 아니 정반대 방향으로 악화되어 버렸다는 표현이 더 정확한 말일 것이다. 4년 전 필자가 이런 비전과 한국의 역할을 주문했을 때 객관적 조건은 상대적으로 우호적이었다. 비록 북핵문제가 있

---

* 「동아시아 브리프」 2011년 제19호.
1) 이수훈, 「동북아 미래와 한국의 진로」, 「동아시아브리프」, 제2권 1호(2007), p.13.

었다고 하더라도 2007년 '2.13합의'가 이루어졌고, 그 합의에 따라 비핵화와 그에 관련된 다각적인 의제들에 있어 의미 있는 진전이 있었다. 6자회담 당사국들 모두가 의지를 갖고 적극적이고 활발한 외교를 펼쳤다. 이 같은 긍정적 환경 조성에 따라 불가능해 보였던 남북정상회담도 열렸고, '10.4정상선언'이라는 획기적 성과도 있었다. '불능화' 단계를 넘어서서 핵폐기 단계로 진입할 모멘텀도 살아있었다. 동북아 안보협력 메커니즘 구축 논의를 위한 6자 외무장관회담도 가능성의 영역에 있었다.

그러나 이 모든 긍정적 방향으로의 변화는 물거품이 되었다. 2008년 12월 베이징에서 검증 문제를 두고 이견 차를 좁히지 못한 6자회담은 결렬되었고 이후 개점휴업 상태에 빠졌다. 북핵문제는 일보의 진전도 보이지 못했고, 도리어 2010년 11월 북한이 우라늄 농축시설을 공개함으로써 후퇴하였다. 동북아 질서를 가름할 두 강대국인 미국과 중국은 2008년 금융위기 발발 이후 '전략적 협력 관계'[2]를 구성하는 듯하였으나 2009년 이후 한반도 문제를 두고 사사건건 갈등과 대결 양상을 나타내고 있다. 중·일 간에도 해양 영유권 문제를 두고 갈등 국면에 들어가 있는 가운데 출구전략을 만들어내지 못하고 있다.

남북관계는 어떤가? 지난 10년간의 화해협력 기조는 엄격한 상호주의 원칙에 의해 과격한 단절을 보여주었다. '비핵·개방·3000'이라는 대북정책기조는 북한으로부터 격렬한 비난을 샀다. 대화의 문이 열려있다고 하면서 진심어린 대화 의지나 노력은 없었다. 남북관계가 냉전기로 역진하기 시작했다. 활발했던 남북 간 교류는 정부에 의해 통제되고 제한되었다. 금강산관광사업이 중단되는 등 경협은 위축되었다. 군사적 긴장은 고조되었고, 정치적 대화는 단절된 채 상호 비방과 적대감의 확대라는 악순환이 만들어졌다.

이런 가운데 민감한 지역에서 잦은 군사훈련이 실시되었고, 이를 두고 남북 당국 간의 대결이 심화되었다. 2009년 11월에 대청도 인근 해역에서 남북 간의

2) 김흥규, 「미·중 전략·경제대화분석: 한반도 현안에 대한 함의와 더불어」, 『주요국제문제분석』 (서울: 외교안보연구원, 2009) 참조.

교전이 있었다. 2010년 3월에 '천안함 사태'라는 참변이 발발하였다. 북한군에 의한 공격에 의해 초계함이 침몰되고 우리 장병 46명이 사망하는 참담한 사변이 일어났음에도 불구하고 북한에 대고 제대로 된 대응을 하지 못했다. 한미 간에 동해와 서해를 오가면서 군사훈련을 하였지만 이 조치는 결국 북한을 자극하는 결과 외에 우리 국가안보를 지키는데 이렇다 할 대안이 되지못했음이 연평도 포격사건에 의해 입증되었다. 더 이상 없을 것으로 믿었던 한반도 전쟁이 엄연한 현실 가능성의 영역에 들어온 가운데 남북 간에는 상호 '치킨게임'이 벌어지고 있다. 남북을 가리지 않고 자국 국민의 생명은 뒷전에 물러난 것이 아닌가하는 형국으로 군사적 대결을 멈출 정치적 유연성을 찾기 어렵다.

이 글에서 필자는 이명박 정부 외교노선, 특히 동북아 외교노선의 난조에 초점을 맞추어 남북관계와 동북아 질서의 역진(逆進)을 분석하고자 한다. 남북관계와 동북아 질서의 병행적 역진을 모두 한국 정부의 정책이나 대응 탓으로 돌릴 수는 없다. 그 문제들에는 북한도 상당한 책임이 있고 주변 강대국들의 전략적 이해관계도 한 몫을 담당했다고 추론하여야 마땅하다. 다만 이 글에서는 우리 외교안보 노선의 난조가 어떤 부정적 파장을 야기할 수 있는가에 대해 성찰해봄과 동시에 향후 우리가 직면한 과제들을 점검하는 데 목적을 두었기에 우리가 무엇을 잘못했고 어떻게 수정하고 개선해야 하는지에 초점을 맞추고자 하는 것이다. 그런 바탕 위에 한국이 적극적으로 나서서 역할을 함으로써 평화와 공동번영의 정신이 살아 숨쉬는 동북아 공동의 미래를 기약해보고자 한다.

2. MB정부 동북아정책의 난조

이른바 '잃어버린 10년' 뒤에 집권한 보수 정부는 그 10년과 단절하겠다는 정치적 욕구가 강했다. 게다가 지지세력으로부터의 압박도 만만치 않은 요인이었던 것으로 간주된다. 외교정책 분야에서 이 단절에 대한 충동은 대북정책과 한미동맹 정책에서 출발하고 있다. 단절에 대한 요구는 물론 민주정부 10년 기간의 외교안보에 대한 부정적 평가 혹은 진단에 기초를 두고 있음은 두말할 나위가 없다. 첫째가 포용정책의 실패라는 평가이고, 둘째는 한미동맹의 약화라는 진단이다. 이런 평가와 진단 위에 MB정부는 '비핵 · 개방 · 3000'이라는 대북정책기조와 한미동맹강화론을 정책대안으로 제시하였다. 그리고 이 두 정책기조는 집권 4년차에 접어든 지금도 이렇다 할 수정 없이 정부 내부에 견고하게 자리를 잡고 있다.

많은 분석가들이 지난 3년간 지적한 바 있듯이, '비핵 · 개방 · 3000'은 대북정책이 될 수 없다. 하나하나가 이행하기가 너무나 어려운 정책과제일 뿐더러 '비핵'을 선결 조건으로 내세우는 순간 정책의 상대방인 북한이 수용할 수 없는, 즉 '비정책'으로 전락할 운명을 가진 것이 바로 '비핵 · 개방 · 3000' 정책이다. 6자회담의 역사에 대해 약간의 식견만 있다면 이것은 성립할 수 없는 정책임을 즉각 간파할 수 있다. 되돌아보건대, 현 정부는 이런 수용 불가능한 정책을 앞세워 북한을 국제사회와 더불어 제재와 압박을 통해 몰아붙인 결과 북한이 붕괴하면 우리 주도로 흡수통합 하겠다는 의도를 품었던 것 같다.

한국 외교안보의 출발은 남북관계다. 다음에 한미동맹이 우선적으로 소중하고 한중관계가 그에 버금갈 정도의 비중을 갖는다. 한일관계와 한러관계도 우호적이고 협력적으로 발전시켜가야 한다. 여기에 우선순위가 바뀌면 그 순간부터 전반적 틀이 흔들리고 아귀가 맞지 않는다. 호불호를 떠나 남북관계의 끈을 쥐고 있을 때 한국의 외교적 가치와 지렛대가 생긴다.

MB정부는 한미동맹 강화를 지나치게 강조하고 남북관계의 끈을 놓아버렸기 때문에 동북아정책 전반에 난조를 자초하였다. 한미동맹을 지나치게 강조하다보니 한중 간에 정치적 신뢰가 유실되어 중국과의 긴밀한 정책공조가 어렵게 되었다. 날로 높아가는 경제적 상호의존도를 사려 깊게 관리하고 발전시켜나가기 위해서 한중관계는 그 중요성을 아무리 강조해도 지나침이 없을 것이다. 통상국가인 한국에게 있어 전체 세계 교역액의 20 퍼센트 이상을 차지하는 중국과 불필요한 대립각을 세우고 갈등을 빚는 것은 국익에 근거한 실용적 관계 설정이 아니라 신념에 기초한 이념적 대응이라고 평가할 수밖에 없다. 한러관계에도 비슷한 양상이 나타났다. 한미관계만 잘하면 모든 외교가 이루어지고 다른 관계들도 덩달아 따라오게 되어있다는 착각이 한중관계와 한러관계를 수교 이후 최악의 상태로 빠뜨렸다.

남북관계를 '국제화'함으로써[3] 한국 정부가 독자적으로 가져왔던 남북관계 틀이 무너졌다. 이는 남북관계 자체의 악화를 초래하였을 뿐만 아니라 남북관계를 다루어 나가는 데 큰 비용을 치러야만 하는 결과로 이어졌다. 대신 주변 강대국들, 특히 중국이 북한 문제와 한반도 차원의 이슈들에 대한 영향력을 높였다. 이는 한국의 외교적 운신의 폭을 위축시키는 방향으로 작용하였다. 2010년 3월의 천안함 사태와 이후 한국정부가 벌인 '천안함 외교'는 MB정부 동북아 정책 난조를 생생하게 반영해 보였다. 11월 23일 연평도 인근 수역에서 남북 간에 군사훈련을 두고 실랑이를 벌이더니 결국 연평도 포격 사건이라는 미증유의 북한 도발이 발생하였다. 이에 대해 MB정부는 '서해5도의 요새화' 조치와 함께 군사적 대응 태세를 높이고 사격훈련을 계속하였다. 북한은 이런 조치들에 대한 보복 대응을 확언하고 있다. 한반도에 언제 전면전이 일어날지 모르는 위기가 조성되었고, 실제 국민들이 이 같은 불안감을 갖고 살아가게 되었다. '튼튼한 안보'는 구호에 그치고 '안보무능 정부'라는 오명을 피할 수 없는 처지가 되었다. MB정부의 동북아 정책 난조가 빚어낸 예고된 귀결이었다고 본다.

---

3) 이수훈, 「탈냉전·세계화지역화에 따른 동북아 질서 형성과 남북관계」, 『한국과 국제정치』, 2009년 제3호 참조.

3. 뒤로 가는 동북아 질서

여러 분석가들이 동북아와 한반도에 '신냉전'이 조성되었다고 말하고 있다. 남북관계는 크게 위축된 가운데 군사적 대결과 적대감이 팽배하니까 그런 표현을 사용해도 틀리다고 말할 수 없게 되었다. 동북아 지역 질서도 사사건건 북·중·러 대 한·미·일의 대항 구도가 조성되고 있다. 역내 이런 현상이 국면적인 것인지 점차 구조화되어 하나의 질서로 자리 잡았는지 아직 예단하기에는 이르다. 동북아 질서의 성격에서 가장 핵심 요인은 미중관계라고 할 수 있겠는데, 미국과 중국이 과연 과거 냉전기와 같은 성격을 보이는가에 대해 필자는 동의하지 않는 편이다. 그러나 한반도 문제로 인해, 특히 한국이 주도하는 외교의 결과가 대립적 미중관계 조성에 영향을 미쳤다는 점에서 경각심을 가질 필요가 있다. 천안함 외교전에서 미국은 한국 정부에 '올인'을 하였고, 중국은 한반도의 평화와 안정 수호 및 냉정하고 적절한 처리에 따른 사태 확산의 예방이라는 원론적인 자세로 일관하였다. 유엔안보리 결의안 채택 외교전에서도 한국은 미국을 자신의 편으로 끌어들이는 데 적극적이었고, 중국은 평화와 안정 논리로 입장을 유지하였다. 이후 한국과 미국은 2010년 7월 서울에서 한미 외교국방장관(2+2)회의를 개최한 가운데 북한에게 천안함 사건 책임을 촉구하는 한편 향후 수개월에 걸쳐 한미 연합군사훈련을 실시한다는 데 합의한 결과 2010년 말까지 다양한 훈련을 서해와 동해를 넘나들면서 실시하였다. 연평도 포격 사건 후에는 심지어 항공모함인 '조지워싱턴호'가 참여한 훈련도 서해상에서 실시하였다. 말할 것도 없이 중국은 이들에 대해 격하게 반대하였다.

이같이 천안함 사태와 이후 펼쳐진 한미 간의 공조 외교는 미중관계를 악화시키는 데 일정한 기능을 하였고, 미·중 간 군사적 긴장 고조 및 동북아 질서의 역진으로 귀결된 측면이 없지 않다. 10월에 부산 인근 해역에서 한국 주도로 실시한 PSI훈련의 사례에서도 보듯이 한미 군사동맹의 강화는 부득불 중국으로부터의 반작용을 야기할 수밖에 없으며, 한국이 주도하는 이 같은 일련의 사태전개는 역내 미·중 패권 경합의 조기화를 촉진할 빌미가 될 수 있다.

다음으로 북한 문제에 대한 인식과 접근 방식의 격차에서 미국과 중국이 날로 대립각이 예리해지고 있는 가운데 한국 정부가 나서서 그 대립각을 더욱 첨예화시켰다는 점도 짚어야 한다. 말할 것도 없이 한국 정부는 대북 인식이나 정책, 제반 상황에 대한 대응에서 미국과 철저한 공조로 일관해왔다. 이명박 정부의 '선 비핵화'를 요체로 하는 대북 강경정책은 미국 오바마 대통령과 워싱턴 행정부의 '당근과 채찍' 접근법도 무력화시킨 결과 오바마 행정부마저 대북 적대시와 제재 정책으로 방향을 잡았다.

한국 정부가 남북관계의 끈을 놓아버린 채 강경 정책을 펼치고 미국마저 가세하자 2009년부터 북한은 중국으로 급속히 경도되었다. 조·중우호의 해 60주년을 기념해 원자바오 총리가 대규모 대표단을 이끌고 북한을 방문하여 북중관계 질적 도약의 발판을 만들었다. 2010년에는 5월과 8월 두 차례에 걸쳐 김정일 위원장이 중국을 방문하여 북중정상회담을 개최하였고, 이후 고위층의 빈번한 상호 방문과 전략적 소통이 이어졌다. 중국은 대규모 경제 지원 및 인프라 구축을 약속하였다. 한국 정부가 북한의 급변사태를 염두에 둔 정책을 추진하고 한미 간에 '새로운 전략 기획지침'이 마련되자 중국 정부도 북한의 급변사태에 대해 본격적인 연구와 대비에 들어갔다고 한다. [4] 이렇듯 북한은 점차 대륙으로 기울고, 남북 간의 단층은 예전보다 넓어지며, 한국은 한·미·일 해양축을 공고화하는 방향으로 기조를 잡아가는 것은 동북아 질서 전체를 통합이 아니라 분열로 역행시키는 길이다. 이 길은 유럽을 위시한 다른 지역들이 지향하는 세계사적 대세를 거스르는 역진이자 퇴행이라고 해야 할 것이다.

2008년 말 이후 북핵문제와 6자회담 역시 진전이 없었다. 진전이 없었을

---

4) 이희옥, 「북한급변사태와 중국」, 「동아시아브리프」, 제5권 4호(2010) 참조.

뿐 아니라 상황이 더욱 악화되었다. 북한은 2009년 5월에 제2차 핵실험을 성공리에 마쳤다. 미국과 유엔은 추가 대북 제재조치를 가하였다. 6자회담도 여러 차례 재개의 모멘텀을 만들었지만 결국 성사되지 못했다. 비핵화 프로세스가 멈추자 북한은 핵 프로그램을 진전시켰고, 2010년 11월에 우라늄 농축 시설을 공개하였다. 중국의 중재 외교를 통해 3단계 해법이 제시된 바가 있고, 6자회담 '수석대표 긴급회의'가 제안되기도 했다. 그때마다 한·미·일은 한결같이 '여건이 안됐다'거나 까다로운 조건들을 내세워 무산시켰다. 결국 북한을 '핵국가'로 나아가도록 방치하는 셈인데, 동북아 질서에 중장기적 우환거리가 될 것이 분명하다.

4. 다시 전진을 위한 2011년의 과제

한반도에 조성된 군사적 대결 상황과 그것이 반영된 대립적 동북아 질서는 일시적이어야 한다. 이 상황은 유관국 모두에게 마이너스가 되는 '패배의 게임'이다. 남북 간 군사적 대결은 해소되어야 마땅하고 대화와 협상을 통한 해법을 찾아야 한다. 한반도의 위기가 동북아 질서를 후퇴시키고, 그 질서가 투사되어 남북관계에 악영향을 초래하는 현 국면의 악순환은 반드시 극복되어야 한다. 그 결과 우리는 동북아 공동의 미래를 구상해야 한다. 한국 정부는 다음과 같은 과제를 안고 있다.

첫째, 대북 강경정책이 가져온 것은 아무 것도 없다. 보수 정부가 흔히 내세우는 '튼튼한 안보'도 말뿐이었음이 증명되었다. 비핵화를 최고의 외교안보 과제로 내세웠지만 북핵문제는 오히려 이전보다 악화되었다. 대북 강경정책을 전제로 한 이상 동북아 외교에도 총체적 난맥상이 드러났다. 중국과 러시아와의 외교가 그 예가 될 것이다. 한국 정부는 대북 강경정책을 수정하여 대화와 외교를 활성화하는 방향으로 남북관계를 다룰 필요가 있다. 남북관계라는 지렛대를 자포자기하면 대한민국 외교의 전반적 틀이 흔들리게 된다는 점을 인식해야 한다.

둘째, 많은 사람들이 이미 지적한 바대로 대미 일변도 외교노선에서 벗어나야 한다. 현실적 안목을 갖춘 외교안보 전문가들 중에 한미동맹을 경시하는 사람은 없을 것이다. 우리의 미흡한 자위력에 비추어 한미동맹을 굳건히 발전시켜 나가는 문제와 한미동맹만 강화하면 나머지 남북관계나 한중관계 등이 부수적으로 잘 관리될 수 있다는 인식은 차원이 전혀 다르다. 한미동맹 강화 노선은 균형의 견지에서 적실성이 떨어지고, 동북아 지정학에 비추어 실용 노선이 아니라 이념 노선일 개연성이 높다. 한국을 둘러싼 지정학적 구도와 경제적 실리를 따져볼 때 어느 한 국가에 과잉되게 쏠리는 것은 바람직한 외교노선이 아니다.

셋째, 한미동맹 강화와 연동되어 있는 문제가 바로 한중관계다. 급기야 한미동맹을 중시하는 경향성을 지닌 국제정치학자들 가운데서도 "한중 관계의 한미관계화"[5]를 말하게 되었고, "聯美聯中"[6]해야 한다는 인식도 나타나고 있다. 일찍이 필자가 동북아의 통합적 질서를 강조하면서 2004년 봄에 제기한 문제의식[7] 이 이제야 우리 학계에서 받아들여지는 모양새다. 현 정부는 이전에 어렵사리 쌓아왔던 한중 양국 간의 정치적 신뢰를 크게 훼손하였다. 현 정부는 한중관계를 이전의 "전면적 협력 동반자관계"로부터 "전략적 협력동반자 관계"로 한 단계 격상시켰다. 그런데 정작 "전략적"이라는 이름에 값하는 대화와 정책공조가 일어나고 있는지 의문이다. 천안함 외교를 계기로 한중관계는 눈에 띄게 악화되었다. 상대방에 대한 인식에도 상당한 혼선이 빚어진 것 같고, 국민들의 인식에도 파장이 있었을 것으로 추측된다. 무엇보다 중국을 중시하여 상호이해, 상호존중, 상호신뢰를 증대시키는 방향으로의 노력이 있어야 하고, 그런 토대 위에 실리적 견지에서 협력해 나갈 수

---

5) 정재호, 「세계 속의 동아시아, 중국의 부상, 그리고 한국」, 『동아시아브리프』, 제5권 3호(2010), p.11.
6) 『조선일보』, 2010년 11월 29일.
7) 『조선일보』, 2004년 4월 22일 참조.

있는 관계를 구축하는 외교를 펼쳐야 한다.

넷째, 6자회담 재개에 전향적인 태도를 보여야 한다. 현재 북핵문제를 비롯해 여타 동북아의 안보와 평화 문제를 논의할 수 있는 다자 대화틀은 6자회담뿐이다. 이 틀을 활용할 외교를 펼쳐야지 개점휴업 상태를 너무 오래 지속하면 점차 재개의 동력이 떨어진다. 중국이 중재 역할을 자임하고 나서서 북한을 설득하고 새로운 제안을 만들어 나오면 한국과 미국이 수용하는 방향이 옳다. 6자회담을 이런 저런 상황을 빌미로 미루면 한반도 비핵화는 어떻게 접근하며 북핵문제를 어떻게 해결할 것인가. 현상을 돌파하고 재개의 동력을 마련하는 데 한국정부의 전향적 사고와 입장이 필요하다.

3장 참여정부 '동북아시대 구상'에 대한 재조망[*]

1. 머리말

이명박 정부는 대북 강경정책과 한미동맹 강화정책에 매달린 나머지 남북관계를 파탄으로 몰아가고, 한중관계를 불신과 대립 관계로 빠뜨렸다. 집권 초기 굴욕적 대미 관계 설정으로 인해 국민들이 '촛불' 시위로 강하게 저항하는 미증유의 사태를 빚기도 하였다. 비핵화를 전면에 내세웠지만 종국에 북한의 핵능력을 이전보다 한층 강화시키는 역설을 빚기도 하였다. 일본과의 관계를 무척 강조하였지만 독도문제를 국제적 분쟁으로 변질시키는 결과를 낳았다. 이명박 정부의 참담한 동북아 외교안보 정책의 실패를 보고 참여정부가 내세운 '동북아시대 구상'을 되돌아볼 필요성을 느낀다.

특히 MB정부 이후를 내다보면서 미래 정책을 준비해야 할 민주개혁 진영에서는 노무현 대통령이 어떤 전략적 고민을 갖고 '동북아시대 구상'을 내세웠는지에 대해 진지한 재검토가 필요하다. 파탄이 난 남북관계의 복원, 수교 정도의 시점으로 역진해버린 한중관계의 재생, 엄청난 대가를 치르면서 재조정한 한미동맹 후퇴의 정상화 등등을 다음 정부의 핵심적 외교안보적 과제라고 볼 때 노무현 대통령의 '동북아시대 구상'은 더더욱 재조망을 요구하고 있다.

* 국회 한반도 평화포럼, 「2011년 활동자료집」 (2011년 겨울).

이 글은 이 같은 문제의식을 갖고 '동북아시대 구상'이 1)對중국 전략, 2)한미동맹 보완 전략, 3)남북관계 환경 순화 전략 등의 세 가지 전략적 함축을 품고 있다는 분석을 제시하면서 미래의 외교안보 전략 수립에 참고할 것을 제안하고자 한다.

2. 對중국 전략

동북아 냉전체제하 중국은 한국에게 단절과 불신의 대상이었다. 그런 관계를 반세기 이상 지속해온 두 국가가 전 세계적 탈냉전의 기류를 타고 어떻게 보면 급작스럽게 적대 관계를 청산하고 급기야 1992년 수교를 하게 되었다. 때마침 중국은 개혁과 개방정책을 열성적으로 추진하고 있었고 사회주의를 표방하면서도 자본주의 세계시장에 '세계의 공장'으로서 급속하게 통합되고 있었다. 저렴한 요소비용을 매력으로 삼아 외자 유치에 적극적이었다. 한국은 민주화의 급진전에 따라 노사 관계에 일대 변화가 초래되었고 국내에서 경쟁력이 약한 기업들이 해외로의 지리적 재배치를 감행하지 않으면 안 될 환경에 직면하였다. 당시 김영삼 정부는 '세계화'를 외치면서 우리의 개방은 말할 것도 없고, 우리 기업의 해외 이전에도 적극적이었다. 이런 배경 아래 한중 간 경제 관계가 급속도로 심화되기 시작했다. 양국 간 교역량이 급증하였고 우리 기업들의 '차이나 러시'가 일어났다. 불현 중국은 통상국가인 한국에게 세계 최대 교역 파트너가 되었다.

필자는 2005년 '동북아시대의 중국'을 주목할 것을 주문하면서 "미국이나 일본과 우호적이고 미래지향적인 관계를 발전시키되 새롭게 등장한 중국과 러시아를 배제하지 말고 균형적인 대외 정책을 구사"해야 한다는 입장을 표시한 바 있다. 참여정부의 '동북아시대 구상'은 노무현 대통령 자신이 직접적인 담론 생산자로서 관여한 측면이 강한데, 그 역시 중국의 급부상 문제를 자주 거론하였다.

노무현 대통령은 동북아에서 유럽에서와 같은 통합적이고 공동체적인 질서의 구축을 바랐다. 그 과제를 이루기 위해 한반도 주변 강대국들 간의 협력을 강조하였다. 필자도 '동북아시대 구상'을 지역 내 주요국들 사이의 협력론으로 정리한 바 있다. 그런데 아이러니는 노무현 대통령이 '자주'에 대한 강한 의지를 병렬적으로 천명하고 실제 정책화하였다는 점이다. '자주국방' 정책이 대표적이라고 할 수 있다. 노무현 대통령은 대통령이 되기 전부터 '변방' 혹은 '주변' 극복에 대한 생각을 표시하였고, 실제 2003년 취임사에서 '변방의 역사' 극복을 강조한 바 있으며 그해 광복절 경축사에서도 한국은 '변방'이 아닐 것이라는 점을 역설하였다. 동북아 역내에서 중심과 주변으로 구성되는 위계적 질서를 완화하는 가운데 통합적인 질서가 자리 잡기를 기원하고자 하는 열망이 강했음을 엿볼 수 있다.

노무현 대통령은 '동북아'가 새로운 세계 질서에서 점차 중심적 위상을 점하는데 따른 역내 지각변동을 인식하고자 하였고, 그에 대한 전략 겸 비전으로 '동북아시대 구상'을 상정하였던 것이다. 특히 중국의 급부상이 야기시키는 다양한 파급에 대해 전략적 구상이 필요하다고 보았던 것이다. 예컨대, 중국의 급부상에 따른 미·중 간 대립 구도, 역내 중·일 간 대립 구도를 예방하고자 하는 의도가 있었고, 냉전기와 같은 해양세력 대 대륙세력 간의 대결 구도의 등장을 경계하였다. 그리고 그런 차원에서 한국의 역할과 외교안보적 전략에 대한 고민과 모색을 담고자 '동북아시대'론을 상정하였다. 2005년 봄 즈음에 큰 논란을 불러왔던 '동북아 균형자' 개념도 결국 이런 고민과 모색의 결과였던 것이 아닌가 여겨진다. 즉 "강대국의 틈바구니에서 어디에 기댈 것인가를 놓고 편을 갈라 싸우는" 것이 아니라 우리가 중심을 잡자는 취지였고, "중국과 일본 어느 한쪽에 기대지 않고, 우리 힘으로 우리 길을 가는 것, 적어도 한국이 중심을 잡을 수준으로 가는 것"이라는 취지를 담고 있었던 것이다.

동북아 냉전에 따라 반세기에 걸친 단절 끝에 1992년 한중 수교가 이루어진 이후 한중관계는 전방위적으로 급속도의 발전을 해왔다. 앞서 언급한 바 대로 교역과 투자를 위시하여 경제 관계의 밀도는 날로 높아졌다. 정치안보 관계도 협력의 기조가 자리를 잡았다. 지리적 근접성으로 말미암아 사회문하 적 교류도 폭발적으로 증가 추세를 보여왔다. 이 같은 한중관계의 폭발적인 발전과 미래 발전 잠재력을 감안할 때 중국은 한국과 한반도의 전략 구상에 서 심각한 고민의 대상으로 다가오게 될 것이다. 오늘날에도 한국에서 중국 을 어떻게 볼 것인가에 대한 논의가 분분한 실정이지만, 참여정부 출범 당시 에 이 같은 중국을 두고 '위협이냐 기회냐'라는 이분법적 인식과 논란이 있었 다. 위협론이 상당한 설득력을 갖고 있었음에도 불구하고 우리 기업들의 대 중국 '러시'는 대세를 이루고 있었다.

참여정부는 이런 중국에 대해 공식적으로 '전면적 협력 동반자 관계'를 구 축하는 한편, '동북아시대'론을 통해 협력을 강화하는 전략을 택하게 되었다. 위협이 있다면 줄이기 위해 협력하고, 기회가 된다면 적극 포착하기 위해 협 력해야 한다는 동기를 갖고 있었다. 당시에도 한중 간에는 동북공정 문제, 역 사 문제, 해양영유권 문제 등 갈등 요인들이 엄존하고 있었다. 그럼에도 불 구하고 최고지도자의 의지가 반영된 협력 구상에 따라 한중 간 긴밀한 대화와 조율을 통해 갈등을 관리해나가면서 신뢰를 쌓을 수 있었던 것이다.

중국 전략으로서의 '동북아시대 구상'에는 북핵문제 해결에 대한 전략적 고려도 담겨 있었다. 대선 국면이었던 2002년 10월 제임스 켈리 미국무성 차관보의 방북으로 본격화된 제2차 북핵위기는 '한반도 평화체제 구축'이라 는 참여정부의 제1순위 국정과제에 결정적 장애물로 여겨졌다. 참여정부 출 범 이후 최대 외교안보 현안으로 등장한 북핵문제를 평화적이고 외교적으로 해결하는 데 있어 중국으로부터의 협력은 필수불가결한 요인이었다. 특히 네 오콘이 주도하는 미국의 부시 행정부 대북정책으로서는 도저히 실마리를 찾 기 어려웠던 점을 감안할 때 6자회담 의장국인 중국의 정책 협조는 절대적이 었다. 또한 북핵문제를 포함한 '북한 문제' 해결을 중장기적으로 접근하고자 할 때에도 중국으로부터의 협력과 한중 간 긴밀한 정책 공조는 필수적인 요소라고 할 수 있다. 참여정부 시기만 하더라도 중국은 북한 체제의 안정, 북한의 개혁 개방 유도, 한반도의 평화와 안정, 한중 간 포괄적 협력 관계 유지, 한반도 통일에서의 건설적 역할을 한반도 전략으로 유지하고 있었다. 그러나 2008년 이명박 정부 들어와 한미동맹을 지나치게 강조하면서 한중관계는 마찰을 보이기 시작했고, 천안함 사태를 통해 심각한 균열을 보여주었다.

특히 2010년 여름 천안함 외교-7월 유엔 안보리에서의 대북 제재 방안 채택 문제, 제1차 한미 간 2+2회의, 베트남 하노이에서 열린 ARF회의에서의 대북 압박 공조 확보 등-를 계기로 한·미 공조가 두드러진 반면 한중관계는 충돌 일보직전 상태로 접어들었다. 한중 간에 외교적인 수사는 사라지고 노골적인 태도를 드러내는 막말이 오가면서 '서로 때리기'를 하고 있다. 게다가 한미 양국은 대규모 연합 합동군사훈련을 7월 말부터 동해에서부터 실시해 금년 말까지 한반도 주변 해역에서 매달 펼친다는 계획을 밝혔다. 중국은 외교부와 국방부가 나서 공식적으로 이 훈련을 강하게 반대한다는 입장을 밝혔다. 북한도 "핵 억제력을 강화하여 보복 성전"으로 맞설 것이라고 초강경책을 내비쳤다. 북한이 또다시 핵실험을 하지 않겠느냐 라는 언론 기사도 등장했다. 다수의 분석가들이 한반도와 동북아에 신냉전적 정세가 조성되고 있다는 우려를 피력하고 있는 실정이다. 상당히 체계적인 중국 구상을 마련해도 부족한 판에 특히 중국을 "때리고" 한미동맹 강화에 만족해하는 한국의 처신이 얼마나 위험할 수 있는가에 대해 각성이 필요하다.

한중 간에 심화되는 경제 관계와 한·미 간에 깊어가는 정치안보 관계는 한국에게 객관적으로 큰 딜레마일 수밖에 없으며, 국익의 관점에서 보면 상당한 불일치를 나타낸다. 이 불일치가 실제 국익의 충돌로 진전되는 것을 예방하자면 상호 이해와 대화, 신뢰가 구축되어야 한다. 이 과제는 지금과 같은 동맹 일변도의 외교정책 기조가 아니라 한미동맹을 잘 유지하면서도 중국과 긴밀한 협력 관계를 발전시키는 일이다. 우리가 빌미를 주어 한반도 문제를 두고 미·중 간 불협화음과 대립갈등 구도가 형성되는 것은 우리 대외전략 구도에서 최악이라고 할 수 있다. 적어도 참여정부에서는 그렇게 인식하고 '동북아시대 구상'이라는 국정 목표를 펼쳤던 것이다.

돌이켜볼 때, 참여정부 '동북아시대 구상'이 체계적인 중국 전략을 수립하는 데 성공하지는 못했다. 참여정부의 역량 미비 탓이기도 하고, 한국 사회 전반의 중국 인식이 아직 사활적인 정도로 절박하지 못한 탓도 작용했다고 판단된다. 다만 탈냉전기 동북아 역내 지정학적 지각변동을 감지하고, 그에 대한 국가 전략 수립이 필요하며 특히 대 중국 전략이 요구된다는 문제의식을 가졌다는 차원에서 객관적으로 평가되어야 할 사안이라고 생각한다. 그런 문제의식이 반영되었는지는 평가하기 어렵지만, 현재 한국 사회에서는 일반적인 중국에 대한 관심의 증가, 중국에 대한 인식 변화, 중국 전략 수립에 대한 지식인들의 요구, 중국 전문가들의 약진이 두드러져 2000년대 초와는 분위기가 사뭇 다르다.

3. 한미동맹 보완전략

'동북아시대 구상'은 두 가지 차원에서 한미동맹에 대한 보완으로서의 전략적 의미를 갖는다. 하나는 한국 국민의 동맹 인식과 관련된 문제다. 즉 한미동맹에 변화가 주어지면 갖게 되는 냉전적 두려움을 일깨우지 않으면서 국가안보 정책을 펼치는 전략이다. 다른 하나는 주한미군 규모의 감축과 재배치로 대변되는 군사동맹의 실질적 약화에 대한 보완이다. 적어도 이 두 가지 전략 없이 한미동맹을 조정하는 것은 실제 안보 위협을 야기시키거나 국민들로부터 극심한 저항을 불러올 수 있다. 특히 참여정부는 출범 전부터 제2차 북핵위기를 안고 있었기 때문에 국민들의 안보의식이 매우 예민해져 있었다. 게다가 노무현 정부가 여중생 장갑차 사망 사건이나 촛불집회를 통해 분출된 이른바 '반미감정'을 등에 업고 집권에 성공했다는 분위기가 없지 않았다. 그리고 정치적으로 비우호적인 집단이나 보수적인 언론 매체가 정부를 비판하기 위해 이데올로기적으로 '반미 이슈'를 동원한 탓도 없지 않았을 것이라는 정황적 분석도 있다.

한미동맹과 연동되어 있는 문제로서 참여정부 출범 초기 자주국방 정책의 추진을 두고도 노무현 대통령이 동맹을 경시하고 자주를 중시하는 이념적 성향의 귀결이라는 비판이 강하게 제기되었다. 한국의 안보구도가 어느 하나를 버리고 다른 하나를 선택하는 그런 간단한 성격을 띠는 것이 아님에도 불구하고 이항구획적 구도로 대통령과 정부를 정치적으로 몰아갔다.

물론 실제 노무현 대통령이 자주국방에 대한 의지를 강하게 갖고 있었고 한미관계의 대칭화에 대한 고민도 갖고 있었다는 점을 부인할 수는 없다. 이런 배경 때문에 참여정부 초기 한미 간 감정 대립이 심각했다는 주장도 제기되었다. 주한미군의 감축이나 재배치가 반미 감정을 등에 업고 집권에 성공한 "노무현 길들이기"의 일환이었다는 분석도 있다. 특히 주한미군의 감축 문제와 이라크 파병 이슈는 한국 안보와 한국 사회의 정치적 지형을 동요시키는 폭발력을 안고 있었기에 다루기가 여간 어렵지 않았다. 한국 국민은 그런 불협화음과 갈등을 하나의 과정으로 보지 않고 바로 한미동맹에 대한 위기의식으로 연결시켜 현실을 정치화하거나 이념화시킨다. 미국을 상대화시키고 객관적인 사고로 바라보지 않는 것이다.

우리 사회 내부가 어떻든 간에, 전환기적 시대 상황의 변화가 한미동맹이 재조정되지 않으면 안 될 압박을 한미 양국 정부에 가하고 있었다는 점에 대해서는 대다수 분석가들이 의견의 일치를 보이고 있다. 한미동맹의 시급한 조정을 요구하는 대내외적 요인들로서, 세계적 안보환경 변화, 미국의 세계전략 변화, 중국의 부상을 요체로 하는 동북아 차원의 환경 변화, 한반도 정세 변화, 한국의 대북정책 변화, 한국 사회 내적 변화 등을 열거할 수 있다. 특히 이 같은 변화들은 탈냉전 초기인 1990년대 초에 이미 그 윤곽이 잡힌 사안들로서 한미동맹 조정은 상당한 지체를 보였다는 점도 지적할 수 있다. 참여정부는 변화된 안보환경에 부합할 수 있는 새로운 동맹 관계를 구축하는 것을 가장 중요한 외교안보 현안으로 삼았으며, 이는 한미동맹 재조정 정책으로 귀결되었다.

그 정책의 추진 결과, 주한미군 감축, 주한미군 재배치, 군사 임무의 한국군 전환, 전시작전통제권 전환 등의 한미동맹 조정이 일어났다. 전작권 전환 합의는 2006년 가을에 가닥을 잡은 사안이지만 주한미군 감축과 재배치는 정부 초기에 합의된 쟁점들이었다. 군사적인 관점에서 이 같은 조정은 분명 동맹의 약화로 해석될 수밖에 없다. 또 주한미군의 감축이나 역할 조정으로 생긴 전력의 공백을 어떻게 메울 것인가라는 과제가 바로 대두하게 되었다. 그것이 바로 '자주국방'이라는 전략과제였던 것이다. 즉 자주국방과 한미동맹의 병행 추진이 불가피하였다.

하지만 자주국방은 시간과 비용을 요구하는 중장기적 과제이기 때문에 한미동맹 조정에 대한 보완재가 시급하였는데, 그것이 바로 '동북아시대 구상'의 일부인 '동북아 안보협력체' 구상이다. 지금은 동북아 안보협력체 구축에 대한 논의가 활발한 편이지만 참여정부 전반기에만 하더라도 그것이 한미동맹과 충돌하는 것이 아닌가, 우리 국민과 여론이 어떻게 반응할까 따위의 염려를 외교안보팀이 공유하고 있었다. 한국이 동북아 협력 질서의 구축에 적극적으로 나서면 그것이 한미동맹과 충돌하는 것 아닌가라는 염려가 한국사회에 넓고도 뿌리가 깊게 깔려 있었기 때문이다. 흔히 동북아라고 하면 중국을 연상하게 되는 경향이 있고 결국 친중 노선 아니냐는 선입견도 작용했던 것 같다. 그럼에도 불구하고 참여정부는 전문가와 학계를 중심으로 동북아 안보협력체 담론을 꾸준하게 진행시켰다. 대통령 직속의 자문기관인 '동북아시대위원회'에서 주로 이 일을 담당하고 추진하였다. 전문가들에 의한 보고서 작성, 담론 확산을 위한 토론회, 유관국 전문가 및 당국자들과의 '전략 대화'들이 활발하게 이루어졌다.

주지하다시피 2005년 9월 베이징에서 열린 6자회담 제4차 회의 결과 '9.19 공동성명'이 채택되었다. 북핵문제의 해결을 위해 합의된 공동성명에 "6자는 동북아에서의 안보 협력 증진을 위한 방안과 수단을 모색하기로 합의하였다"는 조항을 담았다. 정부 간에 공식적으로 동북아 역내 다자 안보협력 메커니즘 구축에 대한 논의를 할 수 있는 근거가 마련되었던 것이다. 참여정부는 '9.19공동성명'을 등에 업고 2005년 11월 경주에서 열린 한미정상회담에서 동북아 안보협력체 추진이 한미동맹과 충돌하지 않는다는 점을 양국 최고지도자 사이에 공유하도록 결론짓고자 하였다. 결국 양국 정상은 '공동선언'을 통해 한미동맹이 동북아 평화에 이바지한다는 점을 명기함으로써 공식적으로 미국이 한미동맹과 동북아 안보협력 메커니즘은 상충하는 것이 아니라 병행 추진할 수 있음을 분명히 했다. 참여정부는 미국의 이런 입장을 확인하고 난 후에야 동북아 안보협력 메커니즘 구축을 위해 다각적인 노력을 기울인 바 있다.

이 같은 당시 정부의 노력이 일정하게 반영된 결과인지 장담하기는 어렵지만 이제는 미국이 동북아 역내 안보 협력체 구축에 대해 오히려 적극적이다. 2008년 12월에 열린 6자회담에서도 동북아 평화안보 체제에 대해 의제화하겠다는 계획이 있었음은 이 같은 정책 환경을 잘 반영해준다. 유럽 국가들이 1970년대 초 헬싱키 프로세스를 진전시킬 때도 작은 국가들의 역할이 촉매 역할을 단단히 했다는 점을 상기할 필요가 있다. 2008년 미국발 금융위기를 계기로 12월 후쿠오카에서 한·중·일 정상회담이 열렸다. 그 정상회담의 합의 내용 가운데 역내 안보 협력과 관련된 비전통적 안보 위협들이 다수 포함되어 있다. 황사와 같은 환경오염에 대한 공동 대응, 지진, 태풍, 홍수 등 자연재해의 위협에 대한 협력, 기후변화와 인공적 재해 위협에 대한 공동관리 역량 강화 등이 들어 있는 것이다. 이 문제들은 역내 당사국들이 위협 인식을 공유하는 의제들이긴 하지만, 한국이 꾸준하게 협력적 대응과 동북아공동체 구축의 필요성을 강조한 나머지 공동대응에 대한 합의가 이루어졌다는 점을 되새겨야 할 것이다.

4. 남북관계 환경 순화 전략

참여정부는 김대중 정부의 대북 포용정책을 계승하되 화해협력을 한 단계 끌어올려 평화번영 단계로 나아가고자 하였다. 게다가 포용정책이 한·미·일의 공조를 중시한 가운데 추진되었던 데 비해, 참여정부의 평화번영정책은 '동북아시대 구상'이라는 큰 국정 목표의 하위 정책으로 이행되었다. 즉 남북관계를 규정하는 외적 환경을 동북아라는 한층 넓은 지역으로 설정하고, 그 질서의 성격을 평화와 공동번영의 질서로 바꾸고자 하였던 것이다. 한반도와 동북아 지역이 긴밀하게 상호작용한다는 인식을 바탕으로 동북아의 지정학적 구조가 남북관계에 영향을 주고 역으로 남북관계의 성격이 동북아 지역 전체 구도에 중대한 변수로 작용한다고 보았던 것이다. 전 세계적 냉전 종식에도 불구하고 한반도의 분단이 해소되지 않는 것은 남북관계 차원의 요인들이 작용하지만 그 상위의 동북아 지역 구조에 냉전적 경쟁, 대립과 긴장이 해결되지 않았기 때문이라는 인식이었던 것이다.

'동북아시대 구상'은 대북정책을 펼치되 동북아라는 상위 질서의 성격에 변화가 오지 않으면 이렇다 할 결실을 얻지 못한다고 판단하고 그 점에 천착하자는 의도를 담고 있다. 노무현 대통령은 2003년 2월 취임사에서 한반도 평화와 자신의 '동북아시대 구상'이 상호의존적으로 연관되어 있다는 점을 천명하였고, 북핵문제와 남북관계가 동북아의 협력적 질서를 만드는 데 걸림돌로 작용하고 있음을 강조하였다. 아울러 동북아의 다양한 갈등 요인들과 대립 구조가 해소되어야 비로소 한반도에 제도적 평화 정착이 가능하다는 문제의식을 보여주었다. 그리고 한반도 문제가 동북아 대립 구조를 만드는 빌미가 될 수 있다는 점을 강조하면서 그런 구조의 등장을 예방하고자 하였다.

실제 참여정부가 출범할 때 제2차 북핵위기가 본격화되고 있었다. 미국의 부시 행정부는 북한을 이란 및 이라크와 더불어 "악의 축"이라고 명명하고 노골적인 압박과 봉쇄를 통한 레짐 체인지(regime change) 정책을 펼치고 있었다. 이른바 '네오콘'이 주도한 이 같은 대북정책 탓에 북미관계는 최악의 상황에 빠져있었으며, 굳건한 한미동맹을 내세운 참여정부는 자신의 대북 평화번영 정책을 추진하기 위해 미국과 긴밀한 공조가 필요하였다. 그러나 워싱턴 정책 당국자들이 가진 강경 태세는 한국 정부의 설득을 받아들일 만한 융통성이 없었다. 적어도 2006년 가을 네오콘들이 물러나고 그 결과 부시 대통령이 대북정책을 수정할 때까지 그랬다. 한미 간 대북정책기조가 완전 불일치 상태를 보이는 가운데 미국을 무시하고 대북정책을 펼칠 수는 없는 노릇이었다. 미국에게 핵 문제는 그만큼 엄중하였고, 한국에게도 중대한 사안이기는 마찬가지였다. 대북정책 추진의 외적 환경이 아주 나빴던 것이다. 북핵문제를 해결하기 위해 형성된 대화 틀인 6자회담은 참여정부의 '동북아시대 구상'과 관련하여 매우 뜻 깊은 의미를 갖는다. 6자회담은 북핵문제의 평화적 해결, 대화를 통한 해결이라는 대원칙을 초기에 만들어냄으로써 '동북아시대 구상'의 문제의식을 일정 부분 담아내는 성과를 보였다. 특히 북핵문제로 인해 남북 간 양자 대화나 접촉이 쉽지 않았던 정황에 비추어 볼 때, 이 같은 불리한 남북관계의 외적 환경을 순화시키기 위해 동북아 국가들과의 협력과 정책 조율이 필요하였는데 6자회담 틀이 이 역할을 상당 부분 담당하였던 것이다.

6자회담은 다자대화 틀이 일반적으로 갖는 비효율성에도 불구하고 북핵문제를 포함한 북한 문제에 대해 동북아 상위의 단위에서 접근해갈 수 있는 여러 합의를 도출해내는 데 성공하였다. 앞서 언급한 바대로 2005년에 나온 '9.19공동성명'은 한반도를 포함해 동북아 역내 포괄적 평화헌장이라고 해도 족할 정도로 북핵문제 해결을 위시해 동북아와 한반도에서의 공생적 질서를 만드는 기초가 되었다. 이 공동성명에는 북핵문제 해결, 북한경제 재건을 위한 에너지 및 경제 지원, 북일 및 북미 간 관계정상화, 동북아 평화안보 체제 구축, 한반도 평화체제 구축을 위한 별도의 논의 포럼 구성 등의 포괄적인 내용이 들어 있다. 물론 이 공동성명은 곧장 미국의 금융제재 조치의 일환으로 가해진 '방코 델타 아시아'(BDA) 사태로 인해 상당 기간 이행되지 못하고 난항을 겪었다. 그러다가 결국 2007년 '2.13이행합의'로 귀결되어 북핵문제 해결을 위한 로드맵을 도출하기에 이르렀다. 6자회담의 이 같은 결실은 참여정부 '동북아시대 구상'에 부합한다. '9.19공동성명'이 산고 끝에 가능했던 것은 참여정부의 포괄적인 구상에 따른 적극적이고 창의적인 우리 외교의 역할이 크게 작용했기 때문에 가능하였다.

북핵문제로 인해 남북관계가 순조롭게 진전되기도 어려웠고 특히 미국의 부시 행정부가 취한 대북 압박고사 정책으로 인해 한미 간 조율도 쉽지 않은 상황에서 '동북아시대 구상'을 통해 거대한 협력 정책들을 제안함으로써 중국과 러시아를 끌어들이고 미국도 이 큰 흐름에 편승하도록 만들었다. 이는 '동북아시대'라는 거대 담론을 통해 미시적 쟁점들을 무력화시키는 한편, 역내 주요 국가들이 협력을 통해 북핵문제와 같은 핵심 이슈를 접근하고 후에 비용도 같이 분담한다는 공감대가 있었기에 가능하였다.

김대중 정부의 대북정책은 '퍼주기'라는 정치적 저항에 직면하였다. 일반적으로 보수층에서 '잃어버린 10년'이라는 수사를 통해 김대중 정부와 참여정부의 대북정책이 다를 게 없다는 비판을 하지만, 실제 두 정부 간에 대북 인식과 접근이 미세하나마 달랐음을 알 수 있다. 김대중 정부가 햇볕정책을 펼침에 있어 미국과의 공조를 강조한 반면, 참여정부는 맥락을 훨씬 넓혀 동북아 역내 주요 국가들이 모두 참여한 가운데 각자의 전략적 이해관계, 치러야 할 부담, 국가들 간의 상호작용을 감안하는 접근법을 택하였던 것이다.

참여정부는 김대중 정부의 대북정책을 계승한 만큼 남북정상회담에 대한 국내적 압력을 상당하게 겪었다. 출범 초기부터 대북송금 특검을 대통령이 수용함으로써 지지층 내부에서 상당한 혼란이 발생하였다. 노무현 대통령은 북핵문제의 의미 있는 진전이 없을 경우 동북아 현실을 냉철하게 따져보았을 때 남북 간에 상당한 공감대가 있다고 하더라도 남북정상회담을 추진하는 것은 현실적으로 어렵다고 보았다. 그래서 '2.13이행합의'가 나오고 난 이후에 비로소 남북정상회담에 대한 본격적인 개최 준비를 하였다. 남북정상회담 개최 직전인 2007년 9월에 열린 시드니 APEC회의에서 부시 대통령과의 한미정상회담에서도 부시 대통령 자신은 한반도에서 전쟁을 공식적으로 끝내고 평화체제 구축 단계로 진입하는 데 아무런 반대가 없음을 확인하였다. 이런 한미 간의 조율 끝에 2007년 10월 평양에서 열린 남북정상회담에서 '10.4정상선언'을 채택하고 제4항에 "남과 북은 현 정전체제를 종식시키고 항구적인 평화체제를 구축해 나가야 한다는 데 인식을 같이하고 직접 관련된 3자 혹은 4자 정상들이 한반도 지역에서 만나 종전을 선언하는 문제를 추진하기로 합의하였다"라는 내용을 포함시킨 바 있다. 남북관계가 독자적으로 작동하는 것이 아니라 동북아 지역 강대국들이 개입된 가운데 다루어져야 한다는 인식을 담은 사례일 것이다.

이렇듯 남북관계의 발전이건 한반도 평화체제 구축이건 그 과제를 추진하기 위해 상위의 동북아 차원에서 인식하고 실제 접근하는 것이 불가피하다는 문제의식을 '동북아시대 구상'은 담고 있다. 그리고 그런 취지 아래 실제 핵문제를 비롯한 남북관계의 주요 쟁점들이 다루어졌다. 그럼에도 불구하고 반드시 지적되어야 할 점은 참여정부가 남북관계 개선을 위해 자신에게 주어진 자율적 영역에 대해서마저 소극적이지는 않았다는 사실이다. 남북관계와 동북아 역내 지정학이 긴밀하게 연동되어 있다는 인식을 갖고 있으면서도 남북관계라는 변수를 놓치지 않고 자신이 할 수 있는 주도적인 역할이 있다면 적극적으로 수행해야 한다는 자세로 임했다. 6자회담이 빈번하게 교착 상태에 직면하여 진전이 없을 때 남북축을 가동하여 북한을 설득한 사례도 있었다. 즉 남북관계와 동북아 국가들로 구성된 다자 틀이 선순환적 관계를 만들어 작동해야 한다는 인식이 뚜렷했다는 말이다.

5. 맺음말

이 글은 노무현 대통령이 제기한 '동북아시대 구상'이 어떤 전략적 함축을 가졌는가에 대해 필자 나름의 분석을 제시하였다. 즉, 對중국 전략, 한미동맹 보완책, 남북관계 환경 순화책 등의 세 가지 각도에서 분석하였다. '동북아시대 구상'은 한반도와 동북아 지역의 사활적 안보쟁점인 북핵문제, 6자회담, 천안함 사태 등등의 핵심 당사국들인 중국, 미국, 북한에 관한 전략적 함축을 담고 있다. 이 점은 '동북아시대 구상'이 한국의 대외 전략 구상에서 괄목상대 해야 할 국가들이 누구이며, 어떤 시나리오를 예방하고 어떤 시나리오를 만들어가야 하는가를 반증하고 있다고 유추할 수 있는 근거가 된다.

우리에게는 아직 체계적인 중국 전략도 없는 실정이고, 한미동맹을 발전시키는 데 필요한 미래 비전도 정리되어 있지 못하며, 남북관계는 파탄 지경에 놓여 있다. 이명박 정부의 대미 일변도 외교노선이 이 같은 결과를 야기했지만 체계적인 외교안보 전략 미비가 근본에 자리 잡고 있다. 그래서 상황이 발생하면 우왕좌왕하고 조치도 갈팡질팡이다. 그 대표적 사례가 바로 2010년 발발한 '천안함 사태'일 것이다. 체계적인 대외전략이 없이 임기응변식으로 대응하고 조치를 취하기 때문에 국민의 불신과 대외적 신뢰 문제에 봉착하기 일쑤인 셈이다.

이명박 정부의 임기가 끝나가고 있다. 민주개혁 진영은 MB정부 외교안보 분야에서 초래된 여러 정책 실패들을 부담으로 안고 가야 하는데, 북핵문제, 남북관계, 한중관계, 한미동맹, 동북아 평화안보 체제 등이 무엇보다도 우선적인 과제들로 다가온다. 노무현 대통령이 '동북아시대 구상'을 통해 접근하고자 했던 과제들이 고스란히 남아 있고, 많은 경우 당시보다 더 악화되어 있는 실정이다.

여러 분석가들이 지적해왔듯이, 한반도와 동북아는 불가분의 관계를 갖고 작동되어 왔고 두 단위 간의 역동적 상호작용은 향후에도 지속될 것이다. '동북아시대 구상'은 바로 이 인식을 바탕으로 출발하고 있다. 한국으로서는 자신의 안보와 국익을 위해 전략적 차원에서 이 출발이 불가피하다. 더 나아가 중장기적으로 한반도의 평화통일과 동북아의 평화정착을 위해 '동북아시대 구상'은 우리의 불가피한 선택임에 틀림없다. '동북아시대 구상'에 대한 전략적 함축을 점검한 연후에 민주개혁 진영은 무엇을 업데이트하고 업그레이드 해야 할 것인지를 구상해야 할 것이다.

4장 글로벌 중견국가와 동북아전략구상*

1. 복합적 네트워크의 국제사회와 '새 동북아전략 구상'의 시대적 요구

20세기의 국제 관계가 힘의 논리에 압도당한 강대국 권력정치였다면, 21세기 국제 관계는 세계화로 인한 복합적 네트워크 국제사회 도래에 따라 매우 다른 양상으로 전개되고 있다. 이에 부수적으로 강대국에 의한 힘의 정치의 중요성 약화, 글로벌 '중견국가'의 국제적 역할 및 중요성 부각, 비국가 행위자들과의 협력 네트워크 구축 필요성 증대 등등 중요한 변화가 초래되었다. 이 같은 국제사회의 특성은 진영 논리 및 특정 국가 편승 외교안보로는 복합적 네트워크 사회에서 국가의 생존과 지속가능한 번영을 담보해 낼 수 없게 되었다는 점을 웅변해주고 있다.

예나 지금이나 한반도는 주변 강대국의 국가 이익이 교차하는 전략적 요충지이다. 근대 한국의 역사는 강대국 권력 정치의 틈바구니에서 안보 정체성 부재의 대외 전략을 내세우다가 국권 상실이라는 치욕을 당했던 쓰라린 경험을 내재하고 있다. 미래에도 한반도의 지정학은 남북 분단과 대립, 그리고 동북아의 갈등 구조가 상승 작용하여 한국 외교안보 정책의 자율적 공간을 구조

---

* 김기정 외, 『21세기 한국의 미래구상』 (서울: 한국미래발전연구원, 2013).

적으로 제약시킨 나머지 동북아 강대국 정치에 한국의 운명이 좌우되는 상황을 결코 배제할 수 없다. 그런데 이명박 정부 들어와 민주정부 10년에 시도되었던 우리 주도의 대북정책 추진이나 우리 중심적 사고에 기초한 자위력 향상과 주변 강대국들과의 외교 노력을 모두 무력화시키고 과거로 되돌려 놓아버렸다. 외교는 의존 심화로, 안보는 냉전 패러다임으로 후퇴한 가운데 동북아 외교 전반에 심대한 뒤틀림 현상이 나타나게 되었다.

형국이 이러하기 때문에 우리는 '새 동북아전략구상'을 말하게 될 수밖에 없고 발본적 사고를 요청하지 않을 수 없다. 당면한 동북아 전략 환경을 진단해내고, 그 전략 환경 속에 우리의 좌표를 해독하며, 어떤 역할을 해야 한반도의 평화번영과 동북아 안정에 이바지할 것인가에 대한 획기적 사고와 정책 설계가 필요하다. 냉전과 분단체제를 극복하는 가운데 한반도 평화증진과 동북아 통합 질서 구축을 위한 섬세하고도 실행가능한 정책시스템의 개발이 요구된다고 하겠다. '글로벌 중견국가'(global middle power)[1]로 성장해 가고 있는 한국의 역량을 충분히 발휘한다면, 의존과 지체를 탈피하여 자의식과 새로운 정체성에 입각한 창의성·주도성·적극성을 담은 대외전략 설계가 가능할 것이다.

그런 사업구상에 있어 우리는 지정학에 대해 새로운 인식을 해야 하며, 자율적 운신의 공간 확장 노력을 구사하면서 궁극적으로 지난날 고통과 구속의 지정학이었던 한반도를 평화와 번영의 지정학으로 전환시켜 나갈 수 있을 것이다. 당면한 대외 안보환경의 특징을 고려할 때, 한반도는 자신들의 지역적·지구적 권력 기반을 확장하고 경쟁 상대자들을 약화시키고자 하는 동북아 강대국들의 전략적 이해관계에 있어서 중요도가 매우 높은 지역이다. 그렇기 때문에 한국은 한반도를 중심으로 펼쳐지는 지정학에 있어 주변 강대국들에게 중견국가의 역할을 담당할 수 있다. 왜냐하면 중견국가의 힘을 갖고 있

---

1) 중견국가론은 서양학계에서 탈냉전기 새로운 안보환경에서 강대국 정치를 넘어선 다양한 국가들의 성격 및 외교행태를 다루기 위해 나왔다. 국내에서도 상당한 주목을 받았으며 국가전략 혹은 안보전략 수립에 활용되기도 한 논의다.

는 한국의 결정은 적어도 지역적 세력균형을 바꿀 수 있기 때문이다.

글로벌 중견국가의 새로운 동북아전략구상은 우리 자신의 정책 준비와 실행 역량에 따라 현실적합성이 판결날 것이지만 우리의 인식에 있어 자의식과 정체성을 발휘하는 데서 출발한다. 기본적으로 창의성과 유연성, 균형과 사려 등의 덕목이 강조되어야 하며, 평화와 협력에 높은 방법론적 가치를 두면서, 구체적 행태에 있어서는 예방적 노력, 주도성, 적극성 등을 발휘해야 한다. 이 구상을 다듬기 위해서는 동북아 지역 질서를 객관적으로 평가하는 일이 전제되어야 하고, 한반도를 둘러싼 대외적 전략 환경을 점검해야 한다.

2. 동북아 지역질서와 대외 안보환경

21세기 세계체제의 중심으로 급부상한 동북아는 중국의 부상과 맞물려 구조적 힘의 대전환을 겪고 있다. 그에 따라 동북아 안보질서는 상당 기간 불안정하고 유동적인 성격을 보일 수밖에 없을 것이다. 특히, 힘의 대전환과 맞물려 나타나는 역내 국가들 간 상호 관계의 유동성이 향후 동북아 안보질서의 성격과 특징을 좌우해 나갈 것이다. 그중에서도 동북아 정세를 좌우할 가장 중요한 요인으로는 미국과 중국이 펼칠 강대국 정치의 양상, 전통적으로 지역 패권 경쟁을 벌여 왔던 중일관계의 불확실성, 그리고 북한 핵문제를 정점으로 펼쳐지는 남북한 간 한반도 정치의 성격이다.

먼저, 동북아에서 펼쳐지는 미중 강대국 정치이다. 동북아 지역에서 펼쳐질 향후 미국과 중국의 안보적 상호작용은 협력과 경쟁이 주기적으로 교차·반복되는 전략적 협력과 경쟁 양상을 보일 것이다. 현재 미국과 중국은 상호 정책적 의도의 불확실성과 상황의 불안정성에 따라 서로에 대해 '관여와 통합, 그리고 균형'으로 구성되는 헤징전략(hedging strategy)을 취하고 있다. 미국과 중국은 상호 헤징전략을 근간으로 다양한 국제체제의 기제를 활용하여 경제적 상호의존의 심화 및 다자주의적 안보협력을 통해 미중 강대국 정치의 부정적 파열음을 완화시키고자 하는 관여와 통합의 협력 관계를 보이면서도 다른 한편으로는 자신의 군사력 증강, 동맹국과 주변 지역 국가들과의 외교 안보적 협력 관계를 발전시켜 역내에서 자신의 이익을 확대시켜 나가기 위해 마찰과 갈등을 빚어내고 있다.

다음으로, 중일관계의 유동성이다. 중국과 일본은 역내 패권을 놓고 전통적 경쟁 관계를 보여 왔다. 그렇기 때문에 중국의 부상은 특히 일본에게는 매우 민감할 뿐만 아니라 일본의 우경화 및 보통국가화를 추동시킬 수 있는 촉매제가 된 측면도 있다. 따라서 일본은 미중 전략적 관계에 일정 정도 편승하면서도 강대국으로 부상하기 위한 자신의 입장을 고려, 특정 쟁점에 대해 독자적인 행보를 강화할 가능성도 배제할 수 없다. 또한 일본의 지정학적 위치를 감안했을 경우, 미중 전략적 관계에서 강대국으로 부상하고자 하는 일본의 욕구는 중일 경쟁 관계의 촉발 및 나아가 미중 양국의 경쟁이 촉진되는 정세를 만들어낼 수도 있다.

북핵문제를 정점으로 펼쳐지는 남북한의 한반도 정치도 빼놓을 수 없는 동북아 지역 질서의 구성요소다. 지난 냉전기 한반도 안보 지형에서 가장 핵심적인 변수는 한반도 정치와 이를 외적 균형 수단으로 삼으면서 지역의 질서를 유지하고자 했던 강대국들의 현상유지 정책이라 할 수 있다. 21세기에 들어와 세계체제의 급격한 변화는 한반도 및 동북아 정치에 새로운 변화의 전기를 마련하는 것 같으나 한반도 안보지형의 핵심 변수 중의 하나인 외적 균형이라는 강대국 정치의 기본 구조는 변화되지 않았다. 이러한 상황에서 미중 강대국 정치가 한반도 정치와 그에 따른 남북한의 안보 자율성에 미치는 영향을 예의주시할 필요가 있다. 특히, 남북한의 한반도 정치는 강대국 정치의 파열음으로부터 어느 정도 벗어나 남북한 당사자가 보다 자율적이고 적극적으로 한반도 정치를 운영해 나갈 수 있는 공간을 확보할 수 있을 것이다. 남북한이 한반도 정치의 자율성과 적극성을 가시적으로 증대시켜 나가기 위해서는 서로에 대한 정책 방향 및 접근 방법에 있어서 최소한의 공통적 입장을 도출해내야만 한다.

3. '글로벌 중견국가'와 새 동북아전략구상의 기조

1) 글로벌 중견국가론

중견국가란 관계적 개념이라 할 수 있는 중간(middle)과 국제정치에서 힘의 배분 상태에 따른 국가의 물적 기반인 권력(power)의 합성어다. 따라서 중견국가는 현실주의 전통인 국가의 물리적 힘(경제력과 군사력), 영토 규모, 인구, 지정학적 위치 등 다른 국가에 영향을 미칠 수 있는 국가의 능력이 기본이 된다. 게다가 중견국가는 자유주의 전통인 국제체제에서 국가의 기능과 행태, 그리고 국가 정체성과 밀접한 관련이 있는 규범적 요소에 의해서 정의되기도 한다. 이에 따라 중견국가는 무정부적 국제체제에서 중간 정도의 상대적 국가 지위를 차지하고 있는 국가가 국제 문제에 기능적 이해관계를 갖고 있으면서 자신의 국력에 상응하는 역할을 수행할 의지를 갖춘 국가이다.[2]

국제체제 내에서 중견국가의 개념과 그 행태는 오랜 논쟁의 대상이었으나 오늘날에는 중견국가 정의와 관련해서 국가의 능력보다는 행태와 규범적 측면이 보다 강조된다. 그러므로 중견국가가 되기 위해서는 영토 규모, 인구, 지정학적 위치 이외에 중간 정도의 경제력과 군사 능력을 갖추는 데 그치지 않고, 다자외교와 국제기구에의 참여가 강조된다. 나아가 중견국가는 평화 선호에 더해 실제 평화 유지와 평화집행에 있어 매우 적극적이다. 선량한 국제시민이 되고 보편적 이익과 국제적 공공재 창출에 기여하는 것도 중견국가

---

2) 김치욱, 「국제정치의 분석단위로서 중견국가: 그 개념화와 시사점」, 『국제정치논총』, 제49집 1호 (2009) 참조.

의 주요 행태적 유형이다. [3] 따라서 중견국가는 현실주의 전통에 입각한 '능력'을 기반으로 삼아 자유주의 전통에 따른 국가의 기능과 행태, 규범을 중시하는 국가다. 규범적 측면에서 중견국가들은 다른 국가들보다 신뢰할 만한 행태, 국제적 협력 강조, 국제적 갈등의 평화적 해결, 다자적 제도화 선호 경향을 보인다. 즉, 중견국가들은 국제적 시민의식, 다자적 행동주의, 연합, 제도 구축과 중재를 선호하는 경향이 있다. [4]

이상의 이론적 검토에 입각해 이 글에서는 중견국가를 다음과 같이 정의할 수 있을 것이다. 중견국가는 지역적·국제적 분쟁 해결을 위해 협력적 노선과 평화적 방법을 선호하며, 이를 위해 관련 쟁점 영역에서의 제도화 구축을 추구하는 경향을 보인다. 특히, 중견국가는 비상위정치 영역에서 다른 중견국가들과의 유대 강화를 통해 자신의 입장과 국제적 위상을 제고하기 위한 외교적 행태를 보인다.

어느 국가가 중견국가에 속하는가에 대해서도 논란이 분분하다. 이론적 관점이 무엇인가에 따라 범주화가 달라질 수밖에 없기 때문이다. 우리는 역사적이고 구조적이며 동태적인 방법론에 입각해 중견국가를 분류해내야 한다는 인식 아래, 일단 중견국가들은 세계체제 분석에서 원용되어온 '반주변부'(semi-periphery)[5]에 속한다고 본다. 그런 포괄적 관점 아래 구체적인 범주화는 특정한 시기에 따라 능력과 행태를 체계적으로 분석하여 이루어져야 할 것이다. 전통적 중견국가로는 캐나다와 호주가 대표 격이고, 유럽에서는 스웨덴, 네덜란드, 벨기에가 대표적인 중견국가에 속한다.

한국은 이미 상당 정도 글로벌 중견국가로서의 '능력'을 갖추고 있다. 거의 세계 10위 안팎에 이르는 경제력을 보유하고 있을 뿐만 아니라, '한류' 바람에

---

3) Mehmet Ozkan, "A New Approach to Global Security: Pivotal Middle Powers and Global Politics", *Perceptions*, 11-1, (2006), p.80.
4) Louis Belanger and Gordon Mace, "Middle Powers and Regionalism in the Americas: the Case of Argentina and Mexico," in Andrew F. Cooper(ed.), *Niche Diplomacy: Middle Powers After the Cold War*, (New York: St. Martins's Press, 1997), p.171.
5) Wallerstein, I., *The Modern World-System I*, (New York: Academic Press, 1974) 참조.

서 확인되듯이 연성 국력에 있어서도 우위를 확대해가고 있다. 월드컵 개최국으로서 '붉은 악마'와 같은 역동적이면서 질서정연한 면모를 통해 각인된 이미지가 있다. 국제사회에서 '공공재'의 창출을 위해 다각적으로 활발한 활동을 펼치고 있다. 개도국의 경제 사회 발전을 지원하기 위해 ODA(공적개발원조) 규모를 대폭 확충해가고 있으며, 분쟁 지역의 재건 및 평화유지 활동에도 적극적으로 참여하고 있다. 유엔 사무총장을 배출하였고, G20정상회의를 개최하는 등 국제기구에의 참여나 국제협력에 능동적으로 임해왔다. 동(북)아시아에서 평화와 공동번영을 지향하는 공동체 구축을 제안하기도 했다. 2008년 금융위기 국면에서 '한·중·일 3국정상회의' 개최에 적극적이었고, 그 회의의 제도화에 이바지한 나머지 사무국을 유치하기도 했다.

글로벌 중견국가로서 한국은 세계화로 인해 야기된 국제사회의 다양한 문제들을 유념하여 그 해결에 적극적 역할을 담당하고자 한다. 국제적 협력을 통해 공생적 국제질서 정립에 관심을 가질 뿐만 아니라 그런 과정에서 자신의 지정학적 위치를 국가전략 차원에서 적극적으로 해석하고 이를 대외정책에 긍정적으로 반영하고자 한다.[6]

2) 새 동북아전략구상의 3대 기조와 지향점

한국이 지향해나가야 할 글로벌 중견국가의 동북아전략구상은 1)중용의 안보 정체성, 2)신중 외교, 3)균형 안보라는 3가지 핵심 구성요소로 이루어져 있다. 그리고 '글로벌 중견국가' 대한민국은 협력을 매개로 한 평화와 번영을 지향점으로 삼는다.

먼저, 중용의 안보 정체성은 정체성의 객관적 조건에 대한 올바른 인식은 물론 적중의 선택과 사려 깊은 판단을 바탕으로 국제무대에서 어느 한쪽으로

---

6) 참여정부의 균형외교정책을 중견국가론의 틀로 분석한 논문으로, 이수형, 「중추적 중견국가론과 참여정부의 균형적 실용외교」, 『한국과 국제정치』, 제24권 제1호(2008).

치우치지 않고 중견국가의 역할을 담당하겠다는 한국의 대외적 표방인 것이다. 여기에서 한쪽으로 치우치지 않는다는 것은 단지 외교 관계에 있어서 특정 국가로 경도되지 않겠다는 의미뿐만 아니라 다양한 외교안보 쟁점에 내재되어 있는 한반도와 동북아의 특수성과 지구적 보편성 간의 편차를 조화롭게 좁혀 나가고자 하는 한국의 자의식을 담아내고 있다. 더불어 지정학적 위치를 활용하여 협력의 증진, 평화의 촉진, 소통의 가교, 대화와 외교를 통한 중재 역할을 자임하고자 한다. 중용의 안보 정체성을 통해 그간 특정 국가에 경도되어왔던 한국의 부정적 안보 정체성을 극복할 수 있을 것이다.

신중 외교는 유동적이고 불안정한 대외환경의 특성을 감안하여 남북관계와 동북아 주변 국가들과의 외교 관계, 그리고 지구적 국제 관계에서 한국의 사려 깊고 분별 있는 외교적 행태를 규정하는 개념이다. 신중 외교는 무엇보다도 강자에게 비굴하지 않을 정도의 자존(자긍심)과 약자에게 오만하지 않을 정도의 선린(포용)에 기초해 있다. 따라서 신중 외교는 수동적이고 정책결정 과정의 시간 지연을 의미하는 것이 아니다. 신중 외교는 국익 증진의 경합장인 외교 무대에서 강자에게는 관용과 유연성을 주문할 수 있어야 하고 약자에게는 지원과 배려를 발휘할 수 있는 외교적 역량을 구사할 수 있어야 한다. 이러한 외교적 역량은 중견국가의 역할을 담당할 한국 외교의 핵심적 구비 요건이다.

균형 안보는 유동적이고 불안정한 지역적·국제적 안보환경에서 한국의 국가 생존을 담보하고 한국의 평화와 번영을 이끌어나갈 수 있는 실질적인 경성 권력과 불가분의 관계에 있는 개념이다. 즉, 균형 안보는 전통적 안보와 비전통적 안보 간의 균형, 한반도와 동북아의 특수성에서 기인하는 지정학적 안보와 지구적 보편성에서 연유하는 기능적 안보 간의 균형, 평화와 안보 간의 적절한 조화를 유지하면서 공동안보(common security)론에 입각하여 동맹과 다자 안보협력 간의 균형 모색, 지역적·국제적 정세를 감안한 전통적 안보와 비전통적 안보 간의 균형 등을 포함하는 매우 포괄적인 쓰임새를 갖는 개념이다.

〈그림 1〉 '글로벌 중견국가' 한국의 동북아전략구상

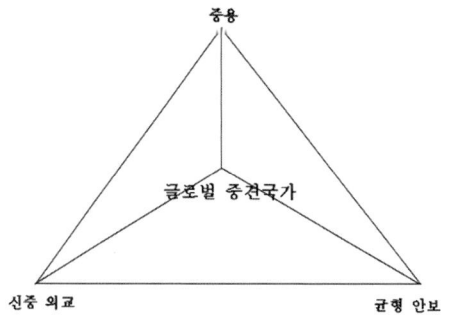

새 동북아전략구상은 이러한 3가지 핵심 구성요소를 근간으로 한반도와 동북아를 평화와 번영의 지정학으로 전환시키기 위해 중견국가의 역할을 적극적으로 담당해 나가야 할 것이다. 따라서 한국은 새 동북아전략구상의 핵심 구성요소인 중용의 안보 정체성, 신중 외교, 그리고 균형 안보를 바탕으로 지역의 갈등을 평화적으로 해결하기 위한 다양한 외교적 노력(다자주의, 연합, 제도 구축, 중재 등)을 발휘하여 궁극적으로 외교안보 정책의 자율적 공간 확보 및 이를 확대해 나가야 한다. 이를 통해 한반도 평화정착 과정을 거쳐 통일의 비전을 앞당기고 우리에게 전통적이었던 대륙지향성을 회복해 나가면서 동(북)아 협력 범위와 가능성을 한층 높여나가야 한다. 글로벌 중견국가로서 한국이 지난날 고통과 아픔의 지정학이었던 한반도와 동북아를 평화와 번영의 지정학으로 전환시켜 나가기 위해 새 동북아전략구상이 추진해야 할 핵심과제, 과제별 우선순위 및 주요 내용은 어떻게 되어야 할 것인가. 우선적으로 남북관계의 '리셋'(reset)과 한반도 평화증진이다. 다음으로 한미동맹의 역동성 강화이다. 셋째는 한중 협력 관계의 내실화이다. 넷째는 동(북)아 안보 협력의 활성화이다.

4. 새 동북아전략구상의 4개 핵심과제

1) 남북관계의 '리셋'(reset)과 한반도 평화[7]

(1) 파탄이 난 남북관계와 교류협력으로의 전환

이명박 정부 아래 남북관계가 파탄이 났을 뿐더러 마치 냉전 시기처럼 후퇴했다는 평가는 이미 많은 분석가들에 의해 내려진 바이기 때문에 중언부언이 필요 없을 것이다. 이제 우리의 당면한 과제는 실종된 남북관계를 복원하고 파괴된 평화를 회복하여 점진적 통일을 향해갈 수 있는 발본적 정책 패키지를 개발하는 데 있다. 이 작업은 이런 저런 정책적 교정을 통해서가 아니라 남북관계에 대한 총체적 "리셋"(reset)을 요구하는 일이라서 발본적으로 개시해야 한다는 표현을 쓸 지경인 것이다.

이명박 정부 실패의 단초는 남북관계라는 끈을 놓아버린 데서 찾을 수 있다. 한미동맹 강화책을 구사한 결과 한반도의 특수성을 무시하고 한미관계만 잘 되면 남북관계를 비롯한 여타 외교안보 분야 과제들이 부수적으로 순탄하게 풀린다는 거대한 착오를 범한 탓이다. 따라서 새 대북정책 시스템의 개발은 남북관계의 끈을 다시 잡는 데서 출발해야 하며, 정책 기조를 적대에서 화해협력으로 바꾸어야 할 것이며, 그에 부합되는 정책은 이전 민주정부의 포용정책(engagement policy)을 업그레이드한 적극적 교섭정책일 수밖에 없다.

적극적 교섭정책은 남북관계의 3대 장전이랄 수 있는 '남북기본합의서'(1992년 발효), '6.15공동선언'(2000년), '10.4정상선언'(2007)을 이론적 · 인식론적 · 방법론적 기반으로 삼아야 할 것이고, 동북아 평화헌장이라고 부름직할 만큼 한반도 평화를 위한 포괄적 설계도인 '9.19공동성명'을 참고할 뿐만 아니라 2005년 국회를 통과한 '남북관계발전특별법'을 충실하게 따르는

---

7) 이 부분은 2012년 2월 15일자 『프레시안』에 게재된 필자의 "남북관계 '리셋'의 제1원칙은 남탓하지 않는다"를 빌려온 것이다.

것만으로 필요충분 요건을 두루 갖추게 될 것이다. 이들은 화해협력 기조, 평화번영의 증진, 점진적 통일이라는 방법과 목표를 위한 종합적이고 포괄적인 설계도를 대표하고 있으며, 그에 따른 이행 로드맵을 그릴 수 있는 구체적 방안과 정책 과제들을 제시하고 있다.

'적극적 교섭정책'은 북한의 붕괴나 급변사태 같은 재앙적 사변을 정책적 대상으로 삼지 않는 대신 북한의 점진적 변화를 통한 남과 북의 통합을 지향하고 있다는 점을 분명히 해둘 필요가 있다. 이 점을 새삼 재론하는 것은 과거 포용정책에 대한 비판이 주로 북한변화 불능과 관련되어 있었다는 사실 때문이다. 물론 과거 포용정책이 개혁개방을 무척 강조하였음에도 불구하고 북한 변화 유도에 실패했다는 비판은 오늘날에도 위세를 떨치고 있기 때문에 '적극적 교섭정책'은 북한의 변화를 중시한다는 점을 분명히 해둘 필요가 더하다.

게다가 김정일 위원장 사망 이후 북한에 김정은 시스템이 안정화되고 있는 현실은 북한의 개혁개방 가능성을 한층 높여준다고 보아야 할 것이다. 김정은 시스템이 단절적 변화를 하기는 당분간 어렵겠지만 어떤 종류나 수준이 되었건 개혁개방을 통한 북한의 변화 없이 장기간 북한 인민들로부터 지지를 받으면서 지탱해 나갈 수 없을 것이라는 인식이 가능하다. 그 변화의 주 내용은 경제 회생과 대외적 위협 극복이 될 것이라는 점도 명확하다. 이런 북한 지도부의 절박성에 비추어볼 때 '적극적 교섭정책'이 북한에 수용될 개연성은 더더욱 높아진다.

(2) 적극적 교섭정책의 내용

'적극적 교섭정책'은 시급히 교류협력을 복원하여 한반도경제공동체 형성, 한반도 평화체제 구축, 그리고 비핵화라는 3대 핵심 과제를 제기한다. 물론 이들은 전혀 새로운 과제가 아니며, 우리의 해묵은 숙제에 해당된다. 우리 국민의 태만과 여러 정부들의 직무유기로 인해 숙제가 미루고 미루어진 나머지 반복적으로 기출 문제가 다시 제기되는 것이 한반도의 부끄러운 현주소인 셈이다. 물론 여기에는 북한 당국의 책임도 적잖이 있고, 동북아의 먼 과거로부터 오늘날 주변국들의 전략적 이해관계가 부단히 작용하고 있는 탓도 없지 않다.

그러나 뭐니 뭐니 해도 한반도 문제는 우리가 주도하고 자주적으로 풀어야 한다는 여러 지엄한 명령에 비추어볼 때 책임을 남에게 미루는 것이야 말로 미숙하고도 염치없는 자세일 것이다. 이제 우리 문제를 반드시 우리의 역량 발휘를 통해 성취해야 한다는 비장한 각오를 다질 필요가 더하다. 북한 탓, 중국 탓, 미국 탓을 하지 말아야 한다. 우리가 능동적으로 나가고 북한의 호응을 이끌어내어 미국과 중국의 지지를 받아야 할 일이다.[8]

우선 한반도경제공동체 형성 과제인데, 무엇보다도 평화 증진이나 비핵화 프로세스가 부재한 환경에서 남북경협이 이루어질 수 없다는 점이 이명박 정부를 통해 생생하게 입증된 터라 어느 하나의 과제가 다른 과제(들)와 불가분의 관계를 맺고 있다는 인식을 한순간도 놓쳐서는 안 될 것이다. 남북경협의 심화와 확대를 통한 한반도경제공동체 형성 과정은 개성공단 사례가 웅변하듯이 일정한 정도의 진전이 이루어져 남북 양측 어느 쪽에서건 경제적 실리가 이념적 군사적 대결에 따른 추상적 이해관계를 훌쩍 뛰어넘을 지경이 되면 그 자체의 동력으로 굴러갈 수 있다는 특징을 갖는다. 일방적 퍼주기가 아니라 우리 경제의 돌파구도 되면서 북한 경제에 도움이 되는 '협력적 성장' 전략인 것이다.

이 과제와 관련해서는 '10.4정상선언'에서 합의된 수많은 구체적 프로젝트들 가운데 현실적합도가 높고 쌍방에 이득을 주는 그런 사업들을 위주로 성과를 낼 수 있을 것이다. 그러나 새로운 일을 마구잡이로 벌이기보다는 기왕에 양측이 합의하고 일정 정도 추진된 경협사업들을 심화시켜나가는 것이 전략적 접근법이 될 것이다. 대략 일별하자면, 개성공단 확대와 금강산관광

---

8) 이 같은 입장은 민주진보진영에서 근래 부쩍 강조되고 있다. 송민순, 「한반도 평화와 통일의 조건」, 2012년 3월 12일 민주정책연구원 주최 '한반도 평화를 위한 국제세미나' 발제문.

사업 재개는 눈에 들어오는 과제이고, 제2의 개성공단 조성, 지하자원 공동 개발 및 자원 협력, 철도와 도로의 연결 같은 프로젝트들이 수반될 것이다.

한반도 평화체제 구축 과제는 비핵화 프로세스의 진전과 더불어 이행되어야 하는데, 북미 간 관계 정상화가 필요할 터이고 남북 간 군사적 신뢰 구축의 이행에 따라 평화 증진이 상당 정도 진척된 나머지 평화협정이 체결되어 미국과 중국이 지지하는 수순을 밟아야 할 것이다. 하지만 분명하게 짚어야 할 점은 이 과제가 무슨 도식처럼 전개될 리가 없고 남북관계에서 전반적으로 일대 진전이 일어나고 6자회담을 통한 비핵화가 진전이 일어나야 할 뿐만 아니라 미국과 중국으로부터 긴밀한 정책 공조를 이루어내야 한다. 게다가 일본이나 러시아마저도 여기에 동승해야 하는 등의 우호적 환경 조성이 뒷받침되어야 할 것이다. 정세의 전개에 따라 유연한 대응이 필요할 것이며, 정황에 따라서는 우리가 공세적으로 완력을 발휘해야 할 수도 있을 것이다.

평화체제 구축이든 경제공동체이든 남북관계가 전반적으로 개선되어야 한다는 점이 다시 한 번 강조될 필요가 있다. 평화 증진이나 경협 확대 그 자체가 남북관계 개선의 지표이기도 하지만, 이와 더불어 민간 차원의 교류협력이 활발하게 일어나 한반도 전반의 분위기가 화해 협력적으로 변화해야 보다 큰 과제들이 탄력을 받으면서 추진될 수 있는 것이다. 그런 각도에서도 학계나 시민사회에서 제기되어온 "시민참여형" 통일 같은 주문[9]을 이제는 더 이상 외면할 수 없게 되었다. 게다가 지자체들이 진전시켜온 남북 교류협력 사업들을 반드시 고려할 때가 되었다. 지자체들은 자신의 특장에 따라 북한의 특정 지역에 다가갈 수 있는 특징이 있는데 중앙정부 차원의 교류협력에 보완적 성격을 강하게 띤다. 이제는 "지자체 동반형" 협력이 필수적이다.

마지막으로 비핵화 과제가 있다. 앞서 강조한 바와 같이 비핵화 과제도 다른 과제들과 긴밀하게 맞물려 있다. 비핵화를 전면에 내세워 그것이 안 되면 아무 것도 할 수 없다는 우를 두 번 다시는 범하지 말아야 하지만, 비핵화를

---

9) 백낙청, 『2013년 체제 만들기』(파주: 창비, 2012), 제5장 참고.

가벼이 다룰 수도 없는 것이 남한과 주변국들의 사회적 혹은 정책적 요구이기도 하다. 비핵화 프로세스는 어쨌건 6자회담이라는 틀을 재가동하는 외교적 노력을 일차적으로 요구한다. 이명박 정부 남은 임기 동안 6자회담이 재개될 가능성이 없지 않기 때문에 6자회담에 대해 너무 비관적이거나 무용론적 입장을 경계해야 한다. 6자회담은 비핵화라는 일차 목표를 위해서만 그 존재감이 있는 것이 아니라 한반도 문제의 포괄적 해결을 위한 외교적 틀이기도 하기 때문에 그 중요성과 필요성을 아무리 강조해도 지나침이 없다. 만약 재개하지 못하더라도 붕괴시키지는 말아야 할 것이다.

이런 맥락에서 6자회담과 관련하여서도 새삼 강조되어야 할 것이 남북관계의 복원 및 진전이다. 미국은 대체로 현상 관리 전략으로 기울었고, 중국은 안정과 평화에 치중해 있다. 미국은 비확산에 정책의 방점이 가 있고, 지역적으로는 중동에 치우쳐 있다. 중국에게 북한은 자신의 주변 여러 소국들 가운데 하나에 불과하다. 가령 베트남, 미얀마, 혹은 티베트와 특별히 다른 취급을 북한이 받을 대단한 이유가 없는 것이다. 이런 냉정한 논리를 좇아 보자면 결국 비핵화의 동력도 남쪽에서 나올 수밖에 없다. '적극적 교섭정책'이 핵국가인 북한과 더불어 평화체제를 논하고 경제공동체 구축을 말할 만큼 '포용적'일 수는 없다.

2) 한미동맹의 역동성 강화

(1) 한미동맹 강화 정책의 오류[10]

한미동맹은 한국의 외교안보 전반에 걸쳐서 차지하는 비중이 높고 사회적 파급도 심대하기 때문에 합리적이고도 객관적인 진단과 평가에 기초한 전제

---

10) 이 부분은 이수훈, 「한미동맹복원론의 오류」, 이수훈 편, 『조정기의 한미동맹』 (서울: 경남대 극동문제연구소, 2008)을 원용하였다.

아래 그 복원 혹은 강화를 논해야 옳다. 그렇지 않고 이 문제를 감정적이거나 정치적인 관점에서 접근한다면 한국의 외교안보정책 전반에 혼선을 야기할 뿐만 아니라 국익에 심대한 위해를 초래할 수 있다.

이명박 정부는 전임 정부하 한미동맹이 심각하게 훼손되고 약화되었다는 인식을 갖고 출범하였다. 이런 인식에 따라 이명박 정부는 한미동맹 복원 혹은 강화를 외교안보 분야의 제1순위 과제로 삼았다. 한미동맹만 강화하면 남북관계를 포함한 여러 이슈들이 부수적으로 해결되거나 개선될 수 있다는 식으로 임하였다. 하지만 이 같은 인식은 2002년 대선국면과 참여정부 출범 초기의 한미관계에 대한 인식에 기초를 두고 있다. 따라서 이명박 정부가 내세웠던 한미동맹복원론은 기본적으로 일시적 현실에 대한 평가에 기반을 두고 있고, 참여정부 중반 이후에 한미관계가 양호하게 변했음에도 불구하고 보수언론과 야당 정치인들이 확대재생산한 인식을 바탕으로 삼고 있기 때문에 여러 오류를 내재하고 있었다. 크게 네 가지 오류를 지적할 수 있을 것이다.

첫째, 반미정서이다. 특히, 대통령을 위시한 핵심 외교안보 정책 결정자들의 반미자주 성향을 강조하는 인식론적 오류다. 이러한 인식론적 오류는 노무현 대통령이 특정한 맥락에서 한 말에 주목하는 경향이 있고, 대통령에 당선하게 된 계기적 분위기로서 반미정서를 강조한다. 하지만 반미 여론은 대개 일시적이고 감정적인 차원에서 나타나는 경향이 있고, 2002년 12월에 고조된 반미 여론도 6개월 뒤인 2003년 6월에 오면 상당히 약화되었다. 그리고 외교안보팀이 반미자주파이기 때문에 한미동맹을 해쳤다는 인식도 객관성을 띠지 못하는 오류라고 할 수 있다. 설혹 외교안보팀의 일부가 평소에 자주적 성향을 가졌다고 해서 자신의 반미적 입장을 견지하면서 한미동맹을 해치고 약화시킬 수 있도록 대한민국 외교안보 거버넌스가 작동하지도 않는다.

둘째, 북핵위기와 참여정부의 대북정책이 부시 행정부 정책과 빚은 불일치와 관련된 오류다. 한미 간 대북정책의 차이는 여러 가지 요인들로 인해 빚어진 것이며, 그것 자체가 문제가 될 이유는 없다. 한미 간 대북정책의 이 같은 차이에도 불구하고 양국은 6자회담이라는 북핵문제 해결의 틀을 만들어냈다. 참여정부 출범 초기에는 대북정책의 차이로 인해 양국 간 불협화음과 갈등이 없지 않았지만, 2006년 하반기에 이르면 그러한 것들이 해소되고 비핵화 프로세스 이행에 있어 긴밀한 공조가 이루어지게 된 것이다.

셋째, 한미 양국 정상 간 신뢰에 금이 갔다는 전제도 오류일 가능성이 높다. 정상 간 신뢰의 문제를 에피소드 차원에서 다루는 것은 위험하다. 그리고 몇 사람의 말이나 언론 칼럼을 보고 신뢰 훼손을 예단하는 것도 위험하다. 객관적 근거를 제시하여 증명해 내기란 거의 불가능하다. 그런 사안을 단정적으로 전제하고 정책을 수립하는 것이야말로 경계해야 할 자세다.

넷째, 주한미군 감축과 전작권 전환 문제에 관련된 인식의 오류다. 주한미군 감축은 탈냉전기 미국의 군사변환 전략, 해외주둔군 재배치 계획 및 동아시아 전략의 일환으로서 이루어지는 사안이다. 특히, 미국의 전략적 유연성은 미국의 세계 군사전략의 핵심적 요소이기 때문에 한국만 예외로 해달라고 우기는 것도 적절한 태도가 아니다. 주둔군 감축이나 전작권 전환을 동맹의 훼손으로 보는 것은 이같이 변화하는 미국의 군사 전략과 그에 따른 전략환경은 도외시한 채 오직 규모만을 강조하는 전통적 사고에서 비롯되었다고 말할 수밖에 없다.

(2) 한미 전략동맹의 특징과 문제점

이명박 정부가 미국과 합의한 "전략동맹"의 주요 특성은 기본적으로 동맹의 정체성 변화와 그에 따른 동맹의 임무 및 역할 확대이다. 2009년 6월 한미 양국이 채택한 '한미동맹을 위한 공동 비전'을 통해 알 수 있듯이, 한미 전략동맹은 기존의 영토 방위 이외에 지역적·범세계적 범주의 다양한 안보협력 강화를 강조하고 있다. 전통적으로 한미동맹의 정체성은 대북 억지력의 보루이자 동북아의 평화와 안정의 증진자로서 한반도와 동북아라는 지역적 영토 방위의 안보협력체로 존재해 왔다. 그러나 한미동맹이 전략동맹으로 변화된 현

시점에서 동맹의 정체성은 기존의 영토방위라는 지정학적 안보 이외에 국제 무대에서 미국과 협력해야 하는 기능적 안보 행위자의 성격도 갖게 되었다.

한미동맹의 정체성 변화는 동맹의 임무 및 역할 확대와 불가분의 관계에 있다. 한미 양국은 전략동맹 차원에서 평화유지 활동, 안정화 및 재건 지원, 인도적 지원 및 재난구조를 통한 협력을 포함하여 광범위한 범세계적 안보 도전에 대처하기 위한 긴밀한 협력을 강조해왔다. 요컨대, 한미 전략동맹의 주요 특성은 동맹의 정체성을 새롭게 모색·정립해 가는 가운데 동맹의 역할 과 활동 영역의 확장을 도모해 나가는 것으로 볼 수 있다. 그것은 구체적으 로 기존의 대북 억지력이라는 성격에 더해 현재 및 미래의 초국가적·비전통 적 안보 위협에도 미국과 공동 대응 및 협력해야 한다는 사실을 함축하고 있 는 것이다.

동맹의 정체성 변화 및 그에 따른 동맹의 임무 및 역할 확대를 야기하는 한 미 전략동맹은 불가피하게 다음과 같은 내재적 문제점들을 갖고 있다.

첫째, 우리 중심의 동맹 전략의 부재와 동맹에 대한 의존성 강화이다. 지 구적 차원의 보편성에 입각해 동맹 강화의 차원에서 등장한 한미 전략동맹은 분단 한국의 현실, 유동적인 동북아 안보 상황, 그리고 우리의 객관적인 역량 에 대한 정확한 진단 등 한국이 갖고 있는 우리만의 문제와 이에 대한 치열한 고민의 부재를 단적으로 드러내고 있다. 따라서 한미 전략동맹은 한국의 안 보 정체성을 모호하게 만들 수 있고 중국이 부상하는 시점에서 한반도를 중심 으로 전개되는 동북아 국제정치에서 한국의 자율적 운신의 폭을 스스로 결박 시키는 의도하지 않은 결과를 초래할 수 있다.

둘째, 한국의 안보이익과 동맹이익을 동일시하는 착시현상을 강화시킨다 는 점이다. 한미동맹에 있어서 한국과 미국은 각각의 고유한 국가이익과 동 맹이익을 갖고 있다. 한국의 입장에서 한국의 안보이익과 동맹이익의 동일시 는 적어도 한반도 및 동북아 영역에 한정되는 경우이고, 그 밖의 영역에 있어 서는 한국의 안보이익이라기보다는 동맹이익의 범주에 속한다고 볼 수 있다.

반면, 미국의 안보이익은 세계적 차원에 걸쳐있기 때문에 미국의 안보이익과 동맹이익이 동일시되는 영역은 기본적으로 넓고 포괄적일 수밖에 없다. 이런 점에서 보았을 때, 한미 전략동맹은 '동맹의 강화는 언제나 한국의 안보이익에 도움이 된다'는 무조건적 동맹숭배론을 일반화시켜 동맹을 하나의 수단이 아니라 목적으로 착각하는 위험성을 갖고 있는 것이다.

셋째, 지역적·국제적으로 미국의 안보 전략에 연루될 위험성이 높다는 점이다. 한미 전략동맹은 한국의 안보이익과 동맹이익의 등치를 강화시켜 한국의 안보이익이 모호하고 매우 추상적인 지역적·국제적 분쟁 지역에 미국의 안보전략에 따라 우리가 연루될 개연성이나 위험성을 높여 놨다는 점이다. 특히, 미국의 대중 '헤징전략'에 있어서 한미 전략동맹은 유사시 미국의 대중 균형 정책의 한 수단으로 활용될 수 있는 여지가 높다. 또한 동맹 차원에서 전개될 수 있는 아시아나 중동 지역에 대한 한국의 파병은 객관적이고 구체적이며 가시적인 한국의 안보이익이 거의 부재할 뿐만 아니라 국제사회에서 한국의 안보 정체성에 대한 부정적 여론을 확산시켜 궁극적으로 중견국가로서의 한국 이미지를 손상시키는 결과를 야기할 수 있다.

넷째, 국방비 증가 및 동맹 갈등이 발생할 가능성이 역설적으로 더욱 커졌다는 점이다. 한미 전략동맹의 군사적 임무와 역할은 논리적으로 전 세계를 대상으로 하고 있기 때문에 이는 당연히 안보활동 영역의 확대와 맞물리면서 이에 필요한 국방비의 증가를 수반할 수밖에 없다. 이에 따라 한국은 국가 생존이라는 전통적 안보 위협에 대처할 수 있는 국방비뿐만 아니라 동맹 차원에서 전개되는 지역적·국제적 분쟁에 대처할 수 있는 기능적 안보위협에 대한 비용도 고려해야 하기 때문이다. 과거 전통적인 한미동맹에서는 동맹의 목적(비전)이 상대적으로 구체적으로 규정되어 이를 수행하기 위한 비용은 정도(degree)의 문제였다. 그러나 한미 전략동맹은 기본적으로 동맹의 목적(비전)의 변화를 동반하고 있기 때문에 기존의 동맹 목적과 새롭게 추가되는 동맹 목적을 위한 비용 문제는 정도의 문제뿐만 아니라 종류(kind)의 문제까지 고려해야 한다. 또한 이러한 동맹의 이중적 목적에서 파생될 수 있는 한미 양국 간의 상호 부조화는 역설적으로 의도하지 않은 동맹 갈등을 주기적으로 표출시키는 주요 요인으로 작용할 것이다. 이는 한미 양국에 있어서 포기와 연루, 그리고 이용이라는 기회주의적 행태에 따른 동맹의 안보 딜레마를 부각시킬수 있다. 또한 대북 억지 정책의 수위와 그 정책적 · 전략적 수단을 중심으로 펼쳐지는 문제를 정도의 차원이 아닌 새로운 종류의 문제영역으로 변화시킬개연성도 갖고 있는 것이다.

결과적으로, 한미 전략동맹은 한국의 현실과 객관적 능력을 과대 포장하여 대한민국의 국가이익을 세계 차원의 공간에서 설정함에 따라 군사동맹의 성격을 매우 포괄적인 성격으로 변화시켰다. 군사동맹의 성격이 포괄적 성격을갖는다는 것은 논리적으로 모순일 뿐만 아니라 그로 인해 동맹의 전략적 논거가 모호해질 수 있고, 역설적으로 합의 구축과 효율적 정책 결정이 보다 어려워질 수 있다. 특히, 비대칭적 한미동맹이 전략동맹으로 변화해 나간다는 것은 그에 따라 안보활동 영역이 확장되면서 동맹의 강대국 미국은 더 큰 행동범위에 대한 통제력을 행사하고 동맹의 약소국 한국에게는 동맹 이익과 국가이익 간의 괴리가 더욱 더 커질 수 있는 문제점을 안겨주는 것이다.

(3) 한미동맹의 역동성 강화

한미 전략동맹에 내포되어 있는 이러한 문제점들을 치유하고 동맹 관계에서 한국의 안보 자율성을 제고하기 위해서는 무엇보다도 동맹 강화가 아니라 동맹의 역동성 강화가 이루어져야 할 것이다. 한미동맹의 강화는 한국의 안보 전략을 군사력 위주의 균형 정책에 초점을 두고 동맹이익을 강조하기 때문에 동맹 갈등 잠재력, 방위비 증가와 비용분담 증대, 그리고 미국의 안보 전략으로의 편입 가능성이 높아져 궁극적으로 한국의 안보 자율성 제약을 가져온다. 또한 동맹 강화는 한국의 실질적 역량과 의지, 그리고 대외적 안보 역할 간의 간격을 넓혀 한국의 안보 정체성을 모호하게 만들 뿐만 아니라 국가의 대외적 이미지나 위상에 부정적 영향을 끼칠 가능성이 높다.

반면, 동맹의 역동성 강화란 유동적이고 불안정한 안보환경에 대처하기 위한 동맹의 유연성과 탄력성을 의미하는 동시에 기본적으로 경직된 동맹의 군사적 성격보다는 동맹의 정치적 · 정책적 차원을 강조하는 것이다. 즉, 한미동맹의 역동성 강화는 한국과 미국 각자가 고유한 국가 안보이익을 존중하는 가운데 상황에 따른 동맹이익의 영역과 종류에 대한 활발한 협의와 긴밀한 정책 공조를 통해 보다 대등하고 건강한 동맹 관계를 지향하는 것이다. 이러한 동맹의 역동성 강화는 글로벌 중견국가에게 있어서 무엇보다 중요한 요소이며, 이는 중용의 안보 정체성과 균형 안보라는 보다 넓은 맥락에서 이루어져야 하는 것이다.

한미동맹의 역동성 강화를 위해서는 무엇보다도 다음과 같은 영역에서 인식적 · 정책적 변화가 이루어져야 할 것이다. 첫째, 한미동맹에 대한 과도한 의존성에서 벗어나 우리 중심의 사고를 지향해 나가야 한다. 한국전쟁 이후 오늘에 이르기까지 지난 60여 년 동안 한미동맹은 한국 외교안보의 근간으로 작용해 왔다. 그리고 한미동맹은 한국의 생존, 민주화 및 경제발전에 지대한 영향을 미쳤다. 그럼에도 불구하고 한미동맹은 한국의 여론주도층과 일반 국민들에게 '동맹 의존심리'를 심어 주었으며, 안보정책의 수단인 동맹을 목적화 하는 주객전도 현상을 야기하기도 했다. 결과적으로 동맹에 대한 과도한 의존성은 한반도의 갈등을 관리하고 평화를 증진시켜야 할 자위력의 증강을 포함한 다양한 대안들을 모색하는 데 하나의 장애물로 작용한 측면도 없지 않다. 이제 한국은 '동맹은 국가안보 증진에 있어 하나의 수단이다'는 고전적 언명을 새롭게 되새기면서 한미동맹에 대한 과도한 의존도에서 벗어나 우리 중심의 사고를 갖고 외교안보 능력을 높여 나가야 한다.

둘째, 글로벌 중견국가에 부합하는 동맹전략을 수립해야 한다. 한미동맹에 대한 인식의 전환을 전제로 우리는 체계적인 동맹전략을 수립해 나가야 한다. 특히, 글로벌 중견국가의 역할을 성공적으로 수행하여 한반도의 평화번영을 증진시켜 나가기 위해서는 신중외교와 균형안보 개념에 입각한 동맹전략의 수립이 대단히 중요하다. 동맹전략 수립에 있어서 우선적으로 주목해야 할 점은 어떻게 한미동맹을 한반도의 평화증진에 활용할 것이며, 상황에 따라 미국의 대중 견제 내지 봉쇄의 일환으로 활용될 수 있는 한미동맹의 균형 정책에서 우리가 어떻게 대응할 것인지에 놓여 있다고 할 것이다. 이와 관련하여 향후 우리는 '헤징전략' 차원에서 한미동맹 전략을 수립해 나가는 것을 진지하게 고민·검토해야 할 것이다.

셋째, 한국의 안보이익과 동맹이익을 구별하고 이를 관리할 수 있는 전략적 계획을 마련해야 한다. 한미동맹에 대해 한국의 대다수 국민들은 한미동맹의 강화가 곧장 한국의 안보이익의 증진이자 미국과의 신뢰 강화로 직결된다고 생각하는 경향을 보인다. 그러나 이는 한국의 역량 부족과 자의식의 부재에 따른 동맹에 대한 과도한 의존 심리에서 비롯된 것으로, 동맹 강화가 필연적으로 한국의 안보이익 증진으로 연결되는 것은 아니다. 이제 중견국가로 성장한 한국이 성공적인 중추 역할을 수행하기 위해서는 한국의 안보이익과 한미동맹의 동맹이익 간의 공통분모와 이들 간의 차별성을 구별해 낼 수 있는 혜안을 가져야 한다. 특히, 한미 '전략동맹'에서 한국은 한국만의 고유한 안보이익과 미국과의 협력 차원에서 이루어지는 동맹이익 간의 차별성을 분류하여 한국의 안보이익을 침해받지 않으면서 동맹이익을 담보해낼 수 있는 미래 동맹전략을 마련해 나가야 한다.

마지막으로, 동맹 임무의 일환이 아니라 한국의 독자적인 평화 활동 방안을 정립하여 평화애호국으로서의 중견국 위상을 확보해 나가야 한다. 글로벌 중견국가의 국제적 위상 강화에 있어서 국제적·지역적 평화 활동은 매우 중요한 규범적 대외 활동 중의 하나이다. 이런 점을 감안하여 한국은 현재 구축되어 있는 평화유지 상비군을 적극적으로 활용할 수 있는 '평화 활동 계획'을 수립하여 이를 적극적으로 추진해 나가는 것도 고려해 볼 수 있을 것이다. 다만, 지역과 국제 평화를 증진하기 위한 차원에서 이루어지는 한국의 독자적인 평화 활동은 유엔 안보리의 승인하에 이루어져야 할 것이며, 또한 한미 동맹 차원에서의 평화 활동과는 전적으로 구분되어야 할 것이다. 즉, 한국이 적극적인 평화 활동을 추구하는 것은 한국의 글로벌 중견국가의 국제적 위상 확보 차원이자 향후 한반도 통일 관련 한국의 주도적 역할을 국제사회로부터 받아내기 위한 전략적 차원에서 고려되는 것이다.

3) 한중 협력 관계의 내실화

(1) 수교 20년에 다가온 한중관계의 위기

민주정부 10년간에 한중관계는 점진적으로 발전해 나왔다. 탈냉전의 분위기에 따라 상호 간의 몰이해와 불신으로부터 벗어나 상호 이해의 증진과 신뢰 구축의 기반을 마련해왔던 것이다. 그 결과 짧은 기간임에도 불구하고 한중관계는 다각적인 방면에서 괄목할 만한 진전을 보였다. 그러나 이명박 정부의 한미동맹 강화 노선을 시발점으로 해서 한중관계가 순탄하지 못하도록 방향이 잡혀갔다. 그 첫 시그널은 2008년 5월 말에 열렸던 이명박 정부 첫 한중 정상회담에서 이미 감지할 수 있었다. 즉, 한중정상회담 기간 중 중국 외교부 대변인이 공식적으로 "한미 군사동맹은 지나간 역사의 산물"이라며 "냉전시대의 군사동맹으로 역내에 닥친 안보 문제를 처리할 수 없다"고 비판한 데서 여실히 드러났다. 아이러니는 바로 2008년 5월 말 문제의 첫 한중정상회담에서 한중관계를 "전략적 협력 동반자 관계"로 격상시켰다는 사실이다. 한국 정부는 한미동맹 강화를 외교안보의 최고선으로 여기면서 중국에 대한 이해와 존중의 마음자세가 부재한 데 중국과의 공식 관계를 격상시킨다는 점은 분명 아이러니에 속한다. 실제 이후 양국 정부의 언설이나 행동에 비추어 볼 때 "전략적 협력 동반자"라고 평가할 수 있는 관계를 찾아보기 어렵기 때문이다. 2010년 천안함 외교를 펼칠 때 한중관계가 전략적 협력 관계가 아니라는 성격이 확연하게 드러나는 데, 우리가 중국에 대해 이런 저런 요구를 하면 중국은 "우리는 우리 입장에 따라 나름대로 역할을 하고 있다", 그러니 "주권 침해라고 볼 수 있는 그런 과도한 요구를 하지 말라"는 비협력적 태도를 분명히 하였던 것이다.

천안함 외교의 과욕은 중국을 아주 당혹스럽게 만들어 어떤 후과가 있을지 알 수 없는 형국을 초래하였다. 중국에 대해 외교적 관례를 무시한 요구를 해서 중국 외교부가 대변인 성명을 통해 노골적으로 기계적 맞대응을 하는 사태가 벌어졌다. 여기에는 통일부장관(현인택)까지 동원되는 미숙함이 드러났다. 한중 간 경제적 밀도와 차후 북핵문제나 6자회담 등에서 한국이 받아야 할 협조를 감안한다면 도저히 이해할 수 없는 행태다. 한국이 미국 정도 된다면 중국에게 정중하게 어떤 문제 해결에 대해 "책임 있는 역할을 해달라"라는 주문을 할 수 있을지 모르겠다. 그런데 한국 정부와 언론이 나서서 중국을 압박 해대니 중국 정부가 한국을 어떻게 인식하겠는가. 어떤 후과(後果)가 있을지를 검토하면서 외교를 벌여야 하지 않았을까 아쉬움이 남는 대목이다. 이런 사소한 일들이 쌓여 정치적 신뢰가 유실되고 이를 회복하기 위해 다시 엄청난 노력을 들여야 하는 결과가 빚어졌다.

한국의 "중국 때리기"는 2010년 11월 발발한 연평도 포격 사건을 계기로 그 정도를 한 수준 높였다. 정부, 언론, 전문가들이 나서 중국 때리기를 하였다. 왜 중국이 북한 편을 드느냐, 왜 중국이 갖고 있는 대북 영향력을 발휘하지 않느냐는 요구 혹은 질문이 감정적으로 제기되었다. 이에 대해 중국은 자신의 원론을 되뇔 뿐 움직임이 없었다. 그런데 이 같은 중국 때리기가 어떤 이유 있는 근거와 토대 위에서 이루어진다면 그것은 전략이 될 수 있고 전술적 대응이 될 수도 있다. 하지만 감정이 앞서고 앞뒤 분별도 없이 이웃 강대국에게 지나친 요구를 하고 방법도 부적절하다면 그것은 양자 간 관계 악화 외에 객관적으로 얻을 게 없을 것이라는 점은 자명하다.

중국은 '5.24조치' 이후 2010년 12월까지 매달 실시된 한미 연합군사훈련에 대해서도 노골적으로 군부와 외교부가 나서 반대 입장을 표명하였다. 실제 중국은 일종의 대응책으로 실탄 군사훈련을 실시한 바 있다. 한중관계가 '전략적 협력 동반자 관계'라기보다는 상호불신과 대결 관계의 성격이 농후하도록 외교를 펼쳤다. 이는 북핵문제와 6자회담에서 긴밀한 공조가 필요한 중국을 아주 미숙하게 다루었다는 비판을 면키 어렵다. 한반도 주변 지역에 '신냉전'이 조성되었다고 비유적으로 주장하는 전문가들이 생겨나는 것이 이상하지 않다고 하겠다.

(2) 한중관계 내실화의 기조

1992년 수교 이후 한중관계는 선린우호 관계→ 협력 동반자 관계→전면적 협력 동반자 관계를 거쳐 2008년에는 '전략적 협력 동반자 관계'를 구축했다. 이것은 한중 양국이 양자 관계를 넘어 지역 문제와 국제 문제를 논의할 수 있는 외교 관계의 틀을 만들었다는 것을 의미한다. 그러나 이러한 외교 형식의 발전에도 불구하고 한중 간에는 인식차(perception gap)와 기대차(expectation gap)가 동시에 작용하고 있으며, 하나의 프레임으로 고정될 위험에 놓여있다.[11] 따라서 한국과 중국의 전략적 이해를 조정하는 것이 과제이고, 그 과제를 통해 양자 관계를 넘어 지역 문제와 국제 문제에도 적용하는 협력이 필요하다.

우선 중국은 다음과 같은 이유로 한국을 주목한다. 무엇보다 중국은 대외 전략의 중추인 주변 지역 정책, 동아시아 지역 협력이라는 장기적인 구상 속에서 한국의 전략적 가치를 찾고 있다. 둘째, 한중관계를 강화하여 강화되는 미국의 대중국 견제를 약화시키고자 한다. 셋째, 전략적으로 중요한 의미를 지니는 북한체제를 안정시키기 위해 한국과의 파트너 관계를 강화할 필요가 있다. 넷째, 양국 간 무역 규모가 2천억 달러에 달하고 있는 상태에서 상호보완성이 높은 경제협력의 고도화가 필요하다. 다섯째, 황사, 환경, 마약

11) 이희옥, 「한국에서의 중국 부상의 성격: 시각과 실제」, 「한국과 국제정치」, 제25권 4호(2009) 참조.

등 비전통적 안보 문제 등 현안을 해결하기 위해서도 협력의 필요성이 있다.

반면, 한국도 부상한 중국을 새롭게 주목하고 있다. 첫째, 한반도 통일과 한반도의 평화와 안정에 중국의 협력은 필수적이다. 둘째, 한반도 비핵화를 달성하기 위한 중국의 역할이 필요하다. 중국은 한반도 비핵화에 대한 일관된 입장을 가지고 있다는 점에서 협력의 범위가 넓다. 셋째, 비전통적 안보 문제를 처리하는 데 있어 양자 간 협력이 중요하다. 넷째, 한국의 대중국 무역의존도가 25%에 달했고 세계 최대시장인 중국을 두고 현실적으로 무역다변화를 실현하기 어려운 상황에서 한중 경제협력을 보다 강화할 필요가 있다.

한국이 처한 동북아 지정학은 한미관계와 한중관계를 동시에 발전시킬 것을 요구한다. 한중관계의 내실화에 있어 가장 중요한 외부 변수는 한미동맹이다. 중국 외교에서 한미동맹은 외교 정책의 우선순위가 아니었다. 그러나 중국의 부상에 따라 미중관계와 동북아 질서가 변화하면서 '한미동맹'의 성격을 묻기 시작했다. 이것은 한국의 대중 외교에 있어 새로운 도전이다. 한미동맹을 유지하면서도 중국의 우려를 불식시키고 대미 편승전략을 통해 중국이 한국을 전략적으로 주목하게 한다는 것은 하나의 이상형에 불과했다. 오히려 한미동맹과 한중 협력 사이에는 '전략적 차등화'가 있다는 사실을 뚜렷하게 부각하였다. 문제는 중국의 부상에 따라 이러한 안보 구조를 현실적으로 지속하기는 어렵다는 데 있다.

물론, 현재로서는 한중관계는 한미동맹의 대체재가 아니며, 중립 노선이나 한미동맹의 조정에 따른 미국의 반발로 인해 안보 위협이 급증할 수 있다. 그럼에도 불구하고 동맹만으로는 현재의 미중관계의 복잡성에서 오는 안보의 불확실성을 해소하는 것은 불가능해졌고 대미 편승외교는 한국의 균형전략을 어렵게 한다. 이를 위해서는 우선 한미동맹을 절대시하는 오류를 극복할 필요가 있다. 특히, 한미 간 하위정치(low politics)에서 발생하는 이익의 충돌에 대해서는 한국이 보다 능동적으로 접근, 한국 외교가 미국의 프레임에 갇혀 있다는 우려를 불식시키면서 한국 외교의 중심성을 확보해야 한다.

지정학이란 국가가 스스로의 지리를 만드는 것이다. 따라서 글로벌 중견국가는 스스로의 지정학적 전략을 추구해야 한다. 이를 위해서 한국은 사려 깊고 분별력 있는 외교를 전개할 필요가 있다. 한중관계에도 장기적으로 적용되는 흔들리지 않는 준칙과 유연하고 민첩한 외교를 필요로 한다.[12] 무엇보다 중장기적으로는 한국이 국가 이익을 넘어 보편적 국제사회의 이익에 기여하고 있다는 이미지와 평판을 축적할 필요가 있다. 한국은 시장경제와 민주주의 그리고 인권이라는 양도할 수 없는 가치를 강조할 수 있는 근거를 갖고 있다. 이를 위해서는 외교적 일관성을 유지하고 이를 보편적으로 적용해야 한다. 예를 들면, 북한의 인권에 대해 'No'라고 할 수 있으면, 팔레스타인 인권 문제 등에 대해서도 독자적인 목소리를 내는 담대함이 필요하다.

특히, 한중관계에는 규범이 충돌할 가능성이 내재되어 있다. 이것은 대체로 이념과 가치, 역사인식, 경제 관계로 나타난다. 장기적으로는 규범에 대한 상호 이해와 공유를 위한 인식을 정립하는 문제이다. 여기에는 수많은 시행착오, 갈등과 협력을 반복하면서 규범의 수용과 배제의 경계를 확립하는 시간이 필요하다. 그러나 구체적인 양자 관계의 일상적인 문제에 대해서는 사안별로 정교하게 대응할 필요가 있다. 뿐만 아니라 상대가 핵심 이익으로 간주하는 문제에 대해서는 세심한 배려가 필요하다.

한중관계 내실화를 위해서는 적어도 다음과 같은 정책적 과제들에 대해 구체적 답을 준비할 필요가 있다. 첫째, 대중국 정책의 중장기적 전략을 수립하는 것이다. 중국의 부상과 한중관계가 중요해지면서 조직과 인력은 확충되었으나, 대중국 외교의 컨트롤타워가 부재하다. 중장기적 대전략의 틀에서 중국 외교를 설계할 필요가 있다. 이를 위해서는 변방 의식이나 소국 의식에서 벗어나 한반도 지정학을 강대국 정치에 활용하는 의제 설정이 필요하다.

둘째, 다양한 소통 구조를 내실화하여 신뢰 회복에 진력하는 것이다. 한중

---

12) 정재호 교수는 "명민외교"라는 표현을 사용하고 있다. 정재호, 『중국의 부상과 한반도의 미래』(서울: 서울대학교출판문화원, 2011).

관계에서 지속가능한 '대화'가 부족하다. 이를 위해서는 공식적으로 진행되는 차관급 전략 대화를 내실화하고 다양한 비공식 전략 대화를 가동할 필요가 있다. 또한 한국 외교는 정권의 변화와 무관하게 이러한 메커니즘을 지속할 수 있는 학계와 시민사회의 협력이 필요하다.

셋째, 한국 정부가 중국 국민을 상대로 하는 대중국 공공외교(public diplomacy)를 확대하는 일이다. 특히 한국의 대중국 공공외교는 정치적 특수성을 감안하여 일반 대중과 여론 주도층을 분리하여 맞춤형 외교를 강화할 필요가 있다. 중국과 아시아 대표 문화를 경쟁하는 것이 아니라 아시아 공통의 자산을 전파할 필요가 있다.

넷째, 한중FTA 협상 개시가 합의된 만큼 그것을 지역통합형 네트워크를 촉진할 수 있도록 설계할 필요가 있다. 한중 간의 구체적인 협상이 어떻게 전개될 것인가도 중요한 문제이지만, 일단 한국의 산업 보호, 기술경쟁력의 지속적 확보, 다양한 산업정책과 정책지원 체계를 개발할 필요가 있다. 그렇지 않을 경우 한중FTA를 두고 한국 사회 내부에 사회갈등을 피할 수 없고, 이는 한중관계 진전에 부정적 요인으로 작용할 것이다.

다섯째, 역사와 영토 해결 방식의 합의이다. 학문의 영역에 정치가 개입될 경우 한중관계를 매우 복잡하게 만든다. 더구나 민족적 자부심의 충돌이나 민족주의 열기가 고조될 경우 여론 정치의 특성상 합리적 해결을 기대하기 어렵다. '쟁점은 남겨두고 공동으로 협력하는 틀'을 구축하는 한편, 사전에 이를 예방하는 모니터링 시스템을 갖추는 것이 필요하다.

4) 동(북)아 안보협력의 활성화

(1) 동(북)아 안보협력의 지형

동(북)아에는 과거 식민주의와 냉전체제로부터의 여러 유산이 산적해 있다.

제국주의 시기 과거사로 인한 역사 문제, 영토 분쟁, 해양영유권 문제, 역사기술 문제 등이 잔존하면서 빈번하게 갈등과 대립을 빚어내고 있다. 탈냉전기임에도 불구하고 동(북)아 지역에는 북미관계와 북일관계의 경우처럼 노골적 적대 관계가 온존하고 있다. 민족주의적 정서가 강하여 주권의 양보나 협력 정신이 미흡하다. 게다가 근년에는 중국의 급부상과 맞물려 미중, 중일관계가 순탄하지 않다. 중국은 자신의 자의식과 정체성을 갖추기 위해 열심이고, 미국은 이 지역에 대한 자신의 전략적 이해관계를 유지하기 위한 전략을 펼치고 있으며, 일본 역시 강력한 경제력을 바탕으로 '보통국가화' 길을 가고자 한다. 이 같은 동북아 강대국 정치는 협력보다는 대립과 갈등의 요인이 되고 있는 것이 엄연한 현실이다.

동북아 지역은 이런 배경적 요인으로 인해 세계 어느 지역과 비교할 수 없을 정도의 군비경쟁이 첨예하게 전개되고 있기도 하다. 미국의 군비는 위력이 이미 엄청난 수준이고 중국마저 자신의 급상승하는 국제적 위상에 부합되게 군사력을 증강하고 있다. 일본도 첨단기술과 막강한 경제력을 토대로 군사력 증강에 열심이다. 국내적으로는 '평화헌법'을 무력화시키려는 정치사회적 분위기가 있다. 여기에 북한 핵문제가 첨가되어 있다. 안보적 불안정성이 매우 높은 지역임에 틀림없는 것이다. 이것이 한국의 안보에 중대한 위협이 되고 있음은 주지의 사실이며, 동시에 우리가 모색하고 있는 다자 안보협력을 매우 어렵게 만들고 있다. 아울러 세계 다른 지역과 마찬가지로 동북아에도 21세기형 비전통적 안보 위협이 다종다기하게 나타나고 있다. 중국이 주도하는 고도의 경제성장으로 인해 자원 경쟁이 치열하다. 에너지 조달을 위해 원자력발전에 대한 공급의존도가 날로 높아가는 점도 중장기적으로 큰 이슈가 될 것이다. 초국경적 환경 문제가 우려의 수준을 넘어서 역내 주민들의 일상생활을 위협하는 수준에 이르렀다. 근년에는 글로벌 차원에서 발발하는 자연재해가 빈발하고 있다. 후쿠시마 사태는 동북아의 새로운 도전을 생생하게 입증하고 있다. 테러와 WMD 비확산 문제도 마찬가지로 역내의 위협이 되고 있다. 초국경 난민의 문제도 이제 중대한 외교 분쟁의 소재로 등장하고 있다. SARS나 조류독감, 말라리아 등등의 초국경 전염성 질병들도 공동의 대응을 요구하는 문제에 속한다.

이 같은 지형은 동(북)아 역내 다자 안보협력의 필요성과 절박성을 강력하게 제기한다. 과거에는 양자 동맹이 작동한 탓에 다자협력에 대한 의지나 실행역량이 제대로 발휘될 수 없었다. 그러나 이제는 미국마저도 동맹에 더해 보완적 안보협력 메커니즘의 필요성에 대해 적극 공감하고 있다. '9.19공동성명'과 '2.13이행합의'에 따라 설치된 '동북아평화체제' 실무그룹에 대해 긍정적 입장을 보여 왔다. 역내 주변국들 가운데 북한을 제외한다면 지역 다자 안보협력에 대체로 적극적인 입장을 보여주고 있다. 한국의 경우는 역대 여러 정부에서 활발한 지역 안보협력 외교를 벌여왔다. 특히 참여정부는 동북아에서도 유럽과 같은 동북아판 '헬싱키 프로세스'의 추진을 강조하였다.

(2) 동(북)아 안보협력의 구성적 방향

현실주의자들은 동(북)아시아에는 어떤 분야이건 공동체나 지역주의 (regional ism) 논의 그 자체가 시기상조이며 현실성이 떨어진다고 말한다.[13] 특히 안보분야에서 동(북)아시아에서 공동체나 안보협력이 담론 수준이라면 모를까 현실적으로 제도화시켜간다는 것은 "신화"에 불과하다고 본다. 그런가 하면 동(북)아시아 지역에서도 유럽식의 다자 안보협력을 위한 분위기가 무르익었다고 주장하는 논자들도 많다.[14] 실제 담론 영역에서 이 같은 논의는 매우 활발한 형편이다. 역내 국가들도 이제는 다자간 안보협력에 대부분 적극적인 입장을 보이고 있음은 이미 언급하였다. 이들은 제도화의 구체적 방법론에 대한 모색에 더 무게를 두어야한다는 입장을 갖는다.

글로벌 중견국가론을 펼치는 입장에서는 동(북)아 안보협력을 구성적 견지에서 점근해 나갈 필요가 있다는 점을 강조한다. 한국의 자의식과 정체성이

---

13) 하영선 편, 『동아시아 공동체: 신화와 현실』(서울: 동아시아연구원, 2008).
14) 제주발전연구원·동아시아재단 공편, 『동(북)아공동체:평화와 번영의 담론』(서울: 연세대출판부, 2006).

평화와 협력임을 새삼 강조하면서 관련국들로부터 우호적인 협조를 받아내는 노력도 강조되어야 한다. 시기상조라는 현실주의를 극복해야 하는 한편, 섣부른 낙관론이나 순진한 의지에 대해서도 경계심을 갖는 가운데 안보협력 담론을 공세적으로 펼치는 한편, 현실적으로 이행 가능한 협력 메커니즘 방안을 모색하는 이중적 노력이 필요하다. 한반도가 자리한 지정학을 피해와 속박의 지정학이 아니라 평화와 공동번영의 지정학으로 바꾸어나가자는 공세적 문제의식을 견지하는 중견국가론으로서는 그 같은 이중적 노력의 필요성이 당연한 귀결이며, 그 노력마저 매우 진중해야 한다는 것이다.

따라서 협력과 공동체 담론을 적극적으로 펼치는 방향성이 하나의 갈래를 이루고, 우리가 당면하고 있는 동(북)아 안보협력 지형에서 이행 가능성이 높은 부분을 정책적 대상으로 삼아 구체적 노력을 기울이 는 방향이 다른 하나의 갈래가 될 것이다. 담론은 참여정부에서 이미 풍부한 경험이 있기 때문에 그런 경험을 발전적으로 되살리면 될 것이고, 구체적 정책 구상은 외교, 대화, 상호존중, 배려의 정신이 강조되는 방향성에다 고난도 군사 영역을 후순위로 삼는 가운데 하위정치 영역, 즉 비전통 안보위협들을 중심으로 기능적 협력의 방향으로 접근되어야 할 것이다.

현재 동북아지역이 세계체제에서 차지하는 경제적 비중은 말할 나위 없이 대단하다. 정치적으로 강대국들이 대개 망라되어 있는 지역이 또한 동북아 지역이다. 따라서 동북아의 평화번영은 곧 세계 전체의 평화번영과 직결되어 있다. 불안정성과 유동성으로 가득 찬 동북아 지역에서 공동안보와 협력안보의 틀을 구축하는 과제는 곧 세계 전체의 평화번영에 기여하는 거대 과제이기도 한 것이다.

(3) ARF, 6자회담, 그리고 한·중·일 3국 정상회의

동아시아 역내 정부(장관급) 차원의 공식적 안보 대화 채널인 ARF(아세안지역포럼)을 소중하게 여기고 적극 활용하는 일이다. ARF는 제도화의 미비, 구속력의 한계, 효율성 미흡 등의 문제를 갖고 있는 것으로 평가되어 온 것이 사실이다. 그럼에도 불구하고 ARF는 정례화되어 있을 뿐만 아니라 장관급 대화라는 점에서 이미 제도화의 수준이 매우 높다고 보아야 할 것이다. 그 틀 속에서 무한한 조합의 양자대화와 다자대화가 가능하다는 점도 지적해야 할 것이다. 기회의 창임과 동시에 대화와 상호이해의 장이라는 점에서 대화의 관행과 습관 진즉에 적잖은 기여를 한다고 보아야 한다. 우리로서는 북한 외무장관이 매년 참석한다는 점에서 각별한 의의가 있다.

다음으로, 6자회담 틀을 발전시켜나가야 한다. 2005년 체결된 '9.19 공동성명' 4항에 따라 역내 항구적인 평화와 안정을 이룩하기 위한 동북아다자안보협력메커니즘 구축을 위한 노력 필요성은 그 기반을 확보한 셈이다. 그리고 2007년 '2.13이행합의'에 따라 '동북아평화체제'W/G이 설치되고 이미 세 차례에 걸친 회담을 열어 구체적 진전이 있었던 만큼 역내에서 군사적 신뢰 구축과 군사적 긴장완화, 예방 및 평화적 관리, 그리고 비전통적 안보 이슈들을 공동대응하기 위한 다자안보협력 및 협력의 제도화를 추진할 상당한 근거가 있다는 것이다. 다만 이 문제는 북핵문제 해결에 진전이 병행되어야 하는데, 그런 점에서도 6자회담의 재개 및 비핵화 프로세스의 재발동이 더한층 절실해진다. 남북관계의 개선과 북미 간 대화에 의해 추동력을 받은 6자회담이 재개된다면 불능화를 이룰 수 있을 것이고, 그렇게 될 경우 '6자 외무장관회의'가 출범할 수 있을 것이다.

마지막으로, 2008년 미국발 금융위기가 계기가 되어 출범한 '한·중·일 3국정상회의'를 주목할 가치가 있다. 2008년 12월 13일 후쿠오카에서 처음 열린 한·중·일 정상회담은 2004년에 참여정부가 '동북아시대 구상' 실현을 위해 제안했던 것으로서 당시에는 3국 간 여러 문제들이 불거져 이루어지지 못했다. 한·중·일 3국은 일종의 운명공동체의 관계를 갖고 있으면서도 정상들이 한 자리에 같이 앉기를 꺼려할 정도로 마음의 앙금이 깊은 관계를 유지해왔던 것이다. 심지어 '아세안+3' 체제를 EAS(동아시아정상회의)로 발전시키면 한·중·일 3국 정상들이 한 자리에 같이 앉을 수 있다는 절박감 아래 2005년 급발진시킨 첫 EAS회담에서 정작 3국 정상회담을 여는 데 실패할 지경이었다. 그런 관계를 뛰어넘어 정상회담이 성사된 데는 위기감이 공유되어 협력의 필요성이 부각된 측면도 있고, 미국이 가타부타할 처지가 못 되는 국면이 작용한 탓도 있을 것으로 추측된다.

정상회담 결과 3국 간 협력의 강화가 동아시아는 물론 전 세계의 안정과 번영에도 기여할 것이라는데 인식을 같이 하는 한편, 향후 3국 간 협력의 기본 원칙과 방향을 제시하는 '한·중·일 3국 동반자 관계를 위한 공동성명'을 발표하였다. 그 회의는 금융위기 타개를 위한 3국 간 금융통화협력 강화가 주된 테마였지만, 각론적으로 2008년 5월 중국 쓰촨성 대지진에서와 같은 지진, 태풍, 홍수 등 재난관리 분야에서의 체계적 협력 추진을 위한 '재난관리 협력에 관한 한·중·일 3국 공동발표문'을 채택하기도 하였다. 이 같은 의제는 동북아 안보협력체 구축 논의에서 흔히 등장하는 것인데 중국의 주도로 3국 합의로 귀결되었다는 점이 특기할 만하다.

'한·중·일 3국정상회의'는 2008년 이후 매년 각국을 돌아가며 개최되면서 급속하게 발전하였다. 2011년 회의가 일본 도쿄에서 열렸을 때 3국 정상들은 후쿠시마 참사 현장을 직접 방문하기도 했다. 회의가 정례화되고 그 규모와 다루는 영역이 확대됨에 따라 회의를 뒷받침해줄 사무국이 서울에 설치되었다. 동아시아의 핵심 3국이 정상회의체를 발족시키고 제도화시켜가고 있다는 사실은 동(북)아시아 안보 영역을 포함하여 역내 광범위한 이슈들에 대해 대화하고 공동 대응할 수 있는 최고 수준의 협력체를 구축해 나가고 있다는 데서 큰 의미를 찾을 수 있다.

5. 결론

현 국면 세계체제는 총체적 위기를 겪고 있다. 이 시스템 차원의 위기 여파는 세계체제의 새로운 중심으로 급부상하고 있는 동북아 지역에 첨예하게 나타나고 있으며, 동북아 역내 국지적 현실인 한반도에 가장 위력적이다. 당장 북한이 당면한 정세가 불안정성과 불확실성으로 우리를 매우 불편하게 만들고 있다. 김정은 시스템이 단기간에 나름대로 자리를 잡아가고 있지만 그중장기적 미래는 여전히 불안하다. 북한 정도는 아니라고 하더라도 남한에서마저도 불안정성이 적잖다. 동북아 지역질서 역시 미중관계를 위시하여 불안정성과 불확실성이 지배하기는 마찬가지다. 중일관계도 만만치 않으며 북핵문제의 장래도 온통 안개 속이다.

한반도와 동북아 그리고 세계적 차원에서 동시적으로 진행되는 이러한 3중의 불안정성과 불확실성은 그 어느 시기보다도 한국의 외교안보에 더 크고 더 힘든 부담과 과제를 안겨줄 것이라는 점은 의심의 여지가 없다. 분명, 한국(한반도)을 둘러싸고 있는 대외 안보환경이 우리에게 크나큰 도전이 되는 것은 엄연한 현실이지만, 이런 때일수록 위기가 곧 기회를 내포한다는 현실을 포착해내는 지혜를 발휘할 때다. 즉, 세계체제적이고 동북아적인 차원의 위기는 곧 우리에게 자율적 운신의 폭을 넓혀주고 중견국가로서 역량을 발휘할 수 있는 공간임을 자각할 필요가 있다. 지금이야말로 국민적 의지를 모으고 온갖 지혜를 결집하여 '한반도의 평화번영'이라는 꿈을 향해 협동적 역량을 발휘할 때인 것이다. 그럴 때 비로소 우리가 주체가 되어 '한반도시대'를 구현할 뿐만 아니라 그것을 토대로 협력적 동북아 지역질서의 구축에 기여할 수 있을 것이며, 한반도 발 세계평화 증진의 길을 닦을 수 있을 것이다.

고통과 아픔의 대명사였던 한반도를 평화와 번영의 지정학으로 바꾸어나가고자 하는 종합적 전략이 바로 '글로벌 중견국가' 대한민국의 '새 동북아전략구상'이다. 이제 우리는 이 전략에서 제시한 중용의 안보 정체성, 신중 외교, 균형 안보가 담고 있는 철학과 전략 기조를 길잡이로 삼아 우리가 직면한 3중의 험난한 파고를 넘어야할 뿐만 아니라 협력을 통한 평화와 번영의 한반도, 동북아, 나아가 세계체제를 구성해나가야 한다.

글로벌 중견국가 새 동북아전략구상이 제대로 작동하여 바라는 바 결과를 얻기 위해서는 후속 과제가 필요하다. 우선 새 동북아전략구상의 3가지 핵심 구성요소(중용의 안보 정체성, 신중 외교, 균형 안보)와 4가지 핵심과제(남북관계, 한미동맹, 한중 관계, 동(북)아 안보협력) 간의 일대일 관계뿐만 아니라 복합적 관계망을 그려내는 일이다. 다음으로, 국제협력 외교와 같은 핵심 과제에 대한 논의를 첨가해야 할 것이며, 보다 구체적인 정책 과제들을 도출해내고 이들을 이행하는 로드맵을 만들어야 한다. 마지막으로, 이 같은 전략 지도를 현장에서 실행해야 할 인적 자원과 이들을 적재적소에 배치하고 총괄 조정하는 외교안보 시스템을 구축하는 일도 미룰 수 없는 과제다.

∷참고문헌

강봉구, 「차가워진 피: 21세기 한미동맹정치 시론」, 『한국과 국제정치』, 제22권 4호 (2006).

강원택, 「차기 대선과 대북정책」, 서울대 통일평화연구원, 『2011 통일의식 조사 발표: 통일의식과 통일준비』(서울: 서울대 통일평화연구원, 2011).

경남대 극동문제연구소, 「한미관계와 동북아 질서」, 『한국과 국제정치』, 2004년 특집호.

구갑우, 『국제관계학 비판: 국제관계의 민주화와 평화』(서울: 후마니타스, 2008).

구갑우, 「한반도 평화체제와 통일」, 고려대 민족문화연구원 · 경남대 극동문제연구소 공동 학술회의 (서울, 2010년 9월 9~10일).

김근식, 「대북포용정책의 개념, 평가, 과제: 포용의 진화 관점에서」, 『한국과 국제정치』, 제24권 제1호 (2008).

김근식, 「이명박 정부의 대북정책 담론: 반(反)포용의 논리들」, 『내일을 여는 역사』, 39호 (2010).

김기정, 「전환기의 한미동맹: 이론과 현상」, 『한국과 국제정치』, 제24권 1호 (2008).

김기정 외, 『21세기 한국의 미래구상』(서울 : 한국미래발전연구원, 2013).

김우상, 「한미동맹의 이론적 재고」, 『한국과 국제정치』, 제20권 1호 (2004).

김일영, 「주한미군 재조정: 왜, 어디까지, 그리고 어디로」, 심지연 · 김일영 편, 『한미동맹 50년: 법적쟁점과 미래의 전망』(서울: 백산서당, 2004).

김재철, 「중국의 공세적 외교정책」, 『한국과 국제정치』, 제28권 4호 (2012).

김치욱, 「국제정치의 분석단위로서 중견국가: 그 개념화와 시사점」, 『국제정치논총』(서울: 백산서당, 2004).

김학노, 「국제정치(경제)학의 미국 의존성 문제」, 『국제정치논총』, 제28집 1호 (2008).

김형찬, 「통일의 가치와 통일철학의 성찰」, 고려대 민족문화연구원 · 경남대 극동문제연구소 공동 학술회의 (서울, 2010년 9월 9~10일).

김흥규, 「미 · 중 전략 · 경제대화 분석: 한반도 현안에 대한 함의와 더불어」, 『주요국제문제분석』(서울: 외교안보연구원, 2009).

김흥규, 「북중관계 변화와 함의」, 『한반도포커스』, 제23호 (2013).

남성욱, 「한반도 급변사태와 우리의 효율적 대응 방안: 경제 분야를 중심으로」, 박관용 외, 『북한의 급변사태와 우리의 대응』(파주: 한울, 2007).

동북아지식인연대 편, 『동북아공동체를 향하여』(서울: 동아일보사, 2004).

박관용 외, 『북한의 급변사태와 우리의 대응』(파주: 한울, 2007).

박명규, 「남북관계와 비대칭적 분단국체제론」, 『통일과 평화』, 창간호 (2009).

박명규, 「한반도 신뢰프로세스와 남북관계 전망」, 『입법과 정책』, 제5권 제1호 (2013).

박세일, 『창조적 세계화론: 대한민국 세계화전략』(서울: 서울대 출판문화원, 2010).

박재규, 『북한의 딜레마와 미래』(파주: 법문사, 2011).

백낙청, 「분단체제의 인식을 위하여: 본지 77호의 특집을 중심으로」, 『창작과 비평』, 78호 (1992).

백낙청, 「'포용정책 2.0'을 향하여」, 『창작과 비평』, 147호 (2010).

백낙청, 『2013년 체제 만들기』(파주 : 창비, 2012).

백승주, 「북한 급변사태 시 군사 차원 대비 방향」, 박관용 외, 『북한의 급변사태와 우리의 대응』(파주: 한울, 2007).

백종천 편, 『한미동맹 50년』(서울: 세종연구소, 2003).

백창재, 『미국 패권 연구』(고양: 인간사랑, 2010).

서보혁, 「정체성 정치와 국제안보의 재구성」, 『국가전략』, 제9권 2호 (2003).

서울대 통일평화연구원, 『2011 통일의식조사 발표: 통일의식과 통일준비』 (서울: 서울대 통일평화연구원, 2011).

세종연구소, 『국가전략』, 제9권 3호 (2003).

송민순, 「한반도 평화와 통일의 조건」, 2012년 3월 12일 민주정책연구원 주최 '한반도 평화를 위한 국제세미나' 발제문.

신상진, 「중국의 대북정책: 전술적 변화」, 『한반도포커스』, 제23호 (2013).

신성호, 「한국의 국가안보전략에 대한 소고: 참여정부의 평화번영정책」, 『국가전략』, 제14권 1호 (2008).

신욱희, 「한미동맹 내부의 역동성: 분석틀의 모색」, 『국가전략』, 제7권 2호 (2001).

심지연 · 김일영 편, 『한미동맹 50년: 법적 쟁점과 미래의 전망』(서울: 백산서당, 2004).

안병직, 「북한의 붕괴와 재건」, 『시대정신』, 45호 (2009).

양문수, 『북한경제의 시장화: 양태 · 성격 · 메커니즘 · 함의』(파주: 한울, 2010).

양문수 · 이남주, 「한반도경제 구상: 개방적 한반도경제권의 형성」, 한반도사회경제연구회, 『한반도 경제론: 새로운 발전모델을 찾아서』(파주: 창비, 2007).

와다 하루키 지음, 이원덕 옮김, 『동북아시아 공동의 집』(서울: 일조각, 2003).

유호열, 「정치 · 외교 분야에서의 북한 급변사태: 유형과 대응 방안」, 박관용 외, 『북한의 급변사태와 우리의 대응』(파주: 한울, 2007).

유호열, 「새로운 대북정책 모색: 포용정책에서 레짐 체인지로」, 『시대정신』 50호 (2011).

이남주, 「동북아 경제협력과 한반도 경제」, 고려대 민족문화연구원 · 경남대 극동문제연구소 공동 학술회의 (서울, 2010년 9월 9~10일).

이내영 · 정한울, 「반미여론과 한미동맹: 2002년 12월과 2003년 6월의 여론조사 자료의 분석을 중심으로」, 『국가전략』, 제9권 3호 (2003).

이삼성, 「한미동맹의 유연화를 위한 제언」, 『국가전략』, 제9권 3호 (2003).

이상근, 「북한붕괴론의 어제와 오늘: 1990년대와 2000년대의 북한붕괴론에 대한 평가」, 『통일연구』, 제12권 2호 (2008).

이상현, 「한미동맹과 전략적 유연성: 쟁점과 전망」, 『국제정치논총』, 제46집 4호 (2006).

이수정, 「다문화주의와 통일담론」, 고려대 민족문화연구원 · 경남대 극동문제연구소 공동 학술회의(서울, 2010년 9월 9~10일).

이수형, 「동맹의 안보딜레마와 포기-연루의 순환: 북핵문제를 둘러싼 한미 갈등관계를 중심으로」, 『국제정치논총』, 제39집 1호 (1999).

이수형, 「중추적 중견국가론과 참여정부의 균형적 실용외교」, 『한국과 국제정치』, 제24권 제1호 (2006).

이수훈, 『세계체제, 동북아, 한반도』 (서울: 아르케, 2004).

이수훈, 『조정기의 한미동맹』 (서울: 경남대 극동문제연구소, 2006).

이수훈, 「동북아 미래와 한국의 진로」, 『동아시아브리프』, 제2권 1호 (2007).

이수훈, 「탈냉전 · 세계화 · 지역화에 따른 동북아 질서 형성과 남북관계」, 『한국과 국제정치』, 제25권 3호 (2009).

이수훈, 「잃어버린 북방: 천안함 5.24 조치 1년을 맞아」, 『프레시안』, 2011년 5월 24일.

이승철 외, 『동아시아 공동체: 비전과 전망』 (서울: 한양대학교 출판부, 2005).

이춘근, 「한미동맹의 문제점 진단과 한미동맹 강화의 논리」, 『국가전략』, 제9권 3호 (2003).

이희옥, 「한국에서의 중국 부상의 성격: 시각과 실제」, 『한국과 국제정치』, 제25권 4호 (2009).

이희옥, 「북한 급변사태와 중국」, 『동아시아브리프』, 제5권 4호 (2010).

이희옥, 「중국의 부상과 한중관계의 새로운 위상」, 『한국과 국제정치』, 제28권 4호 (2012).

임혜란, 「대변환기의 국제정치경제질서: 패권과 신자유주의 질서의 변환」, 『한국과 국제정치』, 제28권 1호 (2012).

전재성, 「2008년 경제위기와 미·중관계의 변화, 한국의 전략」, 『한국과 국제정치』, 제28권 1호 (2012).

정규섭, 「외교적 고립의 심화」, 박재규 편, 『북한의 딜레마와 미래』 (파주: 법문사, 2011).

정영철, 「평화와 통일: 다르지만 다르지 않은 하나의 과정」, 고려대 민족문화연구원·경남대 극동문제연구소 공동 학술회의 (서울, 2010년 9월 9~10일).

정재호, 「세계 속의 동아시아, 중국의 부상, 그리고 한국」, 『동아시아브리프』, 제5권 3호 (2010).

정재호, 『중국의 부상과 한반도의 미래』 (서울: 서울대 출판문화원, 2011).

정책기획위원회, 『한미동맹의 미래지향적 조정』 (서울: 정책기획위원회 정책보고서, 2008).

정태헌, 「국망 부른 17세기 북벌론, 21세기에 환생하다」, 고려대 민족문화연구원·경남대 극동문제연구소 공동 학술회의(서울, 2010년 9월 9~10일).

제주발전연구원·동아시아재단 공편, 『동(북)아공동체:평화와 번영의 담론』 (서울: 연세대출판부, 2006).

조대엽, 「시민사회 통일론의 전망」, 고려대 민족문화연구원·경남대 극동문제연구소 공동 학술회의 (서울, 2010년 9월 9~10일).

쩡삐젠 저, 이희옥 역, 『중국 평화부상의 새로운 길』 (서울: 한신대학교 출판부, 2007).

차창훈, 「중국의 대한반도정책 : 책임대국과 시진핑의 대북정책 딜레마」, 『한국과 국제정치』, 제29권 1호(2013).

최종철, 「주한미군의 전략적 유연성과 한국의 전략적 대응 구상」, 『국가전략』 제12권 1호 (2006).

폴 크루그만 저, 예상한 외 역, 『미래를 말하다』 (서울: 현대경제연구원, 2008).

하영선, 「한국외교정책 분석틀의 모색」, 『국제정치논총』, 제28집 2호 (1988).

하영선 편, 『동아시아 공동체: 신화와 현실』 (서울: 동아시아연구원, 2008).

한용섭, 「전시 작전통제권 환수문제」, 심지연 · 김일영 편, 『한미동맹 50년: 법적 쟁점과 미래의 전망』 (서울: 백산서당, 2004).

이명박, "완벽한 안보로 국민의 안전을 철통같이 지키겠습니다", 청와대 라디오 · 인터넷 연설 16차 (2009년 6월 1일), http://www.president.go.kr/kr/community/radio/radio.

외교통상부 홈페이지, http//www.mofat.go.kr/introduction/plan/index/jsp (검색일자: 2008년 3월 11일).

청와대 홈페이지, http//www.president.go.kr/kr/president/news/news (검색일자: 2008.08.07).

한국은행 경제통계시스템 홈페이지, http://ecos.bok.or.kr/.

Arrighi, Giovanni, *The Long Twentieth Century; Money, Power and the Origins of Our Times*, (London: Verso, 1994).

Baker, III, James and Lee Hamilton, *The Iraq Study Group Report*, (New York: Vantage Books, 2006).

Gilpin, Robert, *U.S. Power and the Multinational Corporation*, (New York: Basic Books, 1975).

Louis Belanger and Gordon Mace, "Middle Powers and Regionalism in the Americas : the Case of Argentina and Mexico," in Andren F. Cooper(ed), *Nice Diplomacy : Middle Powers After the Cold war,* (New York:st. Martins's Press, 1977).

Kissinger, Henry, *On China,* (New York: The Penguin Press, 2011).

MacDonald, Paul and Joseph Parent, "Graceful Decline?: The Surprising Success of Great Power Retrenchment," *International Security,* Vol. 35. No.4 (2011).

Marglin, Stephan and Juliet Schor, eds., *The Golden Age of Capitalism,* (Oxford: Clarendon Press, 1991).

Park, Geun-hye,"A New Kind of Korea: Building Trust Between Seoul and Pyongyang," *Foreign Affairs,* September/October (2011).

Snyder, Daniel, "The US-Korea Tie: Myth and Reality," *Washington Post,* (2006.9.12).

Snyder, Glenn, "Security Dilemma in Alliance Politics," *World Politics,* Vol. 36, No. 4 (1984).

Stares, Paul B. and Joel S. Wit., "Preparing for Sudden Change in North Korea," *Council Special Report,* No. 42, (New York: Council on Foreign Relations, 2009).

US Department of Defence, *Sustaining U.S. Global Leadership: Priorities for the 21st Century Defence,* (Washington D.C.: Department of Defence, 2012).

Wallerstein, I., *The Modern World-System I,* (New York: Academic Press, 1974).

Wallerstein, I., "Three Instances of Hegemony in the History

동북아 공동의 미래를 생각한다

of Capitalist World–Economy," chapter 4 in Wallertein, I., ed., *The Politics of the World –Economy*, (Cambridge: Cambridge University Press, 1979).

Wallerstein, I., *The Modern World–System II: Mercantilism and the Consolidation of the European World–Economy, 1600–1750*, (New York: Academic Press, 1980).

Wallerstein, I., *Geopolitics and Geoculture*, (Cambridge: Cambridge University Press, 1991).

Wallerstein, I., *After Liberalism*, (New York: The New Press, 1996).

Wallerstein, I., *The Modern World–System IV: Centrist Liberalism Triumphant, 1789–1914*, (Berkeley: University of California Press, 2011).

● 색인

찾아보기

색인

ㄱ

경제공동체 / 46, 184, 185

개성공단 / 25, 64, 91, 99, 111, 116, 123, 183, 184

개혁개방 / 95, 96, 98, 101, 110, 111, 113, 127, 182

공동번영 / 46, 145, 149, 166, 178, 201

공동안보 / 179, 201

관세동맹 / 22

국가중심주의 / 55

국제협력주의 / 41, 45

군사동맹 / 19, 38, 59, 86, 125, 152, 162, 190, 193

군사혁신 / 29, 77

글로벌 중견국가 / 172, 173, 174, 176, 177, 178, 180, 191, 192, 193,
        197, 200, 204, 205,

금강산관광사업 / 58, 100, 101, 148

금융위기 / 28, 30, 41, 42, 43, 46, 47, 56, 121, 137, 138, 148, 165,
        178, 202, 203,

급변사태론 / 91, 92, 93, 94, 95, 96, 98, 99, 101, 102, 103, 104, 105,
         107, 108, 110, 112, 113

김일성 / 107

김대중 정부 / 34, 35, 95, 110, 166, 168

김영삼 정부 / 77, 78, 158

김정일 / 56, 57, 60, 101, 105, 106, 107, 117, 121, 153, 182

김정은 / 182, 204

ㄴ

남남갈등 / 35, 78, 95

남북경제공동체 / 63, 65

남북경협 / 63, 64, 65, 183

남북관계 / 9. 18, 25, 28, 35, 48, 50, 51, 53, 55, 56, 58, 60, 61, 62,
         63, 64, 65, 72, 73, 91, 98, 100, 101, 102, 104, 107, 111,
         112, 113, 114, 115, 116, 117, 118, 119, 120, 122, 123, 125,
         126, 127, 147, 148, 149, 150, 151, 152, 153, 154, 155, 157,
         158, 166, 167, 168, 169, 170, 179, 180, 181, 184, 185, 186,
         202, 205

남북관계발전특별법 / 107, 112, 181

남북기본합의서 / 100, 119, 120, 181

남북정상회담 / 64, 91

네오콘 / 28, 29, 30, 31, 32, 34, 35, 38, 41, 42, 43, 44, 45, 82,
         160, 167

노무현 정부 / 34, 35, 88, 92, 94, 95, 110, 143, 162

뉴라이트 / 94, 96, 97

ㄷ

다극체제 / 42, 43, 45

다자대화 / 42, 49, 63, 167, 202

다자외교 / 35, 176

다자주의 / 21, 45, 175, 180

다중심체제(Multicentric system) / 52

대북 강경정책 / 55, 59, 61, 62, 153, 154, 157

대북 제재조치 / 60, 104, 154

대북제재결의안 / 10

대량살상무기(WMD) / 33, 37, 41, 72, 87, 95, 96, 108, 110, 111

동맹 네트워크 / 31, 32, 34, 43, 137, 144

동맹이익 / 188, 189, 190, 191, 192

동맹정치 / 39, 84, 89

동북공정 / 23, 160

동북아개발은행 / 47

동북아공동체 / 21, 23, 51, 54, 165

동북아 다자 안보협력 / 51

동북아 안보질서 / 174

동북아 인식공동체 / 22, 23

동북아평화체제 / 200, 202

동아시아공동체 / 54

동아시아정상회의(EAS) / 15, 203

ㄹ

럼스펠드 독트린 / 29, 77

레이건 대통령 / 41

레짐 체인지(regime change) / 106, 108, 112, 166

롬니 / 133, 141

ㅁ

문화공동체 / 22

미들파워(middle power) / 28

미사일 / 92, 96, 106, 109, 111, 130

미일강화조약 / 142

미중관계 / 13, 14, 16, 23, 52, 56, 57, 58, 59, 109, 115, 122, 131, 138, 152, 196, 204

미중정상회담 / 9, 11, 13, 15, 18, 19, 25, 63

미 · 중 전략경제대화 / 56, 57, 109, 118, 121, 122, 124

민족주의 / 55, 135, 198, 199

민주주의 / 32, 141, 197

ㅂ

박근혜 정부 / 9, 10, 12, 17, 18, 19, 20, 25

반미 여론 / 81, 82, 186

변방외교 / 118

보통국가화 / 175, 199

보하오 포럼 / 138

부시 행정부 / 28, 29, 30, 31, 32, 33, 34, 38, 39, 41, 42, 43, 45, 48, 49, 77, 82, 102, 108, 136, 137, 141, 160, 166, 168, 186

북미관계 / 102, 167, 199

북일관계 / 199

북중관계 / 10, 57, 60, 105, 108, 153

북핵문제 / 10, 11, 12, 14, 19, 20, 24, 28, 30, 33, 35, 42, 44, 48, 49, 56, 57, 60, 61, 63, 73, 74, 76, 82, 88, 97, 98, 115, 116, 119, 121, 122, 123, 124, 130, 134, 141, 144, 147, 148, 153, 154, 156, 160, 165, 166, 167, 168, 170, 175, 187, 194, 195, 202, 204

북핵위기 / 75, 76, 82, 130, 160, 162, 166

북핵 폐기 / 47, 48

불능화 단계 / 48, 102, 148

브레턴우즈 체제 / 134

비대칭동맹 / 39, 40, 85

비전투 지원 / 37, 87

비확산정책 / 33

비핵화 프로세스 / 33, 60, 83, 102, 104, 154, 183, 184, 185, 187, 202

비핵동맹 / 24

비핵 · 개방 · 3000 / 58, 91, 98, 99, 119, 148, 150

비핵화 / 11, 12, 14, 19, 24, 33, 48, 49, 50, 53, 59, 60, 61, 63, 64, 65, 82, 83, 88, 91, 102, 104, 144, 145, 148, 153, 154, 156, 157, 182, 183, 184, 185, 187, 196, 202

빌 클린턴 / 57, 122

ㅅ

서브프라임 사태 / 31

선 비핵화 / 59, 153

선 핵포기 / 50

선진화통일론 / 94

세계체제론 / 131, 146

시장통합 / 22, 44, 46

시진핑 주석 / 9, 16, 18

식물인간론 / 97, 110

신국방전략 / 137, 144

신냉전 / 58, 152, 161, 195

신자유주의 / 28, 30, 31, 32, 34, 39, 41

신형대국관계 / 16

ㅇ

아세안지역안보포럼(ARF) / 101, 104, 123

아시아통화기금 / 44

아프리카연합 / 46

악의 축 / 30, 49, 108, 166

양극화 / 30, 34

양자대화 / 30, 202

연평도 포격사건 / 56, 58, 59, 149

영토 분쟁 / 23, 55, 130, 142, 144, 145, 199

오바마 행정부 / 24, 41, 42, 45, 46, 49, 50, 51, 57, 60, 102, 109, 119, 122, 137, 144, 153

외환위기 / 44

우라늄 농축시설 / 60, 148

원자바오 총리 / 105, 117, 153

유엔 안보리 / 10, 104, 116, 123, 127, 161, 193

유일사상체제 / 96

의장성명 / 104, 123

이명박 정부 / 17, 24, 36, 47, 48, 50, 55, 59, 61, 63, 68, 81, 84, 89,
      91, 92, 93, 95, 98, 100, 103, 110, 111, 112, 113, 114, 117,
      118, 119, 125, 126, 143, 149, 153, 157, 161, 170, 173, 181,
      183, 185, 186, 187, 193

이산가족 상봉 / 25

인식공동체 / 22, 23, 54

일극체제 / 43, 45

일방주의 / 41

잃어버린 10년 / 95, 149, 168

ㅈ

자본주의 / 28, 30, 34, 44, 72, 131, 132, 134, 158

자유무역체제 / 134

자유주의 / 32, 42, 134, 176, 177

자주국방 / 159, 163, 164

자주안보 / 39, 40, 85

적극적 교섭정책 / 181, 182, 185

전략대화 / 74

전략적 경쟁 / 57, 109, 122

전략적 상호소통 / 56, 121

전략적 협력 / 12, 57, 109, 122, 124, 126, 148, 155, 174, 193, 195

전시작전통제권 / 35, 73, 74, 77, 78, 84, 89, 118, 119, 124, 143, 164

전쟁 불사론 / 66

조선협력단지 / 64

조어도/센카꾸 분쟁 / 23

조지워싱턴호 / 59, 152

주한미군 / 35, 73, 74, 75, 76, 77, 78, 79, 83, 84, 89, 125, 162, 163, 164, 187

중국붕괴론 / 137

중일관계 / 174, 175, 204

지역안보환경 / 72

지역주의 / 200

ㅊ

차이나 러시 / 158

참여정부 / 37, 46, 69, 70, 71, 72, 73, 74, 76, 77, 78, 79, 80, 81, 82, 83, 85, 86, 87, 88, 89, 157, 158, 160, 161, 162, 163, 164, 165, 166, 167, 168, 169, 186, 187, 200, 201, 202

천안함 사태 / 56, 57, 58, 59, 64, 104, 105, 115, 116, 117, 118, 119, 121, 122, 124, 125, 126, 127, 149, 151, 152, 161, 170

천안함 외교 / 59, 62, 117, 118, 119, 122, 123, 124, 126, 151, 152, 155, 161, 193, 194

최룡해 특사 / 18

촛불시위 / 76, 81

치앙마이구상 / 44

치킨게임 / 149

ㅋ

캠프 데이비드 / 36, 68, 69, 80

쿠릴열도분쟁 / 54

ㅌ

탈냉전기 / 28, 29, 35, 45, 46, 71, 72, 73, 77, 78, 83, 84, 85, 162, 187, 199

탈식민화 / 32, 134

통미봉남 / 51

통일대비론 / 92

통일비용 / 97

통일외교 / 106, 108

통일세 / 65

통화스와프 / 44

특수관계론 / 100

ㅍ

패권 경합 / 42, 45, 59, 153

패권적 국제정치 / 30, 32. 33, 34, 39, 41, 43

평화구축동맹 / 36, 37, 38, 88

평화번영정책 / 95, 166

평화통일 / 19, 107, 110, 113, 171

포용정책 / 20, 34, 72, 73, 93, 94, 95, 96, 97, 98, 101, 106, 110,
        112, 113, 114, 150, 166, 181, 182

플라자 합의 / 137

ㅎ

한미관계 / 35, 38, 50, 68, 71, 73, 76, 80, 81, 84, 89, 151, 155,
        163, 181, 186, 196

한러관계 / 117, 150, 151

한미동맹 / 18, 28, 35, 36, 37, 38, 39, 40, 45, 47, 50, 51, 57, 61,
        62, 68, 69, 70, 71, 72, 73, 74, 75, 76, 77, 78, 79, 80,
        81, 82, 84, 85, 86, 87, 88, 89, 90, 102, 117, 118, 119,
        126, 150, 155, 157, 158, 161, 162, 163, 164, 165,
        167, 170, 180, 181, 185, 186, 187, 188, 189, 190,
        191, 192, 193, 196, 205

한미동맹강화론 / 36, 38, 75, 71, 76, 84, 85, 86, 87, 150

한미동맹복원론 / 68, 69, 70, 71, 81, 84, 89, 186

한미동맹위기론 / 74, 75, 76

한미상호방위조약 / 39

한미연합훈련 / 117

한미 전략동맹 / 187, 188, 189, 190

한미FTA / 80, 84, 118, 119, 125

한반도경제공동체 / 182, 183

한반도 경제권 / 114

한반도 평화 프로세스 / 63, 64

한일관계 / 150

한중관계 / 62, 150, 151, 155, 157, 160, 161, 170, 193, 195, 196, 197, 198, 205

한중정상회담 / 9, 10, 11, 14, 17, 19, 22, 86

한중FTA / 20, 22, 198

한 · 중 · 일 3국정상회의 / 121, 178, 201, 202, 203

합동군사훈련 / 116, 161

핵국가 / 42, 60, 154, 185

핵무기 / 43, 49, 97, 101, 111, 120, 134, 135, 142, 145

핵보유국 / 49, 144

핵실험 / 10, 11, 33, 43, 60, 92, 97, 98, 102, 103, 104, 108, 109, 111, 130, 141, 142, 144, 154, 161

핵우산 / 102

햇볕정책 / 95, 168

헤게모니 / 9, 16, 32, 41, 130, 131, 132, 133, 134, 135, 136, 137, 138, 140, 142, 143, 144

헤징전략 / 174, 189, 192

헨리 키신저 / 140

헬싱키 프로세스 / 165, 200

화해협력 / 28, 34, 55, 58, 72, 93, 113, 116, 148, 166, 181, 182

환율 전쟁 / 57

후진타오 / 16, 124, 127, 138, 139

흡수통일 / 65, 120

기타

APEC (Asia-Pacific Economic Cooperation) / 169

EAS (East Asia Summit) / 15, 203

ECFA (Economic Cooperation Framework Agreement) / 55

G2 / 56, 118, 121, 124, 178

ODA (Official Development Assistance) / 178

PSI (proliferation security initiative) / 59, 116, 152

2.13이행합의 / 30, 82, 168, 200, 202

5.24 대국민 담화 / 118, 119, 123

5.24조치 / 91, 104, 194

6.15공동선언 / 50, 99, 181

6자회담 / 11, 12, 14, 20, 24, 30, 33, 35, 44, 48, 49, 50, 51, 53, 56,
　　　　57, 60, 63, 64, 76, 82, 88, 97, 90, 102, 104, 112, 114,
　　　　117, 119, 121, 122, 123, 124, 127, 144, 148, 150, 153,
　　　　154, 156, 160, 165, 167, 168, 169, 170, 184, 185, 187,
　　　　194, 195, 201, 202

7.4공동성명 / 100, 107

9.19공동성명 / 24, 30, 98, 114, 115, 165, 167, 168, 181, 200

10.4정상선언 / 62, 63, 64, 99, 114, 148, 169, 181, 183